海南省 2016 年度马克思主义理论与思想政治教育研究专项课题 "'中国近现代史纲要'课程教材体系转化为教学体系的研究"（Hnsz2016-6）成果

海南大学 2016 年度教育教学改革研究项目"中国近现代史纲要"课程教材体系转化为教学体系的研究（项目编号 hdjy1623）成果

海南大学 2019 年度人文社会科学高水平学术著作出版资助项目

中国近现代史纲要十五讲

季笃武◎编著

中国政法大学出版社

2020·北京

图书在版编目（ＣＩＰ）数据

中国近现代史纲要十五讲/季笃武编著. —北京:中国政法大学出版社,2020.9
ISBN 978-7-5620-9584-2

Ⅰ.①中⋯　Ⅱ.①季⋯　Ⅲ.①中国历史近现代—高等学校—教材　Ⅳ.①K25

中国版本图书馆CIP数据核字(2020)第171513号

书　名	中国近现代史纲要十五讲 ZHONGGUO JINXIANDAISHI GANGYAO SHIWUJIANG
出版者	中国政法大学出版社
地　址	北京市海淀区西土城路 25 号
邮　箱	fadapress@163.com
网　址	http://www.cuplpress.com (网络实名：中国政法大学出版社)
电　话	010-58908466(第七编辑部) 58908334(邮购部)
承　印	保定市中画美凯印刷有限公司
开　本	720mm×960mm　1/16
印　张	17
字　数	265 千字
版　次	2020 年 9 月第 1 版
印　次	2020 年 9 月第 1 次印刷
定　价	68.00 元

前　言

　　"中国近现代史纲要"课，作为全国高等学校本科生必修的思想政治理论课之一，具有不同于非思想政治理论课的典型特征。例如，这门课程名为"史""历史"，课程内容却不是普通性、一般性的历史，而是突出意识形态性、思想政治性的历史。课程性质与课程目的密切相关。"通过本课程的学习，应当达到什么目的呢？主要是要认识近现代中国社会发展和革命、建设、改革的历史进程及其内在的规律性，了解国史、国情，深刻领会历史和人民是怎样选择了马克思主义，选择了中国共产党，选择了社会主义道路，选择了改革开放。"[1]然而，这门课程的特殊性只是就其立意而言，在内容上却与全国高中历史教科书之中国近现代历史大致相同，相关历史事件及其评价、相关历史人物及其评价、相关历史事件之间的历史脉络、相关历史人物和历史事件之间的因果联系，以及渗透其中并且统摄内容整体性的唯物史观内涵，完全相同。

　　探求未知的好奇心是学习的心理动力，所学课程通常都是新内容，内容新颖是引发好奇心的前提。然而，在这个意义上，"中国近现代史纲要"课不具备让学生感兴趣的内容新颖之优势。如何吸引学生喜欢这门课，是任课教师不应回避的难题。集体备课，是破解这个难题的有效途径。

　　集体备课不是轻易就能做到、做好的。承担这门课的教师，并非都具有中国近现代史专业的学术基础，即使有中国近现代史专业的学术基础，内心也不一定富有真情实感地认同这门课的思政特性。还有，海南大学承担这门

---

　　〔1〕　本书编写组：《中国近现代史纲要》，高等教育出版社 2018 年版，第 3 页。

课的教师，人数多达 20 人左右，并且隶属于不同的教研部（室）、系。这些因素，都增加了集体备课的难度。集体备课要求任课教师聚齐，把人聚齐是一件非常困难的事情，聚在一起就教学内容的知识点及其讲解侧重达成共识是一件更加困难的事情。可是，教学本身又要求备课，要求教师进行把教材体系转化为教学体系的创造性备课；个人备课是应该的，同一大学的同一门课的任课教师集体备课不仅应该而且必要。集体备课，是工作交流、学术交流的常规方式，也是同一门课的任课教师共同提高教学能力、教学质量和教学水平的必要途径，对传、帮、带新入职的青年教师尤其重要。出于这种认识，2016 年申报了"'中国近现代史纲要'课程教材体系转化为教学体系的研究"专项课题，意在推动海南大学"中国近现代史纲要"课不仅仅实现形式上的集体备课，至少在教学体系的设计上形成共识性的讲义文本。海南大学马克思主义学院中国近现代史纲要教研部的几位教师，经过多次讨论、交流，拟定讲义提纲，分工起草文稿，形成了《中国近现代史纲要十五讲》这本小册子。

本讲义，以从中国共产党的视角考察中国人探索中国出路的进程为基调，突出鸦片战争以来中国人探索中国出路、中国道路的历史主题并且以"四个选择"为归依，以历史节点为根据，把统编教材的内容整合为对应 15 次课的 15 个专题。2016 年开始集体备课时，"中国近现代史纲要"课计划 32 学时分 16 次课讲授。其中，最后一次课总结与复习，课堂讲授 15 次。因此，在集体备课和设计教学体系时，本讲义分为 15 个专题，对应实际教学过程中的 15 次课。统编教材的内容是鸦片战争以来的中国近现代史，实际教学的讲授内容却截止到 1956 年社会主义改造的基本完成；所以，本讲义的教学内容以时间为坐标截止到 1956 年。

本讲义，是对统编教材内容体系的损益性整合，具有系统的学理性和鲜明的实用性。

一是如前所言，根据实际教学过程讲授 15 次课（每次课两个学时）、复习与总结 1 次课，把统编教材整合成为 15 个系列专题。

二是借鉴学术前沿理念，紧贴中国近现代史事件在当前社会现实中的映现或者当前社会现实对中国近现代历史问题的需要，适当地对统编教材的内容进行缩减、增补。例如，把教材上编综述的第一条"鸦片战争前的中国与

世界"增补为一个专题，既比较具体地阐述了中国文明在世界文明中的独特
地位和对世界文明的巨大贡献，又比较切实地解释了中国在近代比西方国家
暂时相对落后的历史缘由，还比较深入地解释了中国在近代免于沦落为殖民
地而顽强地走向新生的历史根基；再例如，南海问题是当前中国建设、改革
和发展的国家战略性问题，本讲义在"鸦片战争前的中国与世界"这个专题
中对南海问题作出回应，体现着历史与现实的紧密关联。

　　三是体现认识中国近现代史的世界眼光、全球视野，以世界历史为参照
系叙述、阐释中国近现代历史及其由以形成的人物、事件、现象和过程。例
如，对慈禧的历史评价，电视纪录片《大国崛起》中的一句解说词把她和英
国女王维多利亚作比较。本讲义尽可能地体现这种认识中国近现代史的世界
眼光、全球视野。

　　四是彰显唯物史观的历史主体论立场，以中国共产党、中华人民共和国、
中国人民、中华民族的立场作为中国近现代历史叙事的第一人称。本讲义指
称的"中国近现代史"是"中国人讲的中国近现代史"，不是"外国人讲的
中国近现代史"。失去主体性、主体性迷失是当前历史虚无主义谬论泛滥的重
要原因，一些反华势力和否定中国共产党领导的不法分子制造和散布历史虚
无主义谬论，就利用了历史主体性迷失的心理机制。本讲义明确地以中国共
产党、中华人民共和国、中国人民、中华民族的历史叙事角度为默认设置，
在取材时实事求是地甄别材料的历史主体性和叙事角度，完全摒弃历史叙事
口吻杂乱、历史主体性迷失的荒谬现象。

　　五是以引导学生深刻领会"四个选择"为主题、主线，把"历史和人民
选择了中国共产党"视作主题、主线的核心要素。

　　六是在内容体系上15个专题既相对独立又连贯成篇，既保持了课程体系
的内容完整性，又避免了统编教材体系因教学课时划分而产生的内容碎片化，
实现了从教材体系到教学体系的有机转化和无缝对接。例如，如何在讲解五
四运动之前的教学中凸显"四个选择"是重大教学难题，本讲义以中国社会
（国家）权威的转型为历史叙事脉络，一以贯之地在每个专题（每次讲课）
中都明确地指向或解答"历史和人民选择了中国共产党"。

　　七是适应讲课话语前后呼应的需要，每个专题（每次课）都设计了展现
起、承、转、合的明确话语，使整个讲义浑然一体。例如，第1个专题即第1

次课，开篇就点明"学习中国近现代史，需要明确认知中国近现代史的参照系（破除自说自话的狭隘视野）和中国近代史的由来及其背景；在这次课的结语中自然地提到"鸦片战争"引出下一次课。每次课（每个专题）都依次接续上次课（上个专题），引出下次课（下个专题）。

上述关于本讲义的几个鲜明特征，是在集体备课、论证设计的过程中想达到的境界。由于种种原因，包括任课教师的学科背景差异、学术观点差异、行文风格差异和集体备课的困难性、复杂性，本讲义与设想中的文本体系差距较大。这个遗憾，只得留待今后集体备课的更深入开展、任课教师的更深层切磋加以弥补。

季笃武

2019 年 10 月 8 日

目 录

第 01 讲
鸦片战争之前的中国与世界

本课程指称的"中国近现代史",是以鸦片战争为起点的中国民族民主革命和由此引发的中国由封建主义古老帝制国向社会主义现代化强国演进的过程。鸦片战争是中国历史的拐点,从此,中国社会发展由相对封闭的状况转向了越来越开放的态势,中国历史由相对孤立的区域性历史状况转向了与全球其他地区联系越来越紧密的世界性历史态势。深刻地理解鸦片战争以来的中国近现代史,离不开准确地把握鸦片战争之前的中国与世界的关系。学习中国近现代史,应该以世界历史作为认知中国近现代史的参照系,明确中国近现代史的由来及其世界历史背景。

一、中华文明灿烂辉煌

"中国文明是世界上最古老的、未曾中断的文明。"[1]在人类社会历史进程中,中国是四大文明古国之一,是世界上少有的历史文化从未间断、延续至今并且正在走向伟大复兴的国家。中华文明历尽沧桑,却一直生生不息、绵延发展、薪火传承,在 15 世纪以前一直居于世界领先的地位。西方学者曾指出:"在近代以前时期的所有文明中,没有一个国家的文明比中国的更发达,更先进。"[2]

---

〔1〕 〔美〕斯塔夫里阿诺斯:《全球通史》(下),吴象婴等译,北京大学出版社 2006 年版,第 359 页。

〔2〕 〔美〕保罗·肯尼迪:《大国的兴衰》,王保存等译,求实出版社 1988 年版,第 7 页。

（一）中华文明的生成及其覆盖范围

中华文明与中华民族多元一体化进程密不可分。中华民族是中华文明的主体，是中华文明的创造者、继承者和发展者。"从超百万年的文化根系，到万年前的文明起步，从五千年前氏族到国家的'古文化、古城、古国'的发展，再由早期古国发展为各霸一方的方国，最终发展为多源一统的帝国，这样一条中国国家形成的典型发展道路，以及与之同步发展的中华民族祖先的无数次组合与重组，再到秦汉时代及其以后几次北方民族入主中原所形成的中华民族多元一体的结构，这一有准确时间、空间框架和丰富内涵的中国历史的主体结构，在世界史上是举世无双的。"[1] "中华民族"这个概念是在1894 年甲午战争失败后产生和确立起来的，意味着中华民族实现了从自在到自觉的历史飞跃。中华人民共和国，是中华民族自觉、自主创造历史的社会产物，也是中华民族自觉、自主实现复兴的国家实体。中华民族现在的构成，是中华人民共和国成立后确认的 56 个民族。中华民族生生不息，创造了源远流长、灿烂辉煌的中华文明。"中国文明的特点是聚合和连续。""中国人在他们整个历史上享有同一种族和同一文化。""在中国，与文化同一性一样重要的是，各时期都存在着惊人的政治上的统一。这种统一在很大程度上起因于中国文明——唯一在任何时候都未产生过祭司阶级的文明——的独特的现世主义……中国人的经典都强调人在社会中的生活，尤其是强调家族成员之间、君臣之间的关系。这种对现世的强烈偏好为政治组织和政治稳定提供了一个坚固的、根本的基础。"[2]

中华文明的特质与其生成的自然疆域直接相关。"在研究一个民族的历史时，首先遇到的是制约每个民族发展的力量——它的自然条件，一个民族国家的地理特征，对民族的历史生活过程有着强烈的影响。"[3]中国历史的疆域，从古到今都是一个四周有天然限隔、内部构成体系完整的地理单元；这个地理单元，有着另外三大文明古国之自然疆域不具备的自然环境优势。对中华民族所处风水宝地的认知，最早见于《尚书·禹贡》："东渐于海，西被

---

〔1〕 苏秉琦：《中国文明起源新探》，辽宁人民出版社 2009 年版，第 152～153 页。

〔2〕 ［美］斯塔夫里阿诺斯：《全球通史》（上），吴象婴等译，北京大学出版社 2006 年版，第 155 页。

〔3〕 郭圣铭、王晴佳主编：《西方著名史学家评介》，华东师范大学出版社 1988 年版，第 220 页。

于流沙，朔南暨，声教讫于四海。"这种早期华夏族的"四至"观，已相当明确地概括出我国半封闭的大陆—海岸型地理特征。"这片大陆四周有自然屏障，内部有结构完整的体系，形成一个地理单元。这个地区在古代居民的概念里是人类得以生息的、唯一的一块土地，因而称之为天下，又因为四面环海所以称四海之内。这种观念固然已经过时，但是不会过时的却是这一片地理上自成单元的土地一直是中华民族的生存空间。"中华大地，东面及东南濒临浩森无边的大海大洋，北方和东北绵延着一望无际的戈壁沙漠、荒原草地和原始森林，西边和西北是万里黄沙与高山雪峰相间隔，西南则有气势绝伦的喜马拉雅山脉，呈新月形环绕在世界屋脊青藏高原的南侧——成为中华大地与南亚次大陆的天然分界。可见，虽然中华大地与东南亚诸国和朝鲜等国相接之处较为畅通，但就其整个地理环境而言，基本上自然形成了一个半封闭的自然疆域。这个自然疆域同中国疆域的范围最终底定极点——1820年清朝《嘉庆重修大清一统志》及所附《皇舆全图》所确认，并与得到沙俄和西欧列强承认的疆域基本吻合。[1]在这个自然疆域内，黄河流域、长江流域、辽河流域、汉江流域及至西南的崇山峻岭间，都是中华文明的发源地。中华文明的起源地与其他古文明的发源地不同；中华文明不是起源于自然环境单一的狭长流域或狭小地域，而是呈星火之状散布于极为广阔的江河纵横、地形多样、气候多样而自成体系的地理区域。[2]这样的自然疆域，是中华民族多元一体化发展的风水宝地，是中华文明源远流长、永续发展的地理环境。

中华文明的特质还与华夏文化的强大和以汉族为中心的民族大融合直接相关。中华民族的产生、形成是一个漫长的历史进程。传说中的"三皇五帝"时期，即公元前 3000 年之前的氏族和部落联盟时期，形成了华夏、东夷、苗蛮三大民族集团和其他许多少数民族。"这些民族在经过了无数次的战争和联合之后，最后融合为以华夏民族为主体的统一的多民族国家。"[3]《尚书·周书·武成》中就有统一的华夏概念，提出了夏、商、周三代一脉传承的世系

---

〔1〕　许彬、谢忠："论地理环境对中华民族多元一体格局形成和发展的影响"，载《广西民族研究》2007 年第 1 期。

〔2〕　左亚文、李铭："中华文明生成和发展的空间条件探析"，载《理论探讨》2011 年第 5 期。

〔3〕　左亚文、李铭："中华文明生成和发展的空间条件探析"，载《理论探讨》2011 年第 5 期。

谱。到春秋战国时期，华夏族形成，也出现了共同的祖先认同。[1]在这个时期形成的"华夷之辨""天下"观念，一直根深蒂固地传承到清朝。从秦、汉到 1840 年是中华民族自在实体的形成过程。"在这个过程中，具有凝聚力和核心作用的汉族（由华夏发展而来）成分不断变化，匈奴、鲜卑、羯、羌、蛮、俚、突厥、回纥、契丹、奚、渤海等族的一部分或全部融入汉族之中，同时，这些少数民族的文化也与汉文化融合。一些在周边的各族群在各自的发展与相互交融中虽然保留着自身独有的特点，但在经济文化上已与汉族建立了密切的关系，双方形成互补性和依赖性关系，因此在政治上也有着密切的联系，先后成为统一多民族中国的民族地方，先后进入中国统一体。"[2]汉族农耕文化相对发达，是中华文明发展脉络的最重大现象；入主中原的少数民族政权都基本上或整体上接受了汉化，接受汉化是少数民族政权发展成为大一统中央政权的必要因素。"在中国，真实的情况始终是，这些入侵并没有引起与中国文化历史的彻底决裂，而在希腊和印度，情况则正好相反。因此，独特的中国文明不间断地从商代一直持续到现在，虽然有时也有所变更，但从未遭遇毁灭或得到彻底的改造。"[3]时至今日，在历史文化心理上，"炎黄子孙"指称中国人，"华夏"指称中国。

中华文明的覆盖范围，与中华民族历史发展的自然疆域密切相关。随着生产和交往的扩大，中华文明既润泽着中华民族历史发展的自然疆域，又传播到了周边或海外区域。"中华文化圈""儒家文化圈""汉字文化圈""东亚文化圈"，这几个概念都显示了中华文明的覆盖范围。文化圈是文化影响所覆盖的范围，不局限于当前的国家领土、领海。中华文明的覆盖范围，还包括越南、日本和朝鲜半岛等几个国家或地区。

（二）中华文明在人类文明进程中的地位、作用和价值

在中华文明的古代历史发展层面，中国人有着充分的文化自信。而以鸦片战争为开端的中国近代历史却显现出中华文明落后挨打的难堪情形。今天，

---

〔1〕 高翠莲："中华民族自在实体形成和发展若干问题"，载《中央民族大学学报》2005 年第 6 期。

〔2〕 高翠莲："中华民族自在实体形成和发展若干问题"，载《中央民族大学学报》2005 年第 6 期。

〔3〕 ［美］斯塔夫里阿诺斯：《全球通史》（上），吴象婴等译，北京大学出版社 2006 年版，第 80 页。

随着中国社会主义现代化建设的巨大发展，中国人重新找回了文化自信。这个历史对比的要点在于，如何认识中华文明的地位、作用和价值。

中华文明的地位、作用和价值，首先体现为有史以来与其他文明的历史联系。最早出现的人类文明，通常被简约地表述为四大古文明，即两河流域的古巴比伦文明、尼罗河流域的古埃及文明、印度河流域的古印度文明和黄河流域的中华文明。四大古文明的称谓，主要是标识人类文明的起源地、原生地。文明在一个地区扎根后就向四面八方传播开来，遍及欧亚大陆。欧亚大陆一直是人类文明、世界历史的主要舞台。不同类型的文明、不同国家的文化之间存在着不同程度的或直接或间接的碰撞，在碰撞的过程中彼此吸取对方的宗教和经济、政治、思想以及社会各个层面的某些要素，从而产生出新的文明样式，推动文明发展。在这个过程中，农业文明与游牧文化的碰撞是最重大最显著的历史变动；长城是这样一个历史变动的产物和表征。四大古文明，都受到游牧部落的入侵，只有中华文明绵延不绝地进入了世界历史的古典文明时代。在世界历史的古典文明时代，中华文明与希腊—罗马文明、印度文明在欧亚大陆是人类文明的核心；在这个时代，中国历史出现了春秋战国的思想兴盛和秦汉两朝的帝国强盛。在世界历史的古典文明时代，人类的大部分发明创造出自中国、欧洲和印度。[1] 后来又一次大规模的游牧民族迁徙、入侵，直接导致三大古典文明的衰落，中国陷入了三国两晋南北朝的历史分裂。"当隋朝重新统一全国时，中国又恢复了正常的历史进程，即同汉代时一样独特的中国式的历史进程。"[2] 这个分合的历史进程，在整体上一直持续到鸦片战争之前，每一次大分大合都在更大的范围、更高的层次巩固和促进了中国大一统；中国大一统，是中国在近代虽然被帝国主义瓜分却依然保持形式统一的内在原因。在中华文明展现出隋、唐、宋、元、明的盛世时，欧洲正处于漫长的中世纪，东亚之外的欧亚大陆广大区域的文明版图发生了重大变化；伊斯兰教在公元 7 世纪 20 年代兴起于阿拉伯半岛，在几百年间扩张、发展到横跨欧、亚、非三大洲的广大地区，并深入非洲内地，远达亚洲

---

〔1〕[美] 斯塔夫里阿诺斯：《全球通史》（上），吴象婴等译，北京大学出版社 2006 年版，第 176 页。

〔2〕[美] 斯塔夫里阿诺斯：《全球通史》（上），吴象婴等译，北京大学出版社 2006 年版，第 176 页。

菲律宾；佛教在起源地印度衰落，却在中国得到发展，并作为中华文明的有机组成部分传播到了更广大的区域。与欧洲中世纪对应的中国历史的1000年，是一个伟大的黄金时代。"中国仍是世界上最富饶、人口最多、在许多方面文化最先进的国家。""整整1000年，中国文明以其顽强的生命力和对人类遗产的巨大贡献，始终居世界领先地位。"[1]

中华文明的地位、作用和价值，其次体现为对人类发展的重大贡献。中华文明对人类发展的历史贡献，最直接的表现是促进了东亚区域的发展，包括越南、朝鲜和日本，形成了以汉字、儒家为纽带的东亚文化圈。由于地理差别，在历史发展的独立性层面，日本大于越南、朝鲜。以最不依赖中国而自立的日本来说，在唐朝时，中华文明大规模传入还存留氏族结构的日本，引发大化革新；汉字、佛教、儒学、都城建筑、国家体制，这些中华文明基本要素的传入，推动了日本由落后走向强大。中华文明对人类发展的历史贡献，最重大的表现还是对欧亚大陆的影响。世界闻名的《全球通史》一书第三编第九章，从商业联结、技术联结、宗教联结和扩展中的视野四个层面分析中世纪文明使欧亚大陆实现整体化的原因，其中，每个层面都有中国因素：商业联结、技术联结和扩展中的视野这三个层面都是以中国为主，宗教联结这个层面指出了元朝忽必烈对待伊斯兰教、基督教的态度。在商业联结层面，宋朝"发生了一场对整个欧亚大陆有重大意义的商业革命"，"中国首次出现了主要以商业，而不是以行政管理为中心的大城市"。[2]"中国在世界经济中居主导地位。"[3]在技术联结层面，1620年英国哲学家弗朗西斯·培根指出：印刷术、火药和指南针，这三大发明首先在文学方面，其次在战争方面，再次在航海方面，改变了整个世界许多事物的面貌和状态，并由此产生无数变化，以至于似乎没有任何帝国、任何派别、任何名人，能比这些技术发明对

---

〔1〕[美]斯塔夫里阿诺斯：《全球通史》（上），吴象婴等译，北京大学出版社2006年版，第211页。

〔2〕[美]斯塔夫里阿诺斯：《全球通史》（上），吴象婴等译，北京大学出版社2006年版，第260页。

〔3〕[美]斯塔夫里阿诺斯：《全球通史》（上），吴象婴等译，北京大学出版社2006年版，第200页。

人类事务产生更大的动力和影响。[1] 这三大发明与东汉发明的造纸术，并称中国的"四大发明"。斯塔夫里阿诺斯指出："中世纪主要的发明技术大多数出自中国。"[2] 在扩展中的视野层面，随着蒙古帝国的崛起，欧洲人的视野从地中海转向了欧亚大陆，开始认识中国。《马可·波罗游记》是欧洲人认识中国的范例，对中国的向往，是环球航海的动因之一。

二、西方文明突飞猛进

中国人感受到西方文明的发达，开始于 19 世纪中期。在这之前，西方文明没有显现出相对于其他文明的比较优势。当西欧一些国家正在发生后来称为现代化的社会变迁时，即使是与之比邻、争斗了几百年的伊斯兰世界，也几乎没有什么感知。然而，转型的西方文明，与传统的、以农业为基础的文明有着本质差别，从文艺复兴到政治革命，西方文明呈现出突飞猛进的发展势头。

(一) 西方文明的现代化转型

通常认为，文艺复兴是西方文明从传统转向现代的起点。"文艺复兴"这个术语，产生于 15 世纪，既用于指称发生在 14 世纪到 16 世纪的一场反映新兴资产阶级要求的欧洲思想文化运动，又用于指称从中世纪转向现代文明的一个过渡时期（大约从 1350 年到 1600 年）。在这个时期，除了文艺复兴，西方文明的现代化还包括宗教改革、经济扩张、资本主义的出现、国家建设和海外扩张。

文艺复兴和宗教改革为西方文明现代化的发生创造了思想文化条件。文艺复兴最初起源于意大利，反映了当时意大利的社会状况和价值观。这个社会与产生古希腊文明的社会相似，也是以繁荣的手工业和商业贸易为基础。威尼斯、佛罗伦萨、热那亚、比萨和罗马等城市由大商人家庭控制，这些大商人是当时艺术家和作家的赞助人，他们的需求、兴趣和口味是文艺复兴的基调。"这解释了文艺复兴时期现世主义和人文主义存在的原因——文艺复兴

---

〔1〕 [美] 斯塔夫里阿诺斯：《全球通史》（上），吴象婴等译，北京大学出版社 2006 年版，第204 页。

〔2〕 [美] 斯塔夫里阿诺斯：《全球通史》（上），吴象婴等译，北京大学出版社 2006 年版，第266 页。

关心的是今世而不是来世；它关注的是非宗教的古典文化而不是基督教神学。"[1]大约到 1550 年，文艺复兴运动在意大利随着商业贸易的衰退而衰落，它的新事物传到了北欧。"在向北传播的过程中，文艺复兴的特征发生了一些变化。在意大利，文艺复兴主要体现在文学和艺术领域，在北欧则更多地反映在宗教和道德领域。"[2]1555 年《奥格斯堡和约》签署，德国宗教改革的最终结果就是在这个国家大致形成了天主教派和路德教派几乎平分天下的局面。路德的个人解读《圣经》的基本学说必然导致对《圣经》的不同解释，从而产生各种新教派，在欧洲形成了各种教派大混合的局面。宗教改革引发了比文艺复兴更广泛更深刻的社会变动。"宗教改革直接的和决定性的遗产是权力由教会向政府的转移。"[3]

经济扩张和资本主义的出现，直接促进着西方文明现代化的发生。经济扩张表现为农业发展和人口增长的相互促进，人口增长和农业发展又促进了商业和城市的发展。不仅欧洲内部的贸易在发展，而且欧洲与外部世界之间的贸易也在发展。欧洲的消费者和生产者变得越来越习惯于并依赖于外国的商品和市场，商业竞争驱动商人们去寻找新的产地、新的路线和新的市场。随着经济发展，欧洲的"非人力的动力"技术得到了前所未有的发展，特别是在造船、航海设备、航海术和海军装备方面的技术进步，为海外扩张提供了必需的物质和技术。这些发展，使得西方文明具有了潜在的领先优势，使得欧洲人能够夺取并控制世界各大洋。海外扩张，包括从奴隶贸易、香料贸易、殖民地的进出口贸易和殖民掠夺，使得金银大量流入欧洲。这几个因素结合在一起，导致欧洲经济货币化，进而产生了一种性质根本不同的经济机理即资本主义。合股公司是资本主义早期的经济组织，成为进行经济动员和经济渗透的最有效工具。东印度公司、地中海东部公司、莫斯科公司、哈德逊湾公司等合股公司，是海外扩张的经济组织，控制了世界贸易。

新君主的崛起，是西方文明现代化发生的政治因素。到 15 世纪末，西班

---

〔1〕［美］斯塔夫里阿诺斯：《全球通史》（上），吴象婴等译，北京大学出版社 2006 年版，第373 页。

〔2〕［美］斯塔夫里阿诺斯：《全球通史》（上），吴象婴等译，北京大学出版社 2006 年版，第375 页。

〔3〕［美］斯塔夫里阿诺斯：《全球通史》（上），吴象婴等译，北京大学出版社 2006 年版，第385 页。

牙、英国、法国等国家的君主政治结构已经变得非常强大。这些欧洲君主国向航海探险者和合股公司发放了特许状，必要时甚至动用皇家海军支持他们进行海外扩张活动。例如，西班牙和葡萄牙的君主对哥伦布和达·伽马的支持。

　　文艺复兴和宗教改革、技术进步和人口增长，由此带来的经济生产力和资源的增长、充满活力的资本主义的出现以及新君主国的兴起，这些因素相互交织形成的合力，开启了西方文明现代化的进程。西方文明趋向现代化的强大动力，形象地体现为新兴资产阶级牟利的欲望，这种欲望推动着他们努力探寻从西方到达东方的海洋航线。强大的伊斯兰世界把西方文明挤压在欧亚大陆西端，切断了欧亚大陆传统的东西贸易通道，这是西欧人探寻海外扩张之路的基本时势因素。

　　海外扩张是西方文明开始具有比较优势的直接表现和进一步取得更大比较优势的基本途径，是资本主义原始积累的两大途径之一。伊比利亚半岛的两个国家葡萄牙、西班牙，最先开启了探寻海外扩张之路的历史进程，在16世纪的西欧扩张中占据首要地位。葡萄牙率先进行海外冒险，直接起因于寻找据说在东非内陆的贸易地。"亨利最初的目标仅限于非洲，并未扩展到东方。"[1]"亨利王子最初开始他的行动计划时，并未想到印度，但是随着他的船队沿着非洲海岸越来越往前驶去，他的视野自然会从非洲的商队贸易扩大到东印度群岛的香料贸易。从那时起，发现和控制香料路线就成为葡萄牙人政策的首要目标。"[2]葡萄牙进行海外冒险活动取得的利益引起了西班牙的注意，女王伊莎贝拉在取得反穆斯林战争最后胜利的1492年，支持哥伦布探寻向西航行到达东方的航线。哥伦布意外地发现了美洲。西班牙和葡萄牙的角逐，开启了争夺和瓜分世界殖民地的历史潮流。其他欧洲国家也狂热地挤进并由此扩大了这个历史潮流。"1600至1763年期间，西北欧强国荷兰、法国和英国赶上并超过了西班牙、葡萄牙两国。这一发展对于整个世界具有重要意义。它使西北欧成为全球最有影响、最具活力的地区。西北欧国家在政治、

──────────

　　〔1〕　[美]斯塔夫里阿诺斯：《全球通史》（下），吴象婴等译，北京大学出版社2006年版，第408页。

　　〔2〕　[美]斯塔夫里阿诺斯：《全球通史》（下），吴象婴等译，北京大学出版社2006年版，第409页。

军事、经济以及一定程度的文化上控制了世界，直到 1914 年为止。它们的实践和制度成为各地诸民族的典范。"[1] 到 1763 年，英国在争夺世界领导权的斗争中胜出，成为占统治地位的殖民强国。

（二）西方文明的革命性巨变

到 19 世纪时，西方文明的强大比较优势统摄了整个世界。1840 年鸦片战争爆发，从此西方文明势不可挡地压倒了中国，直到 1949 年中国人民站起来。"欧洲之所以能进行这种前所未有的扩张，是因为其现代化进程一直在继续和加速。"[2] 文艺复兴、宗教改革、技术发展、资本主义企业的建立、国家建设和海外扩张，相互作用，引起了科技革命、工业革命和政治革命的连环叠加反应，从而推动西方文明发生了革命性巨变。

科技革命产生了近代科学技术，是西方文明现代化的文化层面的主要内容。近代科学技术产生于西方，如果说文学、艺术、宗教等是各个文明都有的产物，那么近代科学技术只是西方文明的独特产物。这个独特产物，使得西方文明具有了领跑优势。"正是科学及与它相关的技术，使 19 世纪欧洲对世界的支配成为可能。"[3] 在近代以前，无论东方文明还是西方文明，都有科学创造和技术进步；不同的是，在西方文明中存在着使科学（学者）与技术（工匠）、脑力劳动与体力劳动相结合的社会结构，而在东方文明中却具有一种思想家与劳动者、脑力劳动与体力劳动相分离的社会机制。由此，科技革命是西方文明的独特产物。即使是在西方，科学最初也不是经济生活的组成部分，对科学的利用是少量、偶尔的。"甚至在 18 世纪后期和 19 世纪初叶工业革命的早期阶段也是如此。但是，到 19 世纪末，形势发生了变化。科学不再处于附属的地位：它已开始改造旧工业，甚至创造全新的工业。"[4]"科学使欧洲在技术上对世界的霸权成为可能，并在很大程度上决定了这一霸权的

---

〔1〕［美］斯塔夫里阿诺斯：《全球通史》（下），吴象婴等译，北京大学出版社 2006 年版，第 429 页。

〔2〕［美］斯塔夫里阿诺斯：《全球通史》（下），吴象婴等译，北京大学出版社 2006 年版，第 478 页。

〔3〕［美］斯塔夫里阿诺斯：《全球通史》（下），吴象婴等译，北京大学出版社 2006 年版，第 480 页。

〔4〕［美］斯塔夫里阿诺斯：《全球通史》（下），吴象婴等译，北京大学出版社 2006 年版，第 482 页。

性质和作用。科学还为 19 世纪的西方在智力方面的优势提供了基础。"[1]科学革命起始于同地理学和航海术密切联系的天文学领域,其中哥白尼、伽利略和牛顿的贡献最重大;18 世纪后期,万能蒸汽机的发明是技术革命和工业革命的产物;19 世纪前半期与纺织业密切联系的化学进步最大,包括:物质能量守恒定律、化学肥料、合成染料、微生物理论及其对采取卫生措施的促进;还有,生物进化论因揭示了支配人类本身进化的规律而统治了 19 世纪的科学,这个学说对西方社会产生了深远的影响,特别是由此产生的社会达尔文主义,被用于为殖民主义、帝国主义辩护。

工业革命确立了机器大工业生产方式,是西方文明现代化在物质层面的基本内容。18 世纪 80 年代,机械化工厂体系在英国的出现是工业革命发生的显著特征。海外扩张不仅为工业发展提供了很大的、不断扩张的市场,还为满足这些新市场的需要而改进生产组织和技术提供了所必需的大量资本;万能蒸汽机的发明、占据领先地位的采煤工业和炼铁工业、发展更早更有效的银行业、圈地运动、企业家人才的流入,这些因素相互作用形成的合力,引发了英国工业革命这场生产力发展的巨大飞跃。世界上最初的两条铁路是从利物浦至曼彻斯特的,分别于 1825 年和 1830 年开通;从 18 世纪 30 年代开始出现纺纱、织布机械的创造发明,到 19 世纪 20 年代蒸汽驱动的动力织布机在棉纺织工业中基本上已经取代了手工织布工;棉纺机和蒸汽机要求铁、钢和煤的持续扩大供应,引发了采矿业、冶金业的发展,进而引发了交通业(包括运河、公路、铁路、火车、汽船)和通讯业(电报、电缆)的产生和发展。在 19 世纪期间,工业革命从英国逐渐传播到欧洲大陆,比利时、法国、德国、奥匈帝国、意大利和俄国都相继发生工业革命,并且引发了生活方式的根本改变,包括城市化和生活新消费主义的兴起。

政治革命确立了资本主义制度,是西方文明现代化在制度层面的根本内容。与工业革命最先发生在英国一样,政治革命也起始于英国,然后扩大开来。英国革命、美国革命和法国革命是西方政治革命的三大亮点。"政治革命

---

〔1〕　〔美〕斯塔夫里阿诺斯:《全球通史》(下),吴象婴等译,北京大学出版社 2006 年版,第 486 页。

的实质是结束了人类分成统治者和被统治者是由神注定的这种观念。"〔1〕政治革命的主要内容，是资产阶级推翻封建主义统治而建立资本主义统治；在这个过程中，自由主义是资产阶级战胜封建主义的最有力思想武器，同时还伴随着由政教分离而产生的民族主义以及由人的觉醒而产生的社会主义。自由主义是贯穿英国革命、美国革命和法国革命的一条主线。英国革命在政治实践层面确立了自由主义原则，启蒙运动提倡理性、普及自由主义学说，美国革命提供了将自由主义学说付诸行动的一个实验性的示范，法国革命使得启蒙运动唤醒了欧洲的大众。法国革命标志着西方资产阶级的胜利，也标志着西方民众的觉醒。在英国革命中就已经伴生、潜行着下中层阶级和佃农的社会革命，在法国革命中则出现了以攻占巴士底狱为突出事件的民众革命；社会革命、民众革命是社会主义的表现。法国大革命中确立了基本形式，例如建立国民军队、确立法语的官方地位、以学校教育和期刊出版灌输对国家的热爱、确立国旗和国歌以及国家节日这样的民族主义仪式和象征。"这三种主义——自由主义、社会主义和民族主义——是欧洲政治革命的主要成分。它们共同激励欧洲各民族的愈来愈广泛的阶层行动起来，赋予这些阶层以世界其他任何地区无法与之比较的推动力和内聚力。如此，政治革命同科学革命和经济革命一样，极大地促进了欧洲的世界霸权。"〔2〕

在鸦片战争之前，西方文明发生的文艺复兴、宗教改革、环球航海、商业革命、科技革命、工业革命和政治革命，造成了西方社会一系列复合叠加的整体性巨大社会历史变迁；这场社会历史变迁，以加速发展的态势持续到今天，在 20 世纪 50 年代前后被称为现代化。在现代化潮流的冲击下，沉沦或者奋起，任何国家都面临着艰难的道路选择；在今天的局外人看来这是如此简单的选择，而当局者迷才是历史的真实镜像。

三、西方资本主义的全球扩张与中国封建主义的自我封闭

工业革命和政治革命在英国、美国和法国先后发生，实现了西方文明从

〔1〕［美］斯塔夫里阿诺斯：《全球通史》（下），吴象婴等译，北京大学出版社 2006 年版，第512 页。

〔2〕［美］斯塔夫里阿诺斯：《全球通史》（下），吴象婴等译，北京大学出版社 2006 年版，第512 页。

封建主义到资本主义的整体性飞跃。资产阶级以人类前所未有的理性和觉醒按照由其本性决定的意图向全球扩张。还在前资本主义社会沉睡的国家和地区，遭遇到了不知所以、不可名状的外来侵略，即使是与西方文明直接碰撞的伊斯兰世界也没有及早地明白西欧正在发生什么变化。在鸦片战争发生之前的 300 年间，就今天来看，西方资本主义的全球扩张与中国封建主义的自我封闭形成了鲜明的对比。这个对比，显示了中国近代积贫积弱、落后挨打的深层原因。

（一）西方殖民主义扩张到中国周边的活动

在葡萄牙人远洋航行到达亚洲之前，西欧与东亚的交往还停留在以丝绸之路、海上丝绸之路为路径的商品贸易联系上，并没有直接的碰面和了解。1498 年达·伽马发现了从西欧绕道好望角到达印度的航线，开启了欧洲殖民主义者对东方各国进行殖民掠夺的罪恶历史。1510 年葡萄牙人攻占印度果阿，继续向东扩张，1511 年攻占马六甲。马六甲落入葡萄牙手中，使得中国南方的海上屏障出现了裂缝。中国与西方的直接碰面由此缓缓地拉开了帷幕。从东南海面来到中国沿海的西方殖民主义势力，先后有葡萄牙、西班牙、荷兰、英国、法国和德国。另外，还有从陆地扩张而来的俄国和从太平洋而来的美国。

1516 年，葡萄牙驻马六甲总督阿尔布克尔克派裴来斯特罗来中国做先期考察。次年，又派托马斯·皮列士和安特拉德率舰队开进珠江口、闯到广州城下。《明武宗实录》记载，沿途“铳炮之声，震动城郭”。不过，初来乍到的皮列士不敢造次，而是买通广东镇守太监前往北京晋见皇帝，刺探虚实。但另一批由乔治·阿尔瓦雷斯率领的葡萄牙殖民主义者则来者不善，根据《广州府志》记载，这伙葡萄牙人强占了广东东莞的屯门岛，“所到之处，硝磺刃铁，子女玉帛，公然搬运，沿海乡村，被其杀掠，莫敢谁何”。《明史·佛郎机传》也记载了葡萄牙殖民主义者“掠买良民，筑室立寨”的恶行。1521 年又一支葡萄牙船队来到广东沿海要求与中国进行贸易，气焰嚣张。礼部和兵部奏称：葡萄牙人假借通使，实则是贩货通市，并且强占广东外海岛屿，图谋不轨。嘉靖帝下令囚禁此前来华的葡萄牙使臣皮列士，并发兵驱逐在广东骄纵的葡萄牙舰队，由此发生了屯门海战。屯门海战是中国与西方殖民主义势力的第一次正面交锋，以中国胜利而告终。1522 年，葡萄牙舰队航行至新会西草湾时与前来阻击的明军水师遭遇，爆发了西草湾之战。经过屯门和西草湾两次交锋，葡萄牙殖民主义者认识到，中国与他们在非洲、印度和东南亚的对手都不同，用直接的武力扩张对付中国是行不通的。在广东被驱逐的葡萄牙殖民主义者，转向浙江、福建沿海地区，与各国海盗勾结在宁波双屿港建立走私贸易。1535 年，一部分葡萄牙殖民主义者通过贿赂得以在澳门停船进行贸易。1547 年，闽浙巡抚朱纨以消除倭患的名义调集军队将双屿港的走私据点彻底捣毁；到 1549 年，葡萄牙殖民主义者在广东、浙江、福建沿海建立的据点，都被拔除。1553 年，在澳门停船贸易的葡萄牙殖民主义者托言商船遇到风暴而贡物浸水，请在澳门借地晾晒，得到接受贿赂的官员擅自准许。1557 年，葡萄牙自行委任官员管辖澳门，明朝官府无动于衷。不仅如此，明朝官府还勾结葡萄牙殖民主义者"以夷制盗"，这是葡萄牙殖民主义者得以长期占据澳门的起始。1590 年，葡萄牙商船经过台湾海峡，见其山川秀丽，西方人开始知道台湾。

西班牙是与葡萄牙并肩兴起的海权国家，1564 年占领吕宋，改吕宋为菲律宾，以马尼拉为首府。1574 年西班牙人协助围剿中国海盗，第一次与中国建立联系，得到在福建和浙江沿海通商的准许，但不能如葡萄牙殖民主义者那样定居于中国。1626 年偷袭台湾基隆，在淡水建立了通商和传教基地，1642 年被荷兰人赶走。

荷兰继葡萄牙、西班牙之后在 1601 年率舰队来到东方，1603 年在爪哇战胜西班牙。1603 年，荷兰殖民主义者趁无兵守卫之空隙登陆澎湖，迫于明朝军队赶到和无法与中国顺利开展贸易双重压力而离开。1604 年，荷兰人到达福建泉州，向明朝皇帝递送商务邀请函并且朝贡了不少珍贵礼品，通商要求被拒绝。1606 年荷兰在马六甲战胜葡萄牙，荷兰的海上霸权逐渐形成。1609 年，在日本平户设立商馆，建立了在日本的贸易通道。1624 年，荷兰侵入台湾，开始建立赤嵌城。在台湾推行残酷的殖民统治，征收高额的人头税，把土地收归东印度公司，不遗余力地搜刮台湾的资源，还把大批的当地人掠卖到爪哇当奴隶。[1]1662 年，荷兰殖民主义者被郑成功赶出台湾。

英国打破了荷兰对世界海洋贸易的垄断，并且逐渐地把整个印度次大陆

----

〔1〕 翦伯赞主编：《中国史纲要（增订本）》（下），北京大学出版社 2004 年版，第 533 页。

变成了殖民地。17 世纪初叶，第一批英国殖民主义者登陆印度。1637 年，英国的商船来到中国广州的海岸。此后，为了与荷兰人争利，英国设法取得郑经的同意，在中国沿海的安平、厦门等地进行贸易。17 世纪末期，英国商船经常往来于广州、澳门和定海、宁波之间，以海关索费过重屡次请求清朝廷裁减税收。18 世纪中叶，清朝向所有国家开放贸易，不过，贸易地点仅限于广州和澳门。"英国人不久便获得了这一贸易的最大部分；这一方面是因为他们日渐增长的商业和工业优势，一方面是因为他们设在印度的无可比拟的活动根据地。"[1]到 18 世纪时，英国在东亚、东南亚和南亚的商业很快居于首位。

法国、美国与中国的贸易关系，分别不晚于 1660 年、1784 年。法国的商业势力不及荷兰和英国，同中国的往来着重在传教方面。美国商船到达中国的数目，在 19 世纪以后超过了其他国家的总和。[2]

俄国侵略军在 17 世纪 40 年代翻越外兴安岭，侵入中国黑龙江流域，烧毁村庄，杀掠人口，抢夺粮食和貂皮。1657 年，在尼布楚河与石勒喀河合流处建立了雅克萨城与尼布楚城。经过多次冲突和 1685 年、1686 年雅克萨之战，遭到中国强力阻击，在 1689 年双方签订了《尼布楚条约》。与俄国签订这个条约的是清朝廷，但国名和对疆界划分的称谓是"中国"，这是以国际条约的形式第一次将"中国"作为主权国家的专称。但是，俄国并没有放弃继续扩张的殖民主义野心。

当西方殖民主义势力分别从海、陆两线到达中国周边伺机进行侵略扩张时，中国正处在明清之交时期。清朝廷没有能力顾及边远事务。例如，俄国侵入黑龙江流域时，康熙皇帝正在全力平定准噶尔叛乱。与西方新兴的资本主义向外扩张截然不同，中国的封建主义无视外界世事时势的变化，在认为外来滋扰破坏边界安全时，索性关闭国门成一统，哪管它春夏与秋冬。

（二）　中国封建主义的自我封闭

"我们来寻找基督徒和香料。"葡萄牙人伽马在抵达印度南部卡利卡特海

---

〔1〕 ［美］斯塔夫里阿诺斯：《全球通史》（上），吴象婴等译，北京大学出版社 2006 年版，第 363 页。

〔2〕 翦伯赞主编：《中国史纲要（增订本）》（下），北京大学出版社 2006 年版，第 586 页。

港时的这句话，广为流传。这句话也确实表达了西方殖民主义势力向外侵略扩张的动机和方式。西方殖民主义者是以商业和宗教这两种途径接近中国的。[1]实际上，侵占和掠夺是殖民主义的本性，葡萄牙、西班牙在美洲的作为就是血腥侵占、暴力掠夺。中国的强大遏制了西方殖民主义为所欲为的行径，直到鸦片战争前夜。通商和传教，是西方殖民主义者自我掩饰的遮羞布。当西方国家的一些封建势力走出城堡而转变成新兴的资产阶级向全球迈进时，中国的封建主义势力还自我封闭在城墙和关门以内。

中国封建主义的自我封闭与中国文明及其赖以存在的自然疆域的独特性密切相关。"中国文明之所以能绵延久远，一个原因在于地理方面：它与人类其他伟大文明相隔绝的程度举世无双。地中海将美索不达米亚、埃及、希腊和罗马连接在一起，印度洋使印度能与中东、非洲和东南亚相互影响。相反，中国在其有史以来的大部分时间里，四面一直被山脉、沙漠和辽阔的太平洋所隔断。这种与世隔绝的意义在于，它使中国人能在较中东或印度诸民族更少面临外来入侵的情况下，发展自己的文明。因而，中国的文明更具连续性，也更为独特——中国与欧亚其他伟大文明之间有着较后者相互之间更为根本的差别。"[2]与其他文明比较，中国有着无与伦比的统一性、内向性和内聚性，秦朝从国家制度的整个体系上强化了中国大一统格局；虽然也出现过天下大乱的分裂状态，但大一统始终是中国历史的主导趋势。还有，在天下观的框架中，中国是强大的礼仪之邦，周边国家、地区都是荒蛮之地；这个天下观和与之对应的周边国家、地区与中国的朝贡关系，增强了中国明、清两代朝廷的唯我独尊感。中国在东亚、东北亚、东南亚长期强大的优势和唯我独尊感，使得明、清两代轻视西方殖民主义势力越来越强烈的通商要求，也无视外部世界正在发生的根本变化，这是明、清两代闭关锁国的社会历史根源。

明朝对从海路而来的敌人的认识和应对，对东西关系的后续发展产生了重大影响。当时，明朝还处在东西关系中的相对强势地位，却因为社会经济

---

〔1〕 〔美〕费正清：《费正清中国史（典藏插图定本）》，张沛等译，吉林出版集团有限责任公司 2015 年版，第 242 页。

〔2〕 〔美〕斯塔夫里阿诺斯：《全球通史》（上），吴象婴等译，北京大学出版社 2006 年版，第296 页。

基础的差异而自然地延续着重农抑商的基本国策和与之相适应的古老传统，从而在这个重大历史关头陷入盲目而不自知。清朝在建立初期专注于巩固政权并且为巩固政权而主动汉化，自然地延续着明朝处理对外关系的政策路径。西方各国竞相以武力扩大对海洋的控制权，中国的明、清两朝却先后放弃对海上丝绸之路的主导权。郑和七下西洋，展现了中国征服海洋的能力之强大和航海技术之优势。然而，中国陆地幅员辽阔、地形和气候多样、物产丰富和以此为基础自然形成的自给自足的自然经济，在整体上具有游牧业、海上渔业和商业无可比拟的巨大优越性，这个优越性强化了封建主义在中国的稳定性、牢固性。中国的商品经济虽然在宋代时就已经产生了资本主义萌芽性的商业革命，却因对国家财政的可有可无而得不到重视和发展。如果认为商业活动妨害国家安全，那么明、清两代就断然实行与重农抑商传统一致的海禁政策。

海禁即今天所说的闭关锁国，然而，明朝并没有今天我们所说的闭关锁国意识，也没有叩关而来的西方殖民主义者的通商精神。早在唐朝中期以前，中国对外主通道是陆上丝绸之路，之后由于战乱及经济重心南移等原因，海上丝绸之路取代陆路成为中外贸易交流主通道。中国悠久的海上贸易传统，是郑和七下西洋所展示的明朝航海实力强大的原因之一。中国在东亚长期强大的历史，还产生了中国是天朝上国的政治观念；尤其自南宋以后，总以天朝上国自居，"一统无外，万邦来朝"。"所谓通商，就是进贡，市舶是随贡舶来的。有历史学者直称明朝正德以前通商为贡舶贸易时期。凡来通商的无不尊中国为上国，而以藩属自居。"[1]与之相应，明朝设了各种法规，其中最要紧的是贡有定期、舶有定数；还有，如若番邦偶有不恭顺，就"停市"惩罚。明朝政府还屡次颁布禁止民间私自下海的命令，把出国的人看成"无父无君之辈"和"化外之民"。[2]明朝的海禁政策，把海商逼迫成为进行走私与掳掠的海盗，致使中国错过了通过与西方国家交流而并立前行的机遇。取明朝而代之的清朝，不仅没有改观反而强化了对外贸易的限制。顺治时，施行严厉的迁海和海禁，严禁人民下海，对外通商的口岸只有澳门一地。1683年平定台湾后，东南各省疆吏请开海禁，于是设闽、粤、江、浙四个海关与外国

---

〔1〕 蒋廷黻：《中国近代史》，中国华侨出版社 2016 年版，第 227 页。
〔2〕 蒋廷黻：《中国近代史》，中国华侨出版社 2016 年版，第 528 页。

通商，对外贸易延续明朝旧制。"清朝的闭关自守，最突出的表现是在乾隆、嘉庆时期。"[1]康熙对外国商船的活动和逗留外国的中国人始终存有戒心——却没有像西方人那样开放进取，而是内敛守成——下谕地方官在沿海各地增设炮台。乾隆因循康熙的对外取向，从 1757 年开始只准在广州一口通商，制定了很多限制对外贸易的禁例和规定。

闭目塞听、妄自尊大的天朝上国心理致使清朝没有发现与英国通商而产生的发展机遇。1793 年，英使马戛尔尼勋爵托词为乾隆祝寿，得到清朝廷允准朝见乾隆。他提出的通商要求遭到严词拒绝，"所请多与天朝体制不合，断不可行"。1816 年，英使阿美士德到达北京再度进行交涉。在朝拜皇帝的礼节上，双方发生了争执，没有会谈。此时，英国正处在工业革命的巨大发展中，而中国还停滞在自给自足的农耕时代。中、英两国的时代差距，改变着由体量悬殊产生的力量对比，昏睡中的清朝正在失去天朝上国的荣耀。

---

[1] 翦伯赞主编：《中国史纲要（增订本）》（下），北京大学出版社 2006 年版，第 589 页。

第 02 讲
外来侵略与中国半殖民地半封建社会的形成

18 世纪中后期，西方社会实现了从封建主义到资本主义的转换，而中国社会还被牢牢地禁锢在完全的封建主义窠臼中。1816 年阿美士德拒绝行使朝见中国皇帝的礼仪，意味着英国正在试图打破清朝的屏障，危险正在逼近还毫无察觉的大清帝国。1840 年，蓄谋已久的英国挑起了侵略中国的鸦片战争，开启了世界资本—帝国主义势力侵略中国、把中国变为其殖民地的进程。资本—帝国主义侵略激起了中国人民的誓死抗争，使它把中国变为其殖民地的图谋没能完全得逞。在此后的 60 年，中国从一个完全独立的封建主义国家变成了一个半殖民地半封建国家。

一、鸦片战争是中国近代历史的开端

鸦片战争是中西关系逆转的显性事件，这场战争的名称指出了它的起因——清朝与英国的鸦片贸易争端；然而，鸦片贸易争端只是这场战争的直接起因。如同它的原因至少积聚了 100 年，它的影响也至少深远到了 100 年。鸦片战争被视为中国近代历史的开端。

（一）鸦片战争爆发和清朝廷战败

适应地大物博和自然经济的社会状态，中国几乎不需要外国的大宗货物。经过多年的尝试，外国商人发现鸦片是平衡对华贸易的一种商品。鸦片原产于西南欧和西亚，明代以后作为药物传入中国。17 世纪前后，吸食鸦片的恶习自南洋传入中国，流布渐广，终于演变成危害严重的社会问题。清朝廷不得不采取应对举措。1729 年颁布第一道禁烟上谕，1796 年下令禁止海外鸦片输入，1800 年颁令严禁外商输入鸦片并禁止种植罂粟。面对清朝廷的禁令，西方商人先是以广州为非法走私鸦片的基地，1821 年受到严厉打击而转移到珠江口外的伶仃洋。"鸦片战争前夕，伶仃洋成为鸦片走私集散中心。"[1] 英、美鸦片商人垄断着对中国的鸦片走私。

虽然清朝廷多次颁令禁烟，却几乎没有效果，鸦片走私和吸食之风继续泛滥。鸦片输入从 1821 年的 5000 箱上升到 1835 年的 30 000 箱，每箱 100 斤。鸦片吸食者遍及官吏、绅商、士子、兵丁、差役和普通劳动者。鸦片之害不仅严重损害吸食者个人健康，而且严重危害国家政权。清朝廷势所必然地加大禁烟力度。中国与西方国家的矛盾日趋激化。

1839 年 3 月上旬，林则徐奉命抵达广州开展禁烟运动。英、美商人极力抗拒禁烟。英国驻华商务监督义律从澳门来到广州商馆，为鸦片贩子撑腰。林则徐下令包围商馆，停止中英贸易，撤退商馆仆役，断绝广州与澳门间的交通。"义律不能抵抗，只好屈服。他屈服的方法很值得注意。"[2] 义律让英国商人把鸦片交给他，并以商务监督的身份给各商收据，他再将鸦片交给中国官府。这样一转手，就把英国商人贩烟与清朝廷禁烟的矛盾转变成了英国政府与中国朝廷的对立。义律的作为反映了英国对华政策的新基调，英国已经具备了对华铁血外交的能力。对英国的动向，清朝廷还一无所知。1939 年 6 月 3 日，林则徐在虎门海滩主持销烟。虎门销烟持续到 6 月 25 日，销毁了缴获的全部鸦片 2 376 254 斤，取得了禁烟的阶段性胜利。

林则徐禁烟的消息在英国引起了狂热的侵华舆论。英国殖民主义者鼓吹利用这一"机会"使中英关系问题"获得永久解决"，于是酝酿和策划侵华战争。[3] 清朝廷没有对禁烟后果的战略预判。1839 年 9 月，广东水师在九龙附近洋面遭到英国军舰袭击，双方交战数小时；11 月初，广东水师提督关天培率师船巡查，在穿鼻洋附近遭到英国军舰袭击，关天培下令反击，击退了英国军舰。九龙之战和穿鼻之战，促使林则徐加强防备。然而，道光皇帝和清朝廷却没有任何战备意识。1840 年 2 月中旬，英国政府任命乔治·懿律为

---

〔1〕《中国近代史》编写组：《中国近代史》，高等教育出版社、人民出版社 2016 年版，第 19 页。
〔2〕 蒋廷黻：《中国近代史》，中国华侨出版社 2016 年版，第 16 页。
〔3〕《中国近代史》编写组：《中国近代史》，高等教育出版社、人民出版社 2016 年版，第 23 页。

侵华英军总司令、英国全权代表；4 月中旬，英国议会通过了发动对华战争的决议；6 月下旬，懿律率领的英国侵华舰队封锁珠江海口和广东海面。鸦片战争正式爆发。

囿于对英国殖民主义侵略图谋的无知，道光皇帝和清朝廷陷入了战、和失措的窘境。6 月底，英军北上，经过厦门海面；7 月初，攻陷定海，之后继续北上；8 月上旬抵达天津大沽口外，威胁京畿重地。道光皇帝获悉定海失守才开始部署沿海防御，查究致寇根由。琦善受命到天津交涉。琦善在复照中认同英方所称的战争借口。他还表示：逐细查明、惩治林则徐；只要英军退返广州谈判，定能满足其要求。9 月中旬，琦善向英方通报，自己被任命为钦差大臣将赴广州谈判。懿律见谈判要求已经达到，又见天气渐冷、港口即将冻结不利于军舰行动，就驶向广州。道光皇帝见英军南撤，以为英人志在通商，就下令裁撤沿海各省兵勇，惩治林则徐。然而，英方的议和条件包括开放广州、赔款 600 万银元和割让香港等条款。琦善不敢擅自答应，也不敢上报朝廷。为了达到目的，1841 年 1 月初，英军攻陷了虎门附近的沙角、大角两座炮台。道光这时才对致寇根由和英方图谋有所省悟，又倾向抵抗，从各处调兵防卫广州。1 月 26 日，英军侵占香港。从 2 月下旬到 3 月初，英军从虎门长驱直入，相继攻占了广州附近各炮台。4 月，英国政府决定扩大侵华战争，压迫清朝廷订立一个侵略权益更广泛的通商条约。英军主力再次北犯，8 月下旬攻陷厦门，10 月初接连攻陷浙江定海、镇海、宁波。面对战事接连失利和妥协投降论调，道光皇帝战、和失据，一面继续调兵遣将，一面派耆英、伊里布主持对英交涉。到次年 6 月，英军进而攻陷上海、宝山，溯江而上攻陷镇江；8 月初，英军抵达南京下关江面。

（二）《南京条约》的签订及其影响

在得知镇江失陷后，道光皇帝授权耆英、伊里布"如该夷所商在情理之中"，"尽可允诺"。[1] 1842 年 8 月 29 日，清朝廷与英国政府签订了《南京条约》。这是中国近代的第一个不平等条约。

《南京条约》是由英国侵略者马礼逊根据外交大臣巴麦尊的《对中华条约草案》起草的，条约共计 13 款，主要包括四项内容：一是割让香港岛，中国

---

〔1〕《中国近代史》编写组：《中国近代史》，高等教育出版社、人民出版社 2016 年版，第 29 页。

把香港岛割让给英国；二是五口通商，中国向英国开放广州、福州、厦门、宁波、上海五个通商口岸，英国派驻领事办理通商事宜；三是勒索赔款，中国赔偿英国款项总计2100万元，包括赔偿鸦片费600万元、商欠费300万元、军费1200万元，不包括英军在广州、宁波、上海已经勒索到的赎城费合计770万元；四是协定关税，中国在五个通商口岸向英国商人征收进出口货物税，必须同英国政府商议。一个多月后，中、英双方就协定关税的细则等具体事项进行谈判。1843年10月，耆英与璞鼎查在虎门正式签订《五口通商附粘善后条款》和《五口通商章程：海关税则》两份条约。其主要内容包括：一是给予英国人在华享有以领事裁判权为主的法权；二是规定英国享有其他国家从中国获得的所有特权；三是规定了约200种进出口商品的税率；四是给予英国人在通商口岸租地居住的权利；五是其他具体细则（包括废除行商垄断贸易制度、英国军舰可在五口停泊，等等）。

鸦片战争及其结局，直接引起了其他欧美强国的效仿，是欧美列强争相侵略中国的起点。《南京条约》一签订，美国政府就决定趁火打劫，攫取侵略权益。1844年2月，美国政府全权公使顾盛抵达澳门，声称要率领舰队北上北京，武力威胁还处在战争危局中的清朝廷。清朝廷犹如惊弓之鸟，决定对西洋各国"一体通商""一视同仁"。4月，道光皇帝任命耆英为两广总督，与顾盛谈判。7月初，双方在澳门附近的望厦村签订了《望厦条约》。通过这个条约，美国获得了除割地、赔款以外英国在华取得的全部特权。"这个条约比中英条约更具体、更多地损害了中国的主权。"[1]法国紧随其后，也趁火打劫。8月，法国专使拉萼尼率领由八艘战舰组成的使团来到中国，扬言要到北京交涉。10月下旬，耆英与拉萼尼在停泊于黄埔的法国军舰上签订了《黄埔条约》。通过这个条约，法国获得了英、美在中国享有的各种特权。此外，法国人还享有在通商口岸修建礼拜堂、墓地和传教的权利，被清朝禁止了100多年的天主教在1846年正式解禁。1845年11月，葡萄牙无视清朝廷对澳门的主权，宣布澳门为"自由港"，逐步实现了对澳门的占领。

《南京条约》及其两个附件、《望厦条约》和《黄埔条约》，构成了中国近代的第一批不平等条约。这些条约的签订和实行，对中国社会和中国人民

---

[1]《中国近代史》编写组：《中国近代史》，高等教育出版社、人民出版社2016年版，第29页。

产生了极其严重的后果，严重地破坏了中国的主权和领土完整，极大地损害了中国人民的利益。割让香港和占领澳门，破坏了中国的领土完整；协定关税，剥夺了中国关税自主权；领事裁判权，损害了中国司法自主权；外国军舰可以在中国沿海自由行驶，损害了中国领海主权；外国人在通商口岸自由居住，开始形成法外之地；赔款，既纵容了在华继续贩卖鸦片，又加重了中国人民的负担；取消天主教禁令，为西方势力对中国进行思想文化侵略和精神奴役打开了缺口；片面最惠国待遇，成了欧美列强争相侵略中国而相互援引的手段。

（三）中国在近代半殖民地半封建化的起点

鸦片战争丧权辱国的结局，对中国社会似乎没有什么触动，除了屈指可数的几位睁眼看世界的有识之士，例如林则徐、魏源。对鸦片战争之后的情势发展，清朝廷并非没有感知，从李鸿章的议论可见一斑。1872 年 5 月，他在上奏的《复议制造轮船未可裁撤折》中提到："臣窃惟欧洲诸国，百十年来，由印度而南洋，由南洋而中国，闯入边界腹地，凡前史所未载，亘古所未通，无不款关而求互市。我皇上如天之度，概与立约通商，以牢笼之，合地球东西南朔九万里之遥，胥聚于中国，此三千余年一大变局也。"两年后，他在上奏的《筹议海防折》中再次提出"历代备边，多在西北。其强弱之势、主客之形，皆适相埒，且犹有中外界限。今则东南海疆万余里，各国通商传教，来往自如，麇集京师及各省腹地，阳托和好之名，阴怀吞噬之计，一国生事，数国构煽，实为数千年未有之变局！"清朝廷虽然意识到了情势的严重性，却迟迟不能创制出全盘性的国家战略。洋务运动不是由中央政府统筹推进的全盘性国家战略，因此未能实现富强；与之形成鲜明对比的是，明治维新是中央政府统筹推进的全盘性国家战略，日本因此富强起来。这个鲜明的对比，以甲午战争失败的形式惊醒了以康有为、孙中山为代表的社会群体。戊戌变法也不是中央政府统筹推进的全盘性国家战略，因慈禧杀害维新人士而流产。慈禧倒行逆施的行径造成了引狼入室的国家灾难，八国联军侵华战争的结局致使中国成了被几个帝国主义国家联合统治的半殖民地半封建国家。从鸦片战争到八国联军侵华战争是中国在近代逐渐走向半殖民地半封建化的过程，在这个过程中，清朝廷虽然有机会改变这个进程却没能改变。因此，鸦片战争是中国在近代半殖民地半封建化的起点。

中国在近代半殖民地半封建化，改变了中国的社会性质，也改变了中国的历史进程。鸦片战争之前的中国是一个皇权至上的家天下农业社会，即地主阶级统治的传统的封建主义社会；从鸦片战争开始的半殖民地半封建化，逐渐地破坏了中国封建主义的社会结构，中国人民打破帝国主义、封建主义统治的探索推动中国逐步地走向了社会主义社会。社会性质是历史时代的实质内涵，社会性质的质变是划分历史时代的客观根据。鸦片战争之前的中国社会进程是中国古代历史，鸦片战争以来的中国社会进程是中国近现代历史。也因此，鸦片战争是中国近现代历史的起点。

中国在近代的半殖民地半封建化，是中国近现代历史的一个片断、一个侧面。反抗侵略、探索出路的抗争，使中国避免了被瓜分、沦为完全殖民地的亡国灾难，是自然疆域的完整性大体得以保持、中央政权的形式性基本得以保留的主要原因。反抗侵略、探索出路的抗争，发展成了反帝反封建的中国革命。反帝反封建的中国革命冲决一切阻碍中国进步的半殖民地半封建因素，建立了中华人民共和国。中华人民共和国成立以来的 70 年，中国发生了从站起来到富起来、再到强起来的历史性飞跃。

二、资本—帝国主义侵略的深入及其后果

鸦片战争发生在西方殖民主义向全球扩张的时代，在这个时代，争夺殖民地的较量越来越激烈，直至发生第二次世界大战。鸦片战争是英国殖民主义势力打破中国大门的侵略行为，直接引起了美国、法国、德国、俄国和后起日本竞相侵略中国的争夺。它们对近代中国的殖民主义扩张，以其国家性质而统称为资本—帝国主义侵略。鸦片战争、第二次鸦片战争、中法战争、甲午战争和八国联军侵华战争，构成了资本—帝国主义侵略渐次深入中国的历史线索。对资本—帝国主义侵略的剖析，可以从军事侵占、政治控制、经济掠夺、文化渗透四个层面展开。

（一）军事侵占

资本—帝国主义侵略，首先并且主要是军事侵占，包括武力威胁、侵略战争、武装干涉中国内政、直接出兵镇压民众起义和中国革命，从骚扰、蚕食中国沿海和边疆到割占中国大片领土，甚至妄图瓜分中国。

军事侵略，滥杀中国人民。据不完全统计，在晚清 70 年中，欧美侵略势

力对中国发动的军事侵略，包括历次大规模的侵略战争和对沿海与边疆地区的侵略活动，多达50次。每次侵略都造成中国人民无辜死亡。略举几例。1894年11月，日军在甲午战争中制造了旅顺惨案，短短4天内连续屠杀中国居民2万多人。1900年7月，俄军在侵入黑龙江时，制造了海兰泡惨案和江东六十四屯惨案，烧光中国人居住的村落，枪杀或驱入黑龙江中被活活淹死的中国百姓达7000多人。

侵占中国领土，划分势力范围。从1842年《南京条约》到1895年《马关条约》，武力割占中国领土，包括：英国割占香港岛、九龙半岛南端和昂船洲，葡萄牙侵占澳门，俄国先后侵夺黑龙江、新疆150多万平方公里，日本割去中国台湾及所有附属岛屿和澎湖列岛。1898年、1899年，西方列强掀起了瓜分中国的狂潮：德国强租胶州湾、划山东为其势力范围，俄国强租旅顺口和大连湾及附近海面、划长城以北为其势力范围，英国强租威海卫和新界（九龙半岛界限街以北与深圳河以南及附近的岛屿）、划长江流域为其势力范围，法国强租广州湾及其附近水面、划粤桂滇为其势力范围，日本划福建为其势力范围。从1845年到1904年的60年间，霸占中国通商口岸内的土地，英、法、德、日、俄、意、比、奥先后在上海、广州、厦门、福州、天津、镇江、汉口、九江、烟台、芜湖、重庆、杭州、苏州、沙市、长沙、鼓浪屿16个市区设立完全由其控制和统治的租界30多个。通过《辛丑条约》，外国侵略势力还取得了在北京使馆区和北京至大沽、山海关一线包括天津、唐山等12处驻军的特权。日俄战争后，日本从俄国手中夺得在旅顺口和大连湾、长春至旅顺口的铁路及其他有关权益，派兵驻守上述地区和南满铁路沿线。

勒索赔款，劫掠财富。西方列强发动战争侵略，勒索巨额赔款，甚至野蛮地劫掠中国财富。鸦片战争赔款2100万银元，不包括赎城费。第二次鸦片战争英、法各得800万两白银。甲午战争赔款2.315亿两白银，包括《马关条约》规定的2亿两、"赎辽费"3000万两、威海卫日军"守备费"150万两。八国联军侵华战争赔款4.5亿两白银，分39年还清，本息合计10亿两。第二次鸦片战争期间，英法联军劫掠圆明园，焚烧圆明园和附近香山、万寿山、玉泉山的殿阁建筑。八国联军侵华战争期间，肆意劫掠皇宫以及北海、中南海、颐和园等禁苑里的无数金银财宝、珍贵文物古籍，日本侵略军还从户部掠走库银300万两。

（二）政治控制

染指甚至控制中国主权是西方列强侵略中国的野心所在。强迫清朝廷签订和履行不平等条约，是进行政治控制的手段和体现。从鸦片战争及《南京条约》到八国联军侵华战争及《辛丑条约》，西方列强逐渐地控制了清朝廷。

领事裁判权，是洋人控制中国内政、外交的滥觞。1843 年中英《五口通商章程》规定的领事裁判权范围是英国人在通商口岸的交涉诉讼，1844 年中美《望厦条约》规定的领事裁判权的范围扩大到所有美国人在华之一切民事、刑事诉讼。从此，洋人在中国领土上横行不法，清朝廷无权管辖。

迫使清朝统治者屈服，是控制中国内政、外交的主要途径。鸦片战争的失败，改变了清朝与夷人的交往关系，使得中国由中外关系的强者变成了弱者。清朝统治者的无能产生了对夷情的盲目无知，无能无知又产生了对夷人军力强大的恐慌无措。无能无知无措，是晚清朝廷的整体情势。这种情势使得清朝廷最终沦落成洋人的朝廷。在第二次鸦片战争期间，英法联军强迫清朝廷签订《天津条约》《北京条约》，同时表示愿意帮助镇压太平天国，以打、拉结合的方式迫使清朝廷屈服。改组涉外机构以满足侵略者的意愿和需要，是清朝廷屈服的显著例证。1861 年设立总理各国事务衙门，1901 年据《辛丑条约》第 12 款规定改为外务部，这个机构位列中央机构六部之上。总理各国事务衙门的行政作为，使它实际上成为外国侵略者控制清朝廷的总枢纽。《天津条约》的重要内容之一，就是外国公使常驻北京。西方列强的外交公使，以征服者的威势入驻中国皇帝榻侧，经常教训朝廷大臣。1867 年 11 月，总理各国事务衙门为即将离任回国的美国公使举办饯行宴会，随后又委任他作为中国首任全权使节（办理中外交涉事务大臣），代表清朝廷出使美、英、法、普、俄诸国。1901 年《辛丑条约》签订，是清朝统治集团完全屈服的例证。其中规定，清朝廷永远禁止中国人反抗，清朝廷官员如对反抗"弹压惩办"不力，"即行革职，永不叙用"。

把持中国海关，是控制中国内政、外交的重要手段。1842 年《南京条约》中"协定关税"的条款，使中国开始丧失关税自主权。海关行政权由清朝廷管理。1858 年《天津条约》附约《通商章程善后条约》第 10 条规定，清朝廷聘请外国人帮办海关税务。从 1861 年李泰国任总税务司开始，英国人把持中国海关长达半个世纪。1863 年，英国人赫德接替李泰国，掌管中国海关大权 45 年。中国海关的稳定性与中国局势的动荡性形成了鲜明的对比，外国侵略势力把持的中国海关实际上是西方列强联合控制中国的又一个"国中之国"。[1]

（三）经济掠夺

军事侵略和政治控制的意图，是进行经济掠夺、攫取经济利益。西方列强对近代中国的经济掠夺，除了强迫清朝廷支付巨额的战争赔款外，主要是利用军事侵略和政治控制得到的特权，扩大对中国的商品倾销和资本输出，操纵中国的经济命脉。

强迫清朝廷增设通商口岸，以通商口岸为据点对中国进行经济侵略和掠夺。1842 年《南京条约》规定，通商口岸由广州一地增加到广州、厦门、福州、宁波、上海五个港口城市。1858 年《天津条约》增加了琼州、汉口、南京等十个中国沿海、沿江城市。1860 年《北京条约》又增加了天津。1876 年《烟台条约》规定，宜昌、芜湖、温州、北海为通商口岸；签订这个条约的背景表明，英国侵略已经抵向中国内陆。侵略势力强迫清朝廷开放的商埠遍及中国沿海、沿江、沿边。随着铁路在中国的铺设，侵略势力还控制了铁路沿线的城镇。这些区域成了资本—帝国主义势力在中国进行经济掠夺的据点。

操控中国税率，实行商品倾销和资本输入。1843 年《五口通商章程：海关税率》规定了英国商人进出口货物的具体税率，开始操控中国海关税率。1858 年《天津条约》规定，外国商船可以自由在各通商口岸转口，其商品不需要重新课税。洋货只需在海关缴纳 2.5% 的子口税，就可以在中国内地通行无阻，而不必像中国商品那样"逢关抽税，过卡抽厘"。外国廉价商品在中国市场上大量倾销，排挤中国工业品和手工业品，从而获得高额利润。罪恶的鸦片贸易更加泛滥，直到 19 世纪末，鸦片依然占据进口货物的重要地位。外国势力直接在通商口岸开设洋行，垄断中国的进出口贸易。1895 年《马关条约》规定允许资本输入到中国，侵略势力开始自由地在中国开工厂、办银行、修铁路、开矿山等，从而获取更高的超额利润，压制中国微弱的民族资本主

---

〔1〕　方德万在《潮来潮去：海关与中国现代性的全球起源》一书中认为，中国近代海关是唯一未有中断并且势力几乎可达全中国的机构，它在中国和西方列强之间运筹帷幄，是一个不受权力频繁更迭影响的"国中之国"。参见：方德万：《潮来潮去：海关与中国现代性的全球起源》，姚永超、蔡维屏译，山西人民出版社 2017 年版，第 6 页。

义经济的发展。其中相当部分资金，是掠自中国。

控制中国财政，操纵中国经济命脉。侵略势力要求的战争赔款，致使清朝廷陷入财政破产。甲午战争赔款 2.315 亿两白银，相当于当年清朝廷财政收入的 3 倍。八国联军侵华战争赔款 4.5 亿两白银，分 39 年还清，本息合计多达 10 亿两白银。不但勒索战争赔款，而且迫使中国举借外债以偿付这些赔款。举借外债，主要以关税和盐税作担保，而关税和盐税是清朝廷财政收入的重要来源。举借外债大都通过外国资本在中国设立的银行。到 1913 年时，在华外国银行多达 21 家。侵略势力凭借强权和金融实力，操纵着中国的财政金融。外国资本控制着中国近代工业，例如 1913 年，外国资本占机械采煤投资总额的 79.6%，占新式采铁和冶铁投资总额的 100%。外国资本还控制了中国铁路业和航运业，例如 1911 年，全国 9618 公里铁路，外国控制着 8952 公里。

侵略势力的经济掠夺，对中国经济造成了严重的危害，不仅阻碍着中国近代民族工商业的发展，而且致使中国传统农业经济濒临破产，使得广大中国人民陷入世界罕见的极端贫困中。

（四）文化渗透

军事侵略、政治控制和经济掠夺，势必引起反抗。义和团民众的反抗引起了侵略势力的不安。1901 年《辛丑条约》规定，禁止中国人参加反抗性组织，查办镇压反抗不力的清朝廷官员。文化渗透是降解反抗精神的常规方式。

披着宗教外衣进行侵略活动。文化渗透是以文化交流之名进行侵略之实。一部分传教士披着宗教外衣、以传教的名义进行侵略中国的活动。例如马赖事件，法国天主教神甫马赖非法潜入非通商口岸的广西玉林传教，因胡作非为被处治。马赖事件成为法国侵略中国的借口。再例如，在第二次鸦片战争期间，在北京的俄国东正教传教士向俄国公使和英法联军提供有关大沽口的设防情况和详细的北京地图。又例如，在订立中法《北京条约》时，担任翻译和文件起草的法国传教士孟振生，在条约的中文文本中私自添加法文原本没有的"并任法国传教士在各省租买土地，建造自便"的字句。

控制出版，为侵略行径制造舆论。侵略势力在中国创办报纸、杂志，翻译、出版书刊，在介绍西方史地、政治、文化的同时，美化侵略。例如，《万国公报》主编、美国传教士林乐知，发表《印度隶英十二益说》，鼓吹在中国实行殖民统治。再例如，李提摩太在其翻译的《泰西新史揽要》一书序言中宣扬麻醉中国人精神的宿命谬论："然闭关开衅之端则在中国，故每有边警，偿银割地，天实为之。"侵略势力还制造"种族优劣论""黄祸论"，用以论证侵略有理。

在占领区强制推行奴化教育，摧毁中国人的民族自尊心和自信心。例如，在割占台湾地区后，日本企图从根本上割断台湾民众与中国文化的血脉联系，达到永久侵占。在台湾地区的各级各类学校教育中，灌输"皇道主义""神国观念""民族协和"等观念。还仿照在日本国内的样子，在台湾地区设立了专门放置"敕语"和天皇、皇后"御照"的"奉安殿""奉安所"或"奉安室"，学校师生每天早晚要向"奉安殿（所、室）"敬礼。

三、瓜分中国的争夺与中国半殖民地半封建社会的形成

资本—帝国主义侵略的逐步深入，渐次加剧着中国殖民地化的程度。从甲午战争到八国联军侵华战争这几年的中外综合态势，造成了中国半殖民地半封建社会的状态。这种状态，虽然有较量格局的变化却无实质性变动，一直持续到中华人民共和国诞生之前。

（一）甲午战争与瓜分中国的争夺

19 世纪中期，日本与中国情形相似，遭遇相似，却作出了不相似的应对，从而展现出截然相反的运势。1842 年《南京条约》与 1854 年《神奈川条约》，分别是两国历史上的第一个不平等条约。在如何应对外来侵略引发的国家根本问题上，两国也都发生了剧烈的社会运动。中国相继发生了太平天国运动和洋务运动，日本相继发生了倒幕运动和明治维新。不同的是，社会主导力量和政权组织在中国没有发生改变，在日本却出现了变动。这个不同，演化出了中国和日本之运势不同。其中的决定性机理，或许是船小好调头。明治维新推动日本走上了与欧美列强为伍的发展道路。清朝廷也注意到了日本的动向。"李鸿章在日本明治维新初年就看清楚了日本是中国的劲敌。"[1]明治维新确立了对外扩张的政策取向，要以武力"开拓万里波涛""布国威于四方"。1874 年日本入侵台湾，清朝廷以 50 万两白银换取日军撤离台湾了结。

---

〔1〕 蒋廷黻：《中国近代史》，中国华侨出版社 2016 年版，第 72 页。

1879 年日本吞并琉球，清朝廷搁置不论。日本还乘机向朝鲜半岛渗透，侵夺清朝廷对朝鲜的宗主权。1885 年 2 月，李鸿章与日本首相伊藤博文订立《中日天津会议专条》，规定朝鲜今后若发生重大变乱事件，两国或一国需要派兵，事先必须相互知照。这些侵略活动的得逞，强化着日本侵略中国的野心。1885 年 6 月，日本开始实施十年扩军计划，这个计划提前两年完成。1893 年夏，明治天皇批准《战时大本营条约》，日本做好了侵略中国的全面准备，等待挑起战端的时机。日本统治者在励精图治，中国的清朝统治者却依旧奢侈腐败。慈禧挪用海军经费修造颐和园这件事，是清朝统治者整体腐败的缩影，显露了清朝廷心智贫弱的政治生态。清朝廷没有应对日本挑战的通盘考虑，也缺乏应对日军侵略的军事计划，仓促被迫应战。这是甲午战争失败的主要原因。

甲午战争是一场双方武器装备相当而战略失衡的较量。双方的武器装备，性能相当，而数量中方占优，日本海军的战舰数与总吨数与李鸿章控制的北洋海军大致相当，中方还有规模较小的南洋海军和福建、广东的海军。"从物质上说来，两国海军实相差不远。"[1]然而，双方的战备战略却天壤之别。日本在战前已经准备了 10 多年，1885 年《中日天津会议专条》显露了其发动甲午战争的战略谋划。1894 年春，朝鲜南部发生东学党起义，日本依据《中日天津会议专条》先诱使清朝廷出兵，接着也出兵朝鲜。接下来整个事态的演化，似乎完全由日方导演、主演，中方始终被动挨打。慈禧和李鸿章的战略决策，主要将领的战场指挥，都表现为几无斗志。眼看兵锋临头，清朝廷仓促调派军队，李鸿章还请求俄、英、德、法、美调停以避战。牙山之战和黄海之战都是清军的运兵船遭到日军袭击而起。黄海之战刚开始，旗舰定远号发出的第一炮震断了年久失修的飞桥而失去指挥作用。平壤一战清军统帅叶志超下令停止抵抗，弃城逃跑，把丰厚的军事物资留给了敌人，使清军一蹶不振。黄海之战后，北洋舰队躲进威海卫港口，不战而降，11 艘兵船和刘公岛的炮台及一切军资器械全部完好地成了敌人的战利品。

甲午战争成了双方国运的大转折。日本一举而遂其所愿，摆脱了半殖民地的命运，与欧美列强为伍。隔岸观火的欧美列强，顺势要瓜分中国，分别

---

〔1〕 蒋廷黻：《中国近代史》，中国华侨出版社 2016 年版，第 81 页。

建立殖民地。俄、德、法三国干涉还辽，是瓜分中国的序幕。

《马关条约》割占辽东半岛，抢了俄国的先手。俄国假意帮助清朝廷，各打算盘的德、法两国附和，迫使日本退还辽东半岛，包括旅顺、大连在内。为了争夺中国东北地区，俄国假意"联合防日"哄骗李鸿章于 1896 年 6 月签订《御敌互相援助条约》（即《中俄密约》），其中规定修筑中东铁路。俄国的活动加剧了列强对中国的争夺，它们纷纷在中国强占港湾，掠夺铁路修筑权和划分势力范围。从 1895 年到 1899 年，帝国主义列强在中国划分了各自的势力范围。德国强租胶州湾，划山东为势力范围；俄国强租旅顺口和大连湾及附近海面，划东北三省、蒙古及长城以北为势力范围；英国强租威海卫和新界（九龙半岛界限街以北与深圳河以南及附近的岛屿），划长江流域、西藏和广东、云南两省的一部分为势力范围；法国强租广州湾及其附近水面，划广西以及云南、广东两省邻近越南的地区为势力范围；日本除割占台湾、澎湖列岛外，还划福建为势力范围。帝国主义列强在中国的争夺，甚至引起了发生在中国东北地区的日俄战争。

（二）八国联军侵华战争与中国半殖民地半封建社会的形成

瓜分中国的争夺与清朝廷应对危局的内外矛盾冲突，演化成了八国联军侵华战争。八国联军侵华战争的结局，使中国避免了被瓜分而成为完全殖民地的遭遇，确立了近代半殖民地半封建社会的格局。《辛丑条约》的签订，是中国半殖民地半封建社会形成的标志性事件。

1899 年，英、俄、德、法、日把中国划分成了各自的势力范围，开始谋划如何进一步把势力范围变成完全的殖民地。这时，无所得的美国提出"门户开放"主张，成为列强没能在中国建立各自殖民地、继续联合控制中国的重要因素。

以康有为、梁启超为代表的一大群人士发起了维新运动，得到光绪皇帝的倚重。而反对变法的顽固势力，集结在慈禧太后身边。慈禧太后捕杀维新人士，还采取了废光绪、立新君的举动。1898 年 12 月，慈禧太后立端亲王载漪之子溥儁为大阿哥，准备取代光绪皇帝。各国公使拒绝入宫庆贺。慈禧太后和顽固势力做出了利用义和团反击洋人的愚昧行为，直接引起了八国联军侵华战争。义和团的英勇抗击，惊醒了帝国主义列强瓜分中国的迷梦，成为列强没能在中国建立各自殖民地、继续联合控制中国的主导因素。

《辛丑条约》是八国联军侵华战争结局的产物。英、德、日、俄、法、美等国都从自身利益出发，达成了所谓"利益均沾""保全中国"的原则，即为帝国主义的利益而保全清朝廷。各国都没有提出割地的要求。慈禧太后得遂个人私欲，赞成义和团的宗室大臣和各级官员被处死、流放和监禁者多达百余人。羞辱中国人，压制中国人的反抗精神，是《辛丑条约》的基本立意。苟活的慈禧太后完全驯服于洋人，残留的清朝廷完全成了洋人的朝廷。八国联军侵华战争造成的中国半殖民地半封建社会的秩序，在整体上大致延续了50年，一直到中华人民共和国成立。

近代中国半殖民地半封建社会，从1840年鸦片战争算起，长达100多年。毛泽东从六个方面精辟地揭示了这100多年中国社会的基本特征[1]：

第一，资本—帝国主义侵略势力不但逐步操纵了中国的财政和经济命脉，而且逐步控制了中国的政治，成为支配中国的决定性力量。

第二，中国的封建势力日益衰败并同外国侵略势力相勾结，成为资本—帝国主义压迫、奴役中国人民的社会基础和统治支柱。

第三，中国自然经济的基础虽然遭到破坏，但是封建剥削制度的根基即封建地主的土地所有制依然在广大地区内保持着，成为中国走向现代化和民主化的严重障碍。

第四，中国新兴的民族资本主义经济虽然已经产生，并在政治、文化生活中起了一定的作用，但是在资本—帝国主义和封建主义的双重压迫下，它的发展很缓慢，力量很软弱，而且它的大部分与外国资本—帝国主义和本国封建主义都有或多或少的联系。

第五，由于近代中国处于资本—帝国主义列强的争夺和间接统治之下，加上中国地域广大，以及在地方性的农业经济的基础上形成的地方割据势力的存在，各地区经济、政治和文化的发展极不平衡；后来，帝国主义国家还分别支持不同的政治势力以分裂中国，使中国处于不统一状态。

第六，在资本—帝国主义和封建主义的双重压迫下（后来还加上官僚资本主义），中国的广大人民尤其是农民日益贫困化以致大批地破产，过着饥寒交迫和毫无政治权利的生活；中国人民的贫困和不自由的程度，是世界上少见的。

---

[1]《毛泽东选集》（第2卷），人民出版社1991年版，第630~631页。

资本—帝国主义势力、封建统治势力、原生的封建主义根基、新兴的资本主义事物、区域联系、人民生活这六个方面的基本特征，复合叠加，浑然一体，构成了近代中国半殖民地半封建社会的整体状态。

（三）近代中国的阶级构成、社会矛盾和历史任务

近代中国社会的整体状态，是各种社会因素综合作用的产物。人，是各种社会因素的主体，是历史主体。物以类聚，人以群分。作为历史主体的人，是以民族、阶级、政党或者其他社会群体形态存在的人。不同形色、不同性质、不同层次的社会群体之间的尖锐斗争，构成了近代中国半殖民地半封建社会由产生到终结的演化过程。封建统治势力的腐朽堕落是近代中国衰落的主导因素，中华民族的觉醒和中国人民的壮大是近代中国由衰落转向复兴的主体因素。

中国是人类历史的文明传奇。人类古代历史上的大国，只有中国历史文化从未间断、生生不息。汉朝、唐朝、元朝和清朝这几个朝代的鼎盛时期，版图比欧洲还大。在鸦片战争之前，游牧文化与农耕文化二重奏是中国历史的主旋律，封建主义皇权大一统是中国历史的主基调。社会群体的构成，根据流行的说法，分为"三教九流五行八作"，又分为"一官二吏三僧四道五医六工七猎八民九儒十丐"。就大变动、大事件而言，除了游牧民族入主中原的战乱和朝廷内部争夺最高权力的战乱，农民起义最显眼。农民阶级和地主阶级之间的矛盾，是古代中国社会的主要矛盾。共处与融合是中华民族得以形成的各民族关系的常态，各民族共同创造着中国文化，也有着共享中央统一政权的社会历史心理。这是鸦片战争之前中国各种社会因素、各种社会群体及其相互作用的整体态势，是近代中国虽衰落却不可征服的深厚历史根源。具体情形又恰是中央统一政权的稳定时期，这是中国人的幸运；若恰逢地方割据的混战时期，鸦片战争之后的中国历史，不忍想象。

鸦片战争之后，中国社会的群体关系发生了根本变化。首先是资本—帝国主义势力逐渐深入，反客为主，夺得了殖民中国的统治地位；中国原有的封建统治势力的上层，堕落成了洋人的傀儡。这是中国近代半殖民地半封建社会的主因。其次是中国社会的阶级关系出现了显著变动。地主阶级继续占有大量土地，在整体上依旧处于统治地位。一小部分地主从动荡的乡村迁往城市变身为城居地主，有些地主还投资工商业而转化为资本家，往往兼营土

地、高利贷和工商业。农民阶级占人口的绝大多数，是被统治阶级。一些自耕农受到土地兼并的挤压，向贫农、雇农、佃农转化；一些破产农民流入城市，成为产业工人的后备力量。工人阶级是新兴的阶级，主要来自破产的农民、手工业者和城市贫民，深受帝国主义、封建势力和资产阶级三重压迫。资产阶级也是新生的阶级，构成复杂，主要由一些买办、商人、地主、官僚投资机器工业转化而成，一部分是官僚买办资本家，一部分是民族资本家。经济关系和政治地位的差异以及因应世界局势变动的差异，决定了各个社会群体在近代中国历史进程中的角色差异。帝国主义、封建主义和官僚买办资本势力，是中国近代社会的统治势力，阻碍着中国进步，是中国革命的对象。民族资产阶级不能承担起领导中国的历史任务，缺乏革命彻底性。农民阶级、城市小资产阶级和工人阶级受到的压迫最深重，是中国革命的坚定力量；其中，农民是中国革命的主力军，工人阶级是中国革命的领导力量。

中国近代社会各群体之间的作用和反作用，错综复杂地构成了近代中国半殖民地半封建社会的矛盾，例如，中华民族与资本—帝国主义之间的矛盾，农民阶级与地主阶级之间的矛盾，资产阶级与地主阶级之间的矛盾，工人阶级与资产阶级之间的矛盾，封建统治势力各集团派系之间的矛盾，帝国主义各国家在中国争夺的矛盾。其中，帝国主义和中华民族之间的矛盾、封建主义与人民大众之间的矛盾，是占支配地位的主要矛盾。这两对矛盾，贯穿整个近代中国半殖民地半封建社会，相互交织，时有起伏。

中国封建势力的腐朽，是帝国主义势力鸠占鹊巢的原因。因此，中国人民不得不前赴后继地走上推翻帝国主义压迫和封建主义统治的革命道路，承担起救亡图强的历史重任。争取民族独立、人民解放和实现国家富强、人民富裕这两大历史任务，相互区别又相互联系，前者是后者的前提。时至今日，中国人民已经争取到了民族独立、人民解放，正在经历从站起来、富起来到强起来的历史飞跃。

第 03 讲
中华民族的抗争与觉醒

以鸦片战争为起点的反侵略抗争，是中国由衰落转向复兴的主导因素，也是中华民族由自在变为自觉的成长因素。中华民族，是中国历史的创造者。外来侵略势力蚕食中国，破坏中国，妄想毁灭中国历史。中华民族反外来侵略的抗争，阻遏了近代中国半殖民地化的进程，赢得了中华民族自立于世界东方的无限生机。

一、中华民族反抗外来侵略的伟大斗争

有 5000 年辉煌文明的中华民族，潜藏着无比强大的生命力。在清朝廷不能抵挡外来侵略的危难之际，一群又一群中华民族儿女自发地组织起来抗争，展现出了具有现代意义的民族精神。

（一）清朝廷涣散软弱

清朝廷和绝大多数官员，缺乏有效地组织抵抗外来侵略的领导能力。这种状况，与 150 年前清朝初期有力地反击俄国入侵的情势形成了鲜明的对比。清朝廷已经丧失了康熙皇帝治国平天下的雄才大略，英国人正乘着工业革命的威力纵横环球。清朝廷还不知道，英国人已经完全认识到了两国之间的差距。德国、日本随后的发展以及晚清 70 年的历程，包括清室体面地逊位，都表明清朝廷一误再误，辜负了历史给予的幸运。以鸦片战争为起始的反侵略抵抗，充分暴露了清朝廷缺乏中央政府的整体性战略决策，涣散软弱。

鸦片战争之初，英国舰队不直接攻打林则徐守备的广州，而选择进犯厦门，攻占定海。琦善和道光皇帝轻信英国说辞，怪罪林则徐。道光皇帝对林则徐革职，由琦善代替。琦善到任，才发觉事态的严重性并非革职林则徐就能化解。清朝廷还不清楚英国人的底细。林则徐主"战"，琦善主"抚"。道光皇帝首鼠两端，摇摆不定，几乎没有战略定力。"从皇帝到将军、督抚，和战方针不定。说战，没有切合实际的作战方法，稍受挫折，立刻求和；和议不成，又空喊作战。"[1]琦善被革职锁拿，查抄家产。林则徐受到革职后，又被发配到伊犁赎罪。几经折腾，眼看英国舰队进逼到南京城下，清朝廷放弃抵抗，满足英国要求，签订了《南京条约》。

《南京条约》签订后，美、法接踵而来，清朝廷一视同仁，与之和平订约。除了林则徐、魏源屈指可数的几人，清朝廷似乎丧失了知彼知己、百战不殆的政治头脑。林则徐搜集夷情、开眼看世界的明智作为，没有引起清朝廷和士人的注意或重视。清朝廷还是以老眼光看待自己和世界，以往常对待夷的方式对待英、美、法。清朝还是走老路，英、美、法却似乎把握了走向未来的新路。《望厦条约》中规定了12年后修约的条款，《黄埔条约》也有类似的话语。第二次鸦片战争是英、法蓄意修约而发动的，是第一次鸦片战争的继续。清朝廷几乎没有什么战略研判，盲目应对，权且行事。回绝对方，又不认真对待回绝对方可能产生的更严重情况。面对英、法攻占广州，两广总督叶名琛实行"六不"策略，即"不战、不和、不守；不死、不降、不走"。面对英、法兵临天津，咸丰皇帝一心求和。咸丰皇帝批准了《天津条约》，对条约中的派员驻京、内江通商及内地游、赔缴兵费始退还广东这四项又心生悔意。他要把屈服于敌人枪炮的耻辱在谈判桌上取消掉，结果遭到敌人傲慢地拒绝。《天津条约》中规定，一年后正式换约。咸丰皇帝不愿意在京城换约，敌方寸步不让。计较换约方式，造成了更深重的灾难，付出了更严重的代价。清朝廷进退失据，表现为没有权衡利害的判断能力。

清朝廷手忙脚乱、进退失据的窘相，在中法战争、甲午战争、八国联军侵华战争时也都显露无遗。中法战争，不败而败。甲午战争，坐守待毙。八国联军侵华战争，自取其祸。"兵者，国之大事也。死生之地，存亡之道，不

---

〔1〕 胡绳：《从鸦片战争到五四运动》，华东师范大学出版社2014年版，第28页。

可不察也。"清朝廷抵抗外来侵略的用兵，却显得疏忽、轻慢、草率。以慈禧太后和李鸿章为代表的主要当权派，不但不采取备战的措施，而且还给敌人创造军事进攻的有利条件。这种情形，在中法战争、甲午战争时最为显著。似乎如此作为还不足以充分地显示清朝廷无能，以慈禧太后为首的顽固派还作出了玩弄义和团盲目排外的愚昧之举，直接成为八国联军侵华的口实。八国联军侵华战争的结局，好像是慈禧太后个人与侵略者的串谋，尽管这不是历史真实。

（二）爱国官兵英勇顽强

在抗击帝国主义侵略的斗争中，英勇顽强的爱国官兵以不怕牺牲的精神，与中国广大人民群众一起反抗侵略的大无畏精神，共同铸就了中国人民作为统一整体的现代民族精神。

鸦片战争时，第一次正面遭遇机器工业制造的坚船利炮，清军还不知道英军的底细。清朝廷的高官大多还沉浸在作威作福的傲慢中，例如，奕经是皇亲宗室、协办大学士、扬威将军，在 1841 年 10 月临危受命办理军务，从京城到浙江一路游山玩水、搜刮财物，次年 1 月下旬才抵达嘉兴，历时 3 个多月，似乎没有临危受命、军情火急的责任感。他还临战逃跑，谎报军情，欺瞒朝廷。与上层高官不同的是，大部分地方守军将士却在英勇顽强地阻击侵略者。1840 年 7 月初，浙江定海守军拒不投降，总兵张朝发作战受重伤而亡，城破之后知县姚怀祥投水自尽。1841 年 1 月初，英军攻占虎门附近的大角、沙角炮台，守将陈连升率部奋起抵抗，以身殉国。接着，2 月下旬，英军攻打虎门，广东水师提督关天培和部下将士数百人阵亡。8 月下旬，厦门陷落，总兵江继芸自杀，将士阵亡者数百人。10 月初，定海陷落，浙江定海镇总兵葛云飞、安徽寿春镇总兵王锡朋、浙江处州镇总兵郑国鸿力战而死；英军继而进犯镇海，总兵谢朝恩战死，钦差大臣裕谦投水自尽。1842 年 6 月中旬，吴淞、宝山陷落，江南提督陈化成率兵顽强抵抗，力战捐躯。7 月下旬，英军进攻镇江，副都统海龄指挥 1500 人殊死奋战，直到最后一人。

第二次鸦片战争时，天津大沽口守军有力地阻击过英法联军。1859 年 6 月下旬，第二次大沽口之战，科尔沁亲王僧格林沁指挥清军英勇反击，激战一昼夜。英法联军 2000 余人、大小战舰 21 艘，伤亡惨重，3 艘军舰被击毁击沉，多艘失去战斗力，死伤 460 多人。清军官兵阵亡 36 人。[1]

中法战争时，爱国官兵在海、陆两线多次击退法国侵略者。1884 年 8 月，督办台湾事务大臣刘铭传指挥数千守军，击退了进犯基隆的法军。法军死亡 2 人、负伤 10 人，仓皇撤离。10 月初，法军以 10 艘战舰的优势兵力卷土重来，曹志忠、章高元两位提督分守基隆河口两岸，英勇还击。法军还分派 4 艘军舰直奔淡水，环泊港外。刘铭传以淡水距离台北府城近为由，除留兵 300 人驻守狮球岭外，连夜撤出基隆，赴援淡水。为了不让法军得到燃煤，他下令毁掉基隆煤矿的机器设备，烧掉已经挖出的煤。刘铭传指挥守军宁死不屈，迎头痛击，击退了在淡水登陆的法军。1885 年 3 月下旬，年逾花甲的老将、原广西提督冯子材身先士卒，与敌人短兵相接，以众压寡，展开肉搏战，两天毙敌 74 人、伤敌 213 人，大败法军，取得镇南关大捷。清军还乘胜追击，一路南下，克复越南谅山，战果继续扩大。法国茹费理内阁因法军失败而倒台。

甲午战争中，多位将领英勇牺牲。1894 年 9 月 15 日，在平壤之战中，奉军统领左宝贵率部在平壤城北战场以寡敌众，誓死拼战，中炮牺牲。两天后，在黄海之战中，致远舰 200 多名官兵，仅 27 人生还，管带邓世昌壮烈牺牲；经远舰 200 多人，仅 16 人生还，管带林永升也以身殉国。1895 年 2 月，威海陷落，刘公岛成为北洋舰队的唯一依托，遭到日军水路夹击。定远舰管带刘步蟾，愤然饮药自尽。担任副提督的英国人马格禄、担任顾问的美国人浩威勾结其他贪生怕死的军官，胁迫提督丁汝昌采取投降的步骤。丁汝昌在绝望中自杀殉国。

（三）人民群众坚韧不拔

爱国官兵英勇顽强的作战事迹，改变不了清朝廷涣散软弱的抗争大局。官方作为不力，如果再没有人民群众的自发性抵抗，整个国家就完全衰亡了。面对同样的势态时，日本没有抵抗。这不是反对中国广大人民群众自发性抵抗的理由。日本没有抵抗只是历史假象，倒幕运动和随之展开的明治维新才是历史真实。中国广大人民群众的抗争坚韧不拔，使得侵略者感受到了中华民族潜在的无限生机而不得任意妄为。

---

[1] 《中国近代史》编写组：《中国近代史》，高等教育出版社、人民出版社 2016 年版，第 61 页。

东南沿海的人民群众把发动鸦片战争的英军侵略视同海盗行径，自发地起来抗争。三元里抗英斗争，是近代中国广大人民群众第一次大规模的反侵略武装斗争。清军不堪一击，英军心生任意妄为的轻敌之念。1841 年 5 月 29 日，盘踞四方炮台的英军窜到广州北郊三元里抢劫行凶，遭到了他们没有料到的抵抗。30 日上午，来自附近 103 乡的义勇群众越聚越多，把英军分割包围在几处，雷雨也壮大了数千群众的斗争声势。到了第二天，广州附近番禺、南海、花县、增城几个县的 400 余乡的数万群众赶来加入了对英军的包围。在广州主持军事的奕山，派广州知府余保纯到场解围，英军才得以陆续撤出。

广州是鸦片战争的焦点地区，战后英国人能否进得了广州城，成了他们能不能在中国为所欲为的一个标识。1843 年 7 月，驻广州的钦差大臣耆英对英国人进广州城的要求表示同意，80 多位绅士表示反对。经过连日考察，觉得民情顾虑确实没有消除，英方也就同意暂缓进城。1846 年 1 月，耆英派人贴出告示，要求人们不要反对洋人进城。告示立刻被人撕掉，群众还包围了广州知府衙门，纵火焚烧。还发生了几起英国人在广州城外被殴打、攻击的事件。1947 年 3 月，在交涉后达成协议，耆英承认在两年后英国官员和其民众可以自由进城。两年期满，两广总督徐广晋担心民情未洽而拒绝了英国人的要求，虽然道光皇帝表示不妨让外国人进城一次。广州城的斗争，一直持续到第二次鸦片战争时英军攻占广州城。其他地方，也发生了反对侵略者进城的斗争，例如 1866 年潮州城的斗争。

第二次鸦片战争后，西方传教士作为侵略的先锋深入到中国内地，人民群众自发地反侵略斗争，还表现为反对外国传教士和外国教堂的行动。从长江流域到黄河流域，从山城重庆到京津地区，反对教会的斗争呈现出星火燎原之势，影响重大的有四川酉阳教案、贵州遵义教案和天津教案。天地会、哥老会、在理会这一类民间会党，还有一些地方绅士，是群众自发性反侵略抗争的发起者和组织者。

甲午战争后，有些地区的反侵略抗争出现了持续性的武装斗争。义和拳会在山东日渐活跃，与之有联系的大刀会也活动在山东、河南、安徽、江苏交界的地区。1898 年夏，广西发生了天地会领导的农民起义，"立誓驱尽洋人，以保卫华人"。起义队伍多达 11 万人，先后攻占过梧州、郁林、容县、兴业、陆川、博白。同年 7 月，四川大足县发生大规模起义，檄文阐述民族危机深重，主张"剪国仇""雪国耻"，还用过"扶清灭洋"的口号，影响波及四川、湖北三十几个县。

生活在各个租界、租借地直接遭受帝国主义统治的人民群众，也以抗捐、抗粮等形式掀起了一次次的斗争。例如，法国侵占广州湾后，1898 年下半年，广西遂溪县的海头、南柳各村民众多次袭击法军营地。

中国广大人民群众自发地抗击帝国主义侵略的斗争，发展到 19 世纪末年，已经呈现出迁移流转的蔓延势态。其中义和团运动，震惊中外，规模最大。义和团的前身是义和拳会，源于长江以北各省中流传很久的民间秘密结社组织白莲教。义和团运动滥觞于甲午战争之后的山东。1898 年和 1899 年，义和拳会的活动几乎遍及山东全省，1898 年时任山东巡抚张汝梅对义和拳实行"抚"的策略，继任者毓贤如法炮制。抚，是承认其合法性的某种表态，义和拳由此得名义和团。

义和团也因得到官方的某种承认而更加迅猛地发展起来。这个态势引起了德、美、英、意等国侵略者的不安，它们向清朝廷施压，坚决取缔义和团，美国公使康格直接要求总理衙门把毓贤撤职。袁世凯接任山东巡抚，严酷地镇压义和团。1900 年，义和团活动的中心却渐渐地从山东转移到了直隶省，并渗透进了天津和北京。无论是假手义和团反击对她不满的洋人，还是假手洋人镇压她已经不能掌控的义和团，甚至是二者兼有，慈禧先利用义和团打击洋人随后又剿杀抗击八国联军的义和团，都是不争的历史真实。义和团"扶清灭洋"的英勇和悲壮，显示了中国广大人民群众反抗帝国主义侵略的大无畏精神。

二、中华民族反抗外来侵略的伟大作用

反抗侵略，在任何意义上都是正当的。反抗侵略的方式、方法，即使不当，也不是贬损反抗侵略的口实。不反抗，即灭亡，尽管反抗侵略成功与否取决于双方的实力。如果丧失了反抗侵略的精神，即使实力相当，也形同待宰的羔羊。中华民族反抗侵略的大无畏精神，是近代中国主权保持独立统一形式的主体因素，也是一批批中国进步人士探索中国出路的内在动力。

（一）保持近代中国主权整体独立统一形式的主体因素

中国文化大一统特性是近代中国主权整体独立统一形式得以保持的根本因素。中国的体量优势和中华民族的反侵略斗争，与中国文化大一统特性密不可分，是帝国主义列强不能瓜分中国的主要原因。其中，中华民族的反侵略斗争，是保持近代中国主权整体独立统一形式的主体因素。

从 16 世纪初期开始，西方殖民主义势力在中国沿海活动了 200 多年，一直没有能力征服中国。哥伦布得到西班牙国王的资助，远洋航行到达美洲，从而开启了血腥的殖民主义征服。他冒险寻找的是中国和印度。1492 年，他第一次到达的是加勒比海上的巴哈马群岛，却以为自己到达了印度。这些殖民主义者在美洲犯下的恶行，不仅仅是灭人国，还灭人种。在此之前，郑和从 1405 年到 1433 年率领船队七下西洋，最远到达非洲东海岸，带给沿途各个国家的是文明、和平与友谊。到达中国沿海的一批批殖民主义者，也是亦商亦盗，逢弱即盗抢掳掠，逢强则通商交易。中华帝国的体量之强大性，是工业革命之前的西方新兴资本主义各国不可比拟的，即使在明清交替而全国战乱有机可乘时，殖民主义势力也没有能力登陆中国。他们被迫隐忍，以通商贸易的方式在中国沿海周旋，间或劫掠。工业革命的发生，改变了中国与西方的力量对比，西方国家机器大工业的强大性超越了中国传统文化体量的强大性。英国人清醒地认识到了双方力量逆转而发起了以鸦片战争为起始的对华侵略，其他西方国家，包括新兴的美国和继起的日本，趁势跟进。尽管如此，西方侵略者也还没有强大到能够在中国为所欲为——如同它们在美洲、非洲犯下的灭国灭种罪行。在侵华之前，英国对印度的蚕食已经持续了 80 多年。英国侵占印度长达 300 多年，其中，把印度变为殖民地历时 100 年，对印度的殖民统治长达 200 年。除了印度、美洲和非洲悲惨地沦为殖民地，亚欧大陆交界及其附近区域的很多国家也都程度不同地遭到了相似的命运，例如，曾经侵华的奥匈帝国被肢解了，波兰被多次瓜分。近代中国主权整体独立统一形式的保持，不是侵略者的仁慈，更不是侵略者的恩赐，而是侵略者的扩张能力不足。中华民族越来越强大的反侵略抗争，是能够保持近代中国主权整体独立统一形式的主体因素。

中华民族的反侵略抗争，与中国文化大一统特性密切相关。大一统理论源自儒家学说，是《公羊春秋》的精义。《公羊春秋》一开篇就把《春秋》

记载"王正月"解释为"大一统也"。"大一统义倡自《公羊》，汉末何休发扬光大之，千百年来此义深入人心，变成我国民族间之凝聚力，都是炎黄子孙，华夏文明，始终应当一统。魏晋以后，实不一统，但任何一族之当道者，都以一统为己任而以炎黄之后自负。"〔1〕郦道元生来从未见到祖国统一，却从历史上一个伟大王朝的疆域作为《水经注》的写作范围，表明他是如何向往着一个统一的祖国。"这说明了大一统思想之深入人心，化作无比的精神力量。"〔2〕中国文化大一统特性，与爱国精神密切相关，是爱国精神的历史文化根源。爱国精神，在不同的时代、不同的层面、不同的群体有着不同的体现。郦道元是伟大的爱国者，《水经注》是他智慧的产物，更是他爱国精神的结晶。他的爱国精神就源于中国文化大一统特性。从三元里抗英到义和团运动，从广州沿海到京津重地，中华民族反帝国主义侵略的抗争精神，是一种源于中华文化大一统特性的爱国精神。华夷之辨是大一统要义的核心，华夏与夷狄的区分标准不是种族血缘而是文明教化，华夏意谓文明，夷狄意谓野蛮。"自古以来的中国人本只有文化的观念而没有种族的观念。"〔3〕

英国侵略者也认识到了中国传统的华夷之辨观念的作用，在1858年签署的中英《天津条约》第51款中特别强调，"嗣后各式公文，无论京外，内叙大英国官民，自不得提书'夷'字。"〔4〕此后，在口语中"洋"逐渐地代替了"夷"，例如"夷务"改称"洋务"。英国侵略者禁止中国人使用"夷"字，无论其直接动机是什么，妄图消解中国文化大一统特性是确定无疑的。因为中国人根深蒂固的大一统观念是抵制帝国主义侵略的思想文化长城。中国文化大一统特性，不仅是反侵略抗争的精神源泉，而且是维新变法的思想根基。康有为的变法思想就是援引《公羊春秋》而创立的。反侵略抗争的爱国精神与维新变法的爱国精神是一致的，都根源于中国人根深蒂固的大一统观念，都是中国文化大一统特性的体现。义和团运动的口号"扶清灭洋"，也生动鲜活地展现了以华夷之辨为核心的中国文化大一统特性，"清"即"中国"，"洋"即被禁称的"夷"。

---

〔1〕 杨向奎：《大一统与儒家思想》，北京出版集团公司、北京出版社2016年版，第001页。

〔2〕 杨向奎：《大一统与儒家思想》，北京出版集团公司、北京出版社2016年版，第002页。

〔3〕 赵旭东："国族之辩：以费孝通为核心的有关民族问题的一多之争"，载《思想战线》2018年第6期。

〔4〕 刘禾：《帝国的话语政治》，生活·读书·新知三联书店2014年版，第40页。

(二) 探索中国出路的实践基础

救亡图强是近代中国的历史主题，探索救亡图强的实现路径是近代中国的历史主线。反侵略抗争是救亡图强的应有之义，是探索中国出路的实践基础。对中国出路的探索，可以追溯到"师夷长技以制夷"主张的提出，这个主张产生于反英国侵略的鸦片战争之际。反侵略抗争是探索中国出路的实践基础，为探索中国出路积累了必要的感性材料，也为探索中国出路提供了强大的精神动力。

反侵略抗争是探索中国出路的实践基础。鸦片战争之后，面对日益深重的国家危亡势态，中国社会的各个阶级阶层都出现了一批批爱国人士进行救亡图强的探索，尽管规模不一、层次有别。太平天国运动、洋务运动、维新变法和义和团运动，还有蓄势潜行的资产阶级革命运动，虽然各具显著的阶级烙印和迥异的思想色彩，却都意在探索中国出路。除了这些历史里程碑性的大规模社会运动，还有教育救国、实业救国、外交救国和难以计数的先进分子在不同的社会领域从事着救亡图强的社会活动。探索中国出路的这些社会实践不是孤立地静止地存在，而是具有内在的历史连贯性，前者是后者的前提、基础，后者是前者的继承、发展。反侵略抗争既是探索中国出路的社会实践，又是探索中国出路的其他社会实践的前提和基础。这是由近代中国社会的最主要矛盾——帝国主义和中华民族之间的矛盾决定的，反侵略抗争是解决这个矛盾的唯一方式，不抗争即灭亡，抗争成功即新生。

反侵略抗争为探索中国出路积累了必要的感性材料。帝国主义对中国的侵略是一个渐进过程，中华民族反对帝国主义侵略的抗争也是一个渐进过程，从而探索中国出路的社会实践也是一个渐进过程。"须知西力东侵，是从古未有的变局，我们感觉它，了解它，自然要相当的时间。"[1]反侵略抗争是中华民族与帝国主义势力正面打交道的方式之一，是广大人民群众深入认识西方侵略势力的主要途径，因为清朝廷几乎不能正视与西方列强的交往。从 1840 年鸦片战争开始，长达 60 年的反侵略抗争，为探索中国出路积累了必要的感性材料。首先，对一次次反侵略抗争中清朝廷腐败无能的感知，是以推翻清朝统治为初心的革命人士的心理动因。在指望李鸿章救治中国的想法落空后，

---

[1] 吕思勉：《中国政治思想史》，北京出版集团公司、北京出版社 2016 年版，第 124 页。

孙中山开始着手推翻清朝统治的革命准备。戊戌变法失败后，相当一部分维新人士也转向了推翻清朝统治的革命道路。谭嗣同主动为变法殉身，他对劝他离开的人说："各国变法无不从流血而成，今日中国未闻有因变法而流血者，此国之所以不昌也。有之，请自嗣同始。"唐才常与谭嗣同并称"浏阳二杰"，他在戊戌政变后去日本、南洋集资，于1900年在上海领导自立军起义，被张之洞杀害。张之洞杀害唐才常也并非忠于清朝廷，他与另几个督抚在八国联军侵占京津时发起了东南互保运动。东南互保运动，不仅显露出清朝廷中央权威已经名存实亡，而且是武昌起义发生后各省相继宣称独立的预演。其次，正如谭嗣同所言，一次次民众自发的反侵略抗争而付出的鲜血和生命，都产生了程度不同的警醒作用。义和团运动是民众自发地反侵略斗争空前高涨的产物，震惊了中外反动势力，也引起了中国文化界对探索中国出路的进一步思考。《申报》《新闻报》《中外日报》《字林西报》和外国的《泰晤士报》等主流报纸，对义和团运动的跟踪报道、时政评论，展现了以义和团运动为素材探讨中国问题、思考中国出路的社会情形。再后来，越来越多的中国革命人士把中国民众视为依靠力量，都得益于总结和反省中国民众反侵略抗争的经验教训。

反侵略抗争为探索中国出路提供了强大的精神动力。决定国家强弱、战争胜败的因素很多，其中，物质因素起基础作用，精神因素起主导作用。两相比较，在物质力量层面，西方侵略势力虽拥有军事装备优势，但中国拥有体量巨大并且大一统而赋予的强大潜能。体量巨大并且大一统的基本状况及其强大潜能，是在军事劣势情形下中国领土和主权能够保持整体独立统一形式的根基。虽说如此，如果没有一批批不愿做奴隶的人们冒着敌人的炮火前进，以血肉之躯筑成中华民族新的长城，中国人也会失去重新站起来的生机。正是反侵略的抗争精神，遏制了侵略势力灭亡中国的图谋，为探索中国出路既赢得了时间，又提供了强大的精神动力。中外人士，包括西方侵略者和中国革命人士，都认识到中国民众反侵略抗争的伟大作用。八国联军侵华统帅阿尔弗雷德·格拉夫·冯·瓦德西说，"吾人对于中国群众，不能视为已成衰弱之人，彼等在实际上，尚含有无限蓬勃生气"。"无论欧、美、日各国，皆无此脑力与体力，可以统治此天下生灵四分之一也。"革命人士，如孙中山，高度评价义和团，"其勇锐之气殊不可当，真是令人惊奇佩服。所以，经过那血战之后，外国人才知道中国还有民族精神，这种民族是不可消灭的"。[1]正是一次次的反侵略抗争，激励着越来越多的优秀中华儿女探索中国出路，汇聚成反帝反封建的中国革命潮流。

三、中华民族意识的历史觉醒

义和团运动使外国人知道中国人还有民族精神。在这个意义上，义和团运动与中华民族意识的历史觉醒有着密不可分的内在联系。中华民族意识的历史觉醒，觉于中国睁眼看世界第一人林则徐的搜集夷情，醒于甲午战争失败后亡国灭种危机意识和维新变法思想的传播。甲午战争失败和维新运动夭折以及由此形成的中国时局是义和团运动的现实背景，内在地蕴含着义和团运动与中华民族意识的历史觉醒之间的密切联系。外国人都知道了中国人的民族精神，更何况中国人自身！

（一）中华民族意识的产生

物以类聚，人以群分。人群产生、维系的天然纽带是血缘，母系、父系、氏族、家族都是以生物学意义的血缘为实质的指称。随着人类文明的发展，由氏族而部落，由部落联盟而国家，文化意义的社会组织逐渐地发达起来；与此同时，通婚圈也逐渐地扩大起来。这两条历史脉络相互交织的情形，千差万别，多种多样，产生出了关系错综复杂的、跨血缘的"民族国家"。民族国家是近现代事物，在西方的出现同政教分离、资本主义、政治革命、科学革命密切相关。毫无疑问，地理因素是民族国家产生、发展的自然基础，在这个意义上，民族国家是一定数量的族群与一定的地理单元因一定的历史机缘紧密结合而形成的命运共同体。在鸦片战争发生时，中国是一个典型的宗法国家，英国是一个典型的民族国家；中国是一个家天下理念的国家，英国是一个民族主义精神的国家。家天下理念，宗法利益至上；民族主义精神，国家利益至上。民族主义是社会精神的基本构成，社会精神又是综合国力强弱的基本构成。在国家竞争中，如果社会物质力量相当或相差无几，那么社会精神就是综合国力强弱的主导因素。就清朝廷最后 70 年的反侵略战争的整

---

〔1〕 转引自马克思主义理论研究和建设工程重点教材《中国近现代史纲要》，高等教育出版社2018 年版，第 36 页。

体情况而言，特别是中法战争和甲午战争，社会精神因素是清朝廷失败的主要原因。洋务运动显著地增长了中国社会的物质力量，却没有同步增强中国社会的精神力量。中法战争、甲午战争和八国联军侵华战争，暴露了中国社会的精神力量之懦弱，维新派和革命派因而相继登上中国历史舞台。从戊戌变法、辛亥革命到新文化运动，脉络清晰地显示了中国社会精神的自我更新。"中华民族"意识，是中国社会精神从传统到近代自我更新的内容之一。

　　"中华民族作为一个自觉的民族实体，是近百年来在中国和西方列强对抗中出现的，但作为一个自在的民族实体，则是几千年的历史过程所形成的。"在鸦片战争之前的中国，与家天下理念、宗法政治传统结合在一起的族群观念主要是华夷之辨。华，指华夏；夷，指四夷。在儒家的天下观中，华夏居于天下之中心，四夷处在天下之外围，天下一体；中国，即天下中心之国。华夷之辨的精神实质是辨别文明与野蛮，而不是种族优劣。雍正皇帝在《大义觉迷录》中引经据典地以儒家天下观论证了清朝统治的正当性，并且使各地读书人和乡村百姓都知道。英国侵略者或许也注意到了儒家天下观，特别是"夷"这个称谓所具有的维系中国人自主性却蔑视英国人的排他性这一精神力量，在1858年签署的中英《天津条约》第51款中明确禁止使用"夷"指称英国人。侵略者凭借强权改变其在中国人心目中的名分，中国人也在更新对"自我"与"他人"及其关系的认识。这个认识，是从林则徐和魏源开始的。"师夷长技以制夷"主张，准确地揭示了"自我"与"他人"之间的关系：制与反制。20多年后，冯桂芬提出"中学为体、西学为用"思想，"中"即自我，"西"即他人。又30多年后，痛感甲午战争失败的亡国灭种危机，中国人才产生了中国人是一个族群整体的中华民族意识。严复1895年在《救亡决论》一文响亮地发出了"救亡"的号召。康有为发起"保国会"并提出"保国、保种、保教"的鲜明主旨，他在一次演说中痛陈"吾中国四万万人"的不幸，"吾中国四万万人"与"保国、保种、保教"这些提法就表达了中华民族意识。严复还翻译了《天演论》，阐述种群生存竞争的社会进化论思想。天演论思想的传播，极大地推进了救亡图强的维新思潮，包括极大地促进了中华民族意识的产生。例如，他在按语中指出："夫既以群为安利，则天演之事，将使能群者存，不群者灭；善群者存，不善群者灭。"梁启超可能是最早具有较为自觉的中国各民族一体融合之现代观念的人。1897年他在为满族人寿富创办的“知耻学会”而作的“叙”中称“吾中国四万万……轩辕之胤，仲尼之徒，尧、舜、文王之民，乃伈伈伣伣，忍尤攘垢，腼然为臣、为妾、为奴、为隶、为牛、为马于他族，以偷余命而保残喘也。”毫无疑问，这段话揭示了满、汉具有相同的历史文化认同。他还指出了横向联合的同种合群之必要，提出“振兴中华、保全种族”，呼吁“平满汉之界”，强调“非合种不能与他种敌”。一直到 20 世纪初期，横向联合的同种合群意识得到广泛传播，与纵向的历史认同感相互结合，逐渐发展成了自觉、清晰的中国各民族一体化观念。在这个过程中，“人种”“种族”“民族”“国族”几个词语起初同时使用，后来逐渐辨清了其各自的用法，还区别了“民族”一词在古籍中的用法与现代内涵的不同，从而产生了“国族”即“民族国家”之民族现代意识。

有了实，有了意，还要有名。率先在中国各民族一体融合之现代观念这一意义上使用“中华民族”一词的人，可能也是梁启超。最初，“中华民族”与“中国民族”两个词混合使用，有人使用“中华民族”，有人使用“中国民族”，还有人同时使用。由历史悠久的“中华”一词与现代民族国家意义的“民族”一词合成“中华民族”一词，比“中国民族”一词出现得稍晚。梁启超于 1898 年 12 月底主持创办的《清议报》，出现了“中国民族”一词。例如，他于 1901 年 9 月开始在《清议报》上发表的《中国史叙论》中多次固定使用“中国民族”一词指称作为民族统一整体的中国人。“中华民族”一词大概产生于 1902 年。梁启超于 1902 年 4 月在《新民丛报》上连载《中国学术思想变迁之大势》，最早使用了“中华民族”一词，意指由华夏族与其他民族融合而来的汉族。他于 1905 年 3 月开始在《新民丛报》上连载的《历史上中国民族之观察》，“悍然下一断案曰：中华民族自始本非一族，实由多数民族混合而成”。[1]在这里，“中华民族”实际上已经具有了指称民族融合的意蕴。其他社会活动人士，例如立宪派著名代表杨度，也指出了“中华民族”的一体化融合趋势，提出汉、满、蒙、回、藏五族合一。“至于合五为一，则此后之中国，亦为至要之政。”[2]

---

〔1〕 黄兴涛：《重塑中华：近代中国“中华民族”观念研究》，北京师范大学出版社 2017 年版，第 67 页。

〔2〕 刘晴波主编：《杨度集》，湖南人民出版社 1986 年版，第 369 页。

中华民族意识的产生，除了"中国民族""中华民族"这两个具有民族国家之民族内涵指称的出现，还体现为立宪派践行"五族大同"论。1905 年《东方杂志》刊发的《论中国种族》一文，驳斥满汉分界的谬论。出国考察宪政的五大臣之一端方，于 1906 年上奏《请平满汉畛域密折》，次年又向朝廷代奏李鸿才"条陈化满汉畛域办法八条折"，提出"宪政之基在弥隐患，满汉之界宜归大同"。"隐患"指"藉辞满汉"问题鼓动的革命。1907 年 8 月，清朝廷特谕"内外各衙门妥议化除满汉畛域切实办法"。清朝廷采纳了消除满汉界限的建言。与此同时，相应的社会舆论蔚然成风。以满族人为主的一部分留日学生，于 1907 年 6 月在东京创办《大同报》，1908 年停办，紧接着在北京又创办《北京大同报》《大同白话报》，专门提倡满、汉、蒙、回、藏"五族大同论"。

（二）中华民族意识的确立

"完整意义上的现代中华民族观念的形成和确立，乃是在辛亥革命爆发之后才得以最终实现的。"[1]中华民国的诞生，为确立、传播中华民族意识创造了必要的社会基础。以"中华"为国号的全民认同，是中华民族意识的初步确立。从"中华民国"到"中华人民共和国"，完全夯实了中华民族意识的社会根基。

推翻清朝廷的胜利和建立中华民国，以及对国家领土主权完整的考量，促使革命党人决绝地抛弃了"驱除鞑虏，恢复中华"的革命主张及策略，公开宣布并且坚定实行"五族共和"政治原则，推进民族平等与融合。"五族共和"是革命党人的"五族大同"，立宪派的"五族大同"旨在"弭隐患"、消解"藉辞满汉"问题而鼓动的革命。清帝逊位与民国建立，使得革命党同立宪党相互走近，"五族大同"与"五族共和"随之合二为一。其实，在辛亥革命之前，革命党内部也已经出现了中国各民族一体化的思想观念，"五族共和"意识至少是一种思想潜流。例如，1908 年《民报》第 19 号刊登的一篇《仇一姓不仇一族论》，认为推倒实行民族压迫的爱新觉罗皇室的君主专制统治、建立民国，是"破列强之势力范围"的必然需要，也是实现满汉平等、

---

〔1〕 黄兴涛：《重塑中华：近代中国"中华民族"观念研究》，北京师范大学出版社 2017 年版，第 89 页。

民族大同的前提条件；再例如，1911 年 3 月中国同盟会实际总负责人刘揆一曾散发《提倡汉满蒙回藏民党会意见书》，"堪称辛亥革命前武装倒清'五族共和论'已然形成的典型文本"。[1]"五族共和"思想，在中华民国建立前已经成为革命党的共识。武昌起义爆发的第二天，起义领导人就在"议事决定第三条"中提出了要实行"五族共和"。"五族共和"成为辛亥革命时"南北议和"的基本政治信条，也是建立中华民国时公开标举、为各方政治势力所认同的政治思想基础，还是中华民族意识得以确立的现实政治前提。需要指出的是，思想界对"五族"与"中华民族"之间关系的认识并不一致，五四运动后孙中山批评"五族共和论"是"无知妄作者"之论。[2]

　　中华民国的建立过程，内在地包含着中华民族意识的初步确立。可以说，中华民国建立是中华民族意识初步确立的最主要标志。1912 年元旦孙中山在《中华民国临时大总统宣言书》中郑重宣告："国家之本，在于人民。合汉、满、蒙、回、藏诸地为一国，即合汉、满、蒙、回、藏诸族为一人……是曰民族之统一。"1912 年 3 月 11 日颁行的《中华民国临时约法》，其中规定了民族平等。以中华民国临时大总统、大总统的身份，袁世凯率先自觉地使用涵盖中国境内所有各民族的"中华民族"指称处理国事。[3]例如，1912 年 3 月 15 日他致电以哲布尊丹巴为代表的外蒙古王公，劝阻其分裂行径，电文中就使用了现代意义的"中华民族"概念；再例如，1914 年 11 月初他批准严复"导扬中华民国立国精神建议案"时，也反复使用这一概念。"中华民国"国号的确立和"中华民族"概念在政治实践中的运用，进一步增强了对于"中华"一词及其历史内涵、现实状况的认同感，使得"中华"一词成为表达国家身份感、民族归属感的共同指称。成千上万的组织和事物以"中华"命名，例如，中华民族大同会、中华书局、《大中华报》、中华革命党、中华银行、中华艺社、中华足球联合会、中华工业协会，等等，举不胜举。

　　中国革命的进一步发展，内在地促进了中华民族意识的发展。中华民国

---

　　[1]　黄兴涛：《重塑中华：近代中国"中华民族"观念研究》，北京师范大学出版社 2017 年版，第 93 页。

　　[2]　黄兴涛：《重塑中华：近代中国"中华民族"观念研究》，北京师范大学出版社 2017 年版，第 140 页。

　　[3]　黄兴涛：《重塑中华：近代中国"中华民族"观念研究》，北京师范大学出版社 2017 年版，第 110 页。

的建立，还只是中华民族意识在中国社会上层得到确立的标志。中华民族观念的广泛传播，发生在 1919 年五四运动之后。"五四运动以前，不仅社会上，甚至一般知识界和舆论界中，这一观念都还没有真正确立起来。"[1]反帝反封建的中国新民主主义革命的发展，促使中国境内各民族之间的现代性联系越来越紧密，也促使中华民族观念广泛传播开来。在新的革命形势下，孙中山认识到"五族共和论"与五色国旗都不利于国家统一、反而易于遭受列强分裂和侵夺，他认为"五族共和"虽然强调了国家形式的"共和"统一却隐含着民族关系的并立分离，他还认为中国的民族远不止五个。无论对国旗的争议有多大，争议本身就是中华民族意识进一步发展的体现。1923 年 1 月《中国国民党宣言》《中国国民党党纲》，都明确提到建设中国境内各民族一体化意义的中华民族。1924 年 1 月《中国国民党第一次全国代表大会宣言》是国共合作精神的体现，多次使用了整体意义上的"中国民族"概念，将汉族以外的"国内诸民族"称为"少数民族"。孙中山倡导的一体化"中华民族"观，渗透到了三民主义的整个体系中并借着三民主义而得到了广泛认同。例如，1928 年钱穆在他那部流传广泛的《国学概论》中讲到"最近期之学术思想"时也明确认定，民族主义是三民主义的根基，而民族主义的主体是现代中华民族，民权、民生是就中华民族而言的。[2]由此可知，中华民族意识已经确立了在意识形态领域的基础地位。1931 年抗日战争发生后，随着抗战动员、特别是中国共产党抗日民族统一战线的实行，中国各族人民命运相系、团结抗战的意识勃然兴起，中华民族意识不仅得到了少数民族的认同，而且在全社会普及开来。普通大众对中华民族意识的接受，如同人们对 1935 年拍摄的电影《风云儿女》主题曲《义勇军进行曲》的感受一样，"中华民族到了最危险的时候，每个人被迫着发出最后的吼声。起来！起来！起来！"

---

[1] 黄兴涛：《重塑中华：近代中国"中华民族"观念研究》，北京师范大学出版社 2017 年版，第 132 页。

[2] 黄兴涛：《重塑中华：近代中国"中华民族"观念研究》，北京师范大学出版社 2017 年版，第 149 页。

第 04 讲
探索中国出路的思想先声

在反侵略抗争中，一部分中国人自然而然地产生了对从海洋而来的几乎完全陌生而又异常强大的西方侵略势力的感知和思索。在从虎门销烟、鸦片战争到被迫签订《马关条约》的大约半个世纪的历史进程中，中国人由表及里、由浅入深地渐次认识到了西方侵略势力在物质层面和制度层面的优越所在——还没有达到完全认清真相及其本质的高度，便发出了探索中国出路的"师夷长技以制夷"的思想先声。

一、睁眼看世界的星火之光

兵家箴言：知己知彼，百战不殆。搜集敌情、了解敌人，是用兵常理。林则徐搜集敌情的作为，成了中国人自觉地认知西方国家从而睁眼看世界的起点。在林则徐之前的 200 多年，西方人络绎不绝地来到中国沿海地区，一些传教士甚至还在朝廷任职，应该说中国人有足够长的时间和充分的条件认识西方国家；然而，实际情形却是，朝野上下都称之为"夷"——夷是蔑称，意指野蛮、落后——他们来自化外之地，不屑了解、也没有必要了解那些化外之地，尽管也存在个别士人向传教士学习数学、天文等西方文化知识的现象。从鸦片战争开始，中国人持续不断地感受到了西方列强越来越强大的冲击，需要了解西方列强，由了解西方列强逐渐地扩展到认识世界，这个认识过程一直在持续进行、未曾中断。林则徐搜集夷情是这个认识过程的起点，因而被誉为"睁眼看世界的中国第一人"。林则徐并不孤独，他和魏源、徐继畲等少数几人对西方国家的认识，犹如中国人睁眼看世界的星火之光，虽然微弱却产生了激发后来人的历史意义。

（一）睁眼看世界的中国第一人

鸦片战争之前，中西虽有接触，但西方势力还没有能力侵略中国，古老的中国依然"用夏傲夷"地看待西方势力。中国文化的优越感和"天朝上国"的自我感觉，为士大夫提供了骄傲的资本。随着英国工业革命的进展及开拓全球市场的需要，鸦片成为其打开中国大门的敲门砖，面对鸦片流毒，林则徐坚决主张禁烟，虎门销烟响彻中华大地，林则徐也因此为国人所耳闻。然而，他努力了解国际知识，了解西方地理、历史甚至律例的事迹却不为国人所详知。作为中国睁眼看世界的第一人，这种殊誉因何而来？带着这种思考，我们走进这一历史人物的那段历史。

林则徐于1838年出任钦差大臣，在此之前，他对西方世界的认知和知识素养并不比其他官员高明。林则徐和其他封建社会的士大夫一样，通过科举考试步入仕途，唯一有所不同的就是做事认真、务实，不拘泥于旧。林则徐于1839年3月到达广州，1841年5月调离广州，作为钦差大臣，他是清朝廷当时对英事务的最高代表，初到广州的林则徐在与英人接触时也认为："我天朝君临万国，尽有不测神威"，西方那些贸易之物没有什么稀奇，对于中国来说可有可无，中国一旦断绝贸易，禁止茶叶、大黄，夷人便无法生存。甚至认为，夷人的眼睛夜间不能辨路，腿不能奔跑，等等。但最为难得的是林则徐相信中国的一句古话"知己知彼，百战不殆"，这个彼到底是什么来头，是林则徐非常感兴趣并且一定要了解的，所以林则徐那种务实的精神发挥了极大的作用。"海纳百川，有容乃大；壁立千仞，无欲则刚"，正是这种刚正与韧劲，使他千方百计了解对方、了解中国之外的世界，也许林则徐本身都没有想到他会被后人冠以"睁眼看世界的中国第一人"，但林公不愧此名。

林则徐努力了解西人世界，主要是从三个方面展开的。首先，招罗外语人才，研究外情。其次，翻译外文报纸，可见林则徐对西人认知中国社会的重视。最后，翻译地理、国际法、见闻录等著作，作为了解西方社会的窗口。他亲自主持并组织翻译外国书刊，把外国人讲述中国的言论翻译成《华事夷言》，作为当时中国官吏的"参考消息"；为了解外国的军事、政治、经济情报，将英商主办的《广州周报》译成《澳门新闻报》；为了解西方的地理、历史、政治，较为系统地介绍世界各国的情况，又组织翻译了英国人慕瑞的

《世界地理大全》，编为《四洲志》。林则徐的努力，为清朝廷了解国际形势，了解国际惯例，了解英国，提供了很多极富价值的知识，对于打开国人的视野起到了积极的作用，林则徐的努力意义还在于其作为一个封建社会造就的知识分子，能够面对现实，放下自大的心态，在历史转折之初能够把握时代的脉搏，沉着应付，适应转折，自觉调整，成为时代的翘楚。也正是从林则徐开始，中国知识界出现了研究世界历史、地理、国际知识的新趋势。

（二）《海国图志》刊刻及其微弱反响

魏源同林则徐一样，是鸦片战争时期睁眼看世界最有眼光的人物。他既坚决反抗侵略，又重视了解和学习西方的科学技术。此外，魏源有着强烈的经世思维和爱国情怀，他游遍中国各地，结交了一批关心国计民生的经世之士，如林则徐、龚自珍等人。1825 年他应贺长龄之邀，代编了《皇朝经世文编》。这项任务是个庞大的工程，全书有 120 卷，主要总结了清代道光以前的经世学说。这个经历不仅使魏源加深了对当时社会问题的认识，还强化了他的经世意识，这为他以后编写世界地理著作打下了良好的基础。更为重要的是在鸦片战争中，魏源参与了浙江前线的抗英斗争，他目睹了战争中英国的实力，对英国的情况有一点了解，后来又根据英国俘虏安突德口供，写了《英吉利小记》，可见魏源对敌人情况的关注和善于思考总结的经世思想。鸦片战争失败给了魏源强烈的刺激，再加上早在 1841 年，林则徐就嘱托魏源在其所翻译的《四洲志》的基础上编一本世界地理著作，1842 年魏源就编译出 50 卷的《海国图志》，以后不断地修改增补，1847 年扩大为 60 卷，1852 年在《瀛寰志略》中又辑录了部分内容，最后将《海国图志》扩大为 100 卷，88 万字。他在《海国图志》中很好地贯彻并发挥了林则徐了解和学习西方的思想和做法，《海国图志》中的主导思维是经世意识，此书序言："是书何以作？曰：为以夷攻夷而作，为以夷款夷而作，为师夷长技以制夷而作"。这是此书的鲜明特色，正是这样的一种济世情怀，魏源在书中着重介绍、考订了世界各国历史沿革、政治、经济、文化、风俗习惯等情况，还特设了《筹海篇》2 卷、《筹海总论》4 卷，这是其他各种世界地理著作都没有的，而这正体现了魏源强烈的经世致用意识和对转折时代的呼唤。

除了尽可能全面地了解和介绍世界地理及军事方面的情况，魏源还注意到了西方国家的民主制度。《海国图志》对西方国家民主制度的粗略介绍，开始超出林则徐对西方国家之坚船利炮的表面认知，而触摸到其深层的国家制度。魏源本人的仕途也并不是很顺心，早在鸦片战争之前他就对中国政治体制方面存在的弊端十分痛恨，也曾攻击过专制帝王是集天下之势、权于一身，是最自私的人，正是这种专制和等级影响了下情上传，是国家衰弱的重要原因。魏源在介绍英国的时候，十分关注其议会制度，对于国王不独裁，用兵、和战等国家大事均由议会商议决定等情形十分赞赏。魏源对这种"大众可则可之，大众否则否之"的做法十分欣赏，而这点正是封建君主专制制度所无法比拟的。除了对英国关注外，美国的民主制度也是魏源极力推崇的，魏源整整用5卷的篇幅介绍美国，称赞美国在处理与英法等关系方面的智慧和在国力上的富裕，他从政治、经济、军事、外交等各个方面介绍了美国的情况，特别是政治方面，魏源认为其民主制度具有永恒的价值，"垂奕世而无弊"。

在传统的中国思维中，治国之根本在纲常、政教、伦理，而非技艺。中国一直"用夏傲夷"，在这种固有的思维中，自认为中国的文化、文明是最先进、最优秀的。面对着强敌从海上而来，一些人开始将眼光投向了西方强大的科技，但由于传统的惰性，鸦片战争的失败被认为是一种偶然。因此，《海国图志》刊刻以后，正像其起初传入日本一样，没有立即在当时中国社会产生直接的影响，但是，随着中国民族危机的不断加深，它在中国知识界产生的影响逐渐突出，其遗韵逐渐发酵。尤其是书中"师夷长技以制夷"的思想成为日后洋务运动的先声，显然"师夷"的目的是"制夷"，所谓"师夷"主要是指学习西方资本主义各国在军事技术上的长处。在魏源看来，"夷之长技三：一战舰，二火器，三养兵练兵之法"。他不仅主张从西洋购买船炮，而且更强调引进西方的先进工业技术，由自己制造船炮。所谓"制夷"，是指抵抗侵略、克敌制胜。他强调指出："不善师外夷者，外夷制之。"魏源从反侵略立场出发，以师夷为手段，以制夷为目的，表现了一种光辉的爱国主义思想。除此之外，此书中对英、美等民主制度的介绍与颂扬，对日后维新思想的产生有一定的启发意义。魏源对世界知识的介绍，成了参与从洋务运动到维新变法等人物了解世界的一扇窗，他们深受此书影响。左宗棠曾为《海国图志》重刊作序，对魏源十分推崇。康有为也自称其对西方的了解，对世界的认识，与《海国图志》的影响有一定的关系。《海国图志》初到日本被当时日本当局列为禁书，不准发售。1853年又一次传入，仍是同样的命运，理由是书中写有西国事情，可见明治维新之前的日本保守气氛浓重。直到 1854 年，日本门户被美国强行打开，由锁国变成了开放，《海国图志》才成为当时日本人了解世界的钥匙，受到欢迎。《海国图志》之东传，对日本明治维新的发生，也有积极的影响。这点日本学者也有相同的看法，觉得从中国传入的文献所学之西学不比从西方传入的逊色。

总之，《海国图志》作为完整的、系统的世界地理著作，博采群书，所引从古今到中西，从文字到图片，应有尽有，《海国图志》是一部划时代的著作，其"师夷长技以制夷"思想的提出打破了传统的"夷夏之辨"的文化价值观，摒弃了中国原有的"天圆地方""天朝中心"的史地观念，开始树立了"五大洲、四大洋"新的史地知识，传播了近代自然科学知识，拓宽了国人的视野，开辟了近代中国向西方学习的新时代。

（三）《瀛寰志略》刊刻及其对民主政体的介绍

和很多中国传统的文人相同，徐继畬走的仍然是学而优则仕的传统发展之路，地理历史著作《瀛寰志略》是他人生中最大的成功。这本书尽管不足 15 万字，但却反映出近代初期中国知识分子努力去接受新知识、探索新知识的积极动向，代表了当时中国研究世界地理历史的最高水平。

徐继畬（1795—1873），山西五台山人，出身于书香门第，父亲也是进士，为官清廉，从小接受着洁身自好等高尚情操的熏陶。1840 年以后，他一直在东南沿海任职，其有机会目睹和经历来自坚船背后的不同文明。战争的惨败，使其不停地思索夷情背后的地理历史，加快了了解世界的步伐。徐继畬利用一切可以利用的机会，批阅旧籍，实践调查，作访谈笔录，反复对比敲定，终于在 1848 年出版了他的名著《瀛寰志略》。

《瀛寰志略》的参考资料有三类：一是，中国文献记录中有关地理的著作，至少 26 种，包括《吕宋纪略》《海国闻见录》《天下郡国利病书》等。二是，晚明以来西方传教士所写的中文书籍、出版的刊物等，早从利玛窦、南怀仁等人，更多的是马礼逊以来传教士的著作。三是，直接采访西人所得的口述史资料。徐继畬接触过并与其讨论过世界知识的西方人主要有美国传教士雅裨理、美国传教士医师高民、英国驻福州的首任领事李泰国及继任阿礼国夫妇。由此可见徐继畬在那个风气初开的历史关口，能够不顾天朝官员的"尊言"，放下架子，其严谨求实的作风值得尊敬。徐继畬能够把准时代的脉搏，感受到时代的变迁，这是先知先觉者的智慧。

《瀛寰志略》这本世界地理著作，与同时代的其他著作相比，有着鲜明的特色。第一，此书不是普通的资料汇编，而是学术著作，所参考的文献内容和采访资料都是力求真实而反复考证，在去伪存真的同时，用自己的语言表达出来。其资料的准确性、叙述的科学性都较高。第二，叙述全面、系统。第三，重点突出。第四，该书文字简洁，时代感强。

徐继畬在述及"英吉利三岛"时，就介绍了英国的两院制度，在论及美国时，其更表现出强大的兴趣，他详细介绍了美国的民主制度，包括民主制度的建立，参众两院的设置，州长、总统的选举，投票的规则和方法，任期的规定，等等。尤其是对美国总统和各州州长不据天下为己有，而是以天下为公，不终身也不世袭，由百姓选举产生，限年退位的做法高度赞赏。所有的这些显然与封建的君主专制形成了鲜明的对比。对此，徐继畬无法掩饰自己的感慨，对为美国建国做出贡献的华盛顿尤为赞赏，作为美国的第一届总统领导了反对英国殖民者的斗争并取得胜利，在开创共和制的同时，反对终身制，实行选举制和总统年限制；与之形成对比的是，中国自秦朝以来几千年的历史，为了争王位，兄弟阋于墙，不知伤死所儿。所以，徐继畬感慨道，"美利坚合众国以为国，幅员万里，不设王侯之号，不循世及之规，公器付之公论，创古今未有之局，一何奇也。泰西古今人物，能不以华盛顿为称首哉！""其治国崇让善俗，不尚武功，亦迥与诸国，余尝见其画像，气貌雄毅绝伦，可不谓人杰矣哉！"正是对华盛顿的这一赞誉，埋下了徐继畬个人仕途的祸根，却成就了另一段中美交流的史话。1850 年《瀛寰志略》刚问世，在华的美国传教士就寄回美国一部。1853 年，美国在华传教士还从《瀛寰志略》中提出两段称颂华盛顿的文字，刻于花岗石碑上，赠送给美国华盛顿纪念馆。

《瀛寰志略》也很快传到了日本。这本书对日本人了解世界，进行维新改革起到了积极的作用。就国内而言，《瀛寰志略》问世以后，半个世纪里一直是中国人了解世界地理最受重视的著作。此书问世后，魏源十分重视，他将《海国图志》由 60 卷增补为 100 卷，从《瀛寰志略》中辑录了近 4 万字的资料。1866 年，总理衙门特地重印了《瀛寰志略》，作为了解世界重要的工具书，1867 年此书还被京师同文馆采用为教科书，19 世纪 70 年代后成为外出使节必备的手头书籍。郭嵩焘、薛福成等人出使国外时都参阅此书，康有为、梁启超都读过此书，并颇受影响。

但是世事变化无常，《瀛寰志略》的问世，招致了徐继畬本人仕途的坎坷曲折，但也带来了中美文化交流史上的一段佳话，伽利略式的人物评价也由此产生。1851 年，徐继畬被免职福建巡抚，到北京任职，翌年被革职还乡。据说，守旧派弹劾徐继畬有两件事与《瀛寰志略》有关，其一就是其称赞华盛顿推动民选，"公器付之公论"，这有讽刺天朝君主专制的意味。直到 1865 年，学西方办洋务成为时代的潮流，遭贬的徐继畬才被召回京师，就任总理衙门。而这时，13 年的光阴已经逝去。

1867 年 10 月 21 日，即将离任的美国驻华公使蒲安臣，代表美国政府，将一幅华盛顿画像赠送给了徐继畬。这幅画像，是时任美国总统特意请人按照著名画家斯图尔特所作华盛顿肖像复制的，原作一直挂在白宫内阁会议室。画像赠送仪式相当隆重，蒲安臣发表了热情洋溢的讲话，他认为徐继畬了解世界、了解华盛顿的努力，使其付出了沉重的代价，遭贬十多年，希望当他看到华盛顿温和的面容时，不要回忆起那些逝去的悲伤岁月，相反，应该为有今天的局面而鼓舞欢喜。徐继畬也作了简短而得体的答词，首先表达了谢意，尔后称赞华盛顿已成为全人类的典范和导师，他的贤德，成为联结古代圣贤和以后隔代伟人的一条纽带。这一中美文化交流被美国《纽约时报》报道，题为《美国在中国的影响》，文中介绍了《瀛寰志略》给徐继畬带来的人生遭遇，文章说道："对夷人的历史进行研究，成了中国人从事研究的学科中最危险的学科，而一位正直的地理学家却敢于重蹈伽利略的覆辙，这位作者就是徐继畬。"而美国当代学者德雷克在其所著的《徐继畬及其〈瀛寰志略〉》中直接将其称为"东方伽利略"。

这个在西人眼里伽利略式的人物，就像放映机折射出了那个时代士大夫蹒跚前行的身影，而这样的身影又何尝不是那个时代中国在曲折中前行的写照呢！

二、从"师夷长技"主张到"中体西用"思想

中国近代历史发展的脉络中贯穿着一条重要的线索，那就是国人在逐渐觉醒中接受西学，反思自身，在新的世界格局中转换角色，找到自强生存之

道。从林则徐到魏源再到徐继畲，国人对夷的认知在逐渐变化，从完全的鄙夷到承认夷有长技，在师法"战舰""练兵""制器"的同时，将振兴实业，发展科技看成是改变落后局面的良药，再从"师夷长技"到"中体西用"，是对自身发展路径的逐渐调试，也是在思考该如何"师"的问题，其背后也是中国在历史转折时期曲折前行的真实写照。

（一）"师夷长技"主张在国家决策层面的具体化、丰富化

"师夷长技以制夷"，是魏源在其著作《海国图志》中提出的著名主张。所谓"师夷"主要是指学习西方资本主义各国在军事技术上的长技，一为战舰，二为火器，三为养兵练兵之法。魏源不仅主张从西洋购买船炮，而且更强调引进西方的先进工业技术，由自己制造船炮。所谓"制夷"，即抵抗侵略、克敌制胜。在这个思想的逻辑中，师夷是手段，制夷是目的，师夷最终是为了制夷。通过"师夷长技以制夷"的主张，魏源明确地把是否学习西方国家"长技"提高到能否战胜外国侵略者的高度来认识，他强调指出，不善师外夷者，外夷制之。这个主张表现出了一种光辉的爱国主义思想，向处于巨大变故中的中国人提出了"向西方学习"的新课题，这也标志着中国军事思想由传统走向现代化。这种以师夷为手段，以制夷为目的的战略思想，是对"天朝上国"自大思想和"重道轻器"传统思想观念的强大冲击，也是对清朝统治者传统"以骑射为根本"的落后军事思想的大胆否定，为中国人民的反侵略战争提供了锐利的思想武器，吹响了近代中国军事变革的号角。

长期以来，中国对世界的认识是模糊的，在天下观的世界观中，中国一直是中央之国，传统的朝贡外交体制使这种观念更加弥固，"天朝上国"的自我认知和定位使当时的中国将外国一概视为"蛮夷之邦"，然而，随着西方国家从海上呼啸而来，鸦片战争中的接连失利，有的人认为中国今后只能对外妥协，尽量满足他们的要求，以求"中外相安无事"；有的人虽然对中国在鸦片战争中的惨败痛心疾首，要求"攘夷""剿夷"，但他们提出的应对之策仍是老一套，缺乏可行性；而以林则徐、魏源为代表的有识之士极力探索抵御外侮之方，谋求富国强兵之策，他们根据鸦片战争的实际情况，结合外国侵略者"船坚炮利"的事实，以"悉夷情"为"制外夷"的前提，从林则徐开始就组织搜集、翻译外国人出版的书报、精心收集战舰图纸，也就是说他们

意识到了中国某些方面的落后，"器不如人"，魏源继承和发展了这一思想，并对此作了具体而深刻的阐述，明确将西方长技归纳为战舰、火器和养兵练兵之法，认为中国只要把列强的"长技"学到手，就一定能打败侵略者。无可否认，中国的现代化道路探索是逐渐深入的，这一时期对"器物"长技学习的实践在封建专制制度的土壤中没有取得预想的效果，这已为后来的历史所证明，但在当时历史转折的起点上，林则徐、魏源等人的眼光和胆识，却开启了中国现代化道路探索的肇端，这一思想后来成了向西方学习的思想源头。"师夷长技"是洋务运动甚至维新变法、辛亥革命等一切革新运动的先声，只不过不同时期当权派对"长技"内容的定位发生了相应的变化。由此可见，"师夷长技"在中国现代化探索的思想史上占有一定的地位。

总的来看，洋务派的自强运动基本上不是国家层面自发产生的，而是在内外交困、西方炮舰的威胁下被动发生的自救尝试。这种自救运动受到了传统思想的束缚。"中体西用"的指导思想使这次实践仅局限在学习西方器物技艺的表层，中国后来在甲午战争中的惨败，也从侧面表明了 30 多年的自强运动未能达到御侮、制夷的目的，正是因为如此，以后的其他阶层开始不停地思考"长技"的内容，才有了现代化道路的进一步探索。即使如此，"师夷长技"的洋务思想对军事及器物的学习，仍是中国走向现代化的第一步，为以后走得更远、探索更深层次的变革奠定了一定的基础。

(二)《资政新篇》的颁布及其历史镜像

《天朝田亩制度》是太平天国的"生子"，产生于太平天国运动本身，体现了当时中国农民阶级的社会理想。《资政新篇》却是太平天国的养子，并非出生于太平天国运动，而是出生于洪仁玕在香港的游历，是洪仁玕把在香港的游历带回太平天国并且为洪秀全所认可的太平天国的"养子"。

洪仁玕，广东花县人，洪秀全族弟，1843 年（道光二十三年）参加拜上帝会。金田起义后被捕，脱险后转至香港。正是在香港的逃亡经历使其具有了与太平天国其他领袖不同的视野。1860 年洪仁玕辗转回到天京，随后被洪秀全封为军师、干王，总理太平天国朝政。不久，洪仁玕写了一部《资政新篇》，主张接受西方文明，全面革新，走资本主义的道路。此书经天王批准刊行，成为太平天国后期的施政纲领。正是在香港所见所闻的资本主义新事物，使洪仁玕形成了在太平天国内发展资本主义的设想。《资政新篇》是洪仁玕这一中国传统知识分子思想与外来思想调和的产物，是洪仁玕所向往的国家蓝图。从这一点出发，他对香港的新事物并不是全部模仿，而是有所取舍，有所侧重。《资政新篇》的内容，主要有四个方面。一是政治方面，加强中央领导，在洪仁玕看来"治国必先立政"，"因时制宜，审势而行"，而立政的关键，在于设法用人，所以一定要反对朋奸，严监察，重视群众意见，准许买卖新闻纸，甚至可设意见箱，这样可以达到上下通情。二是经济方面，洪仁玕侧重强调发展民用工业，希望通过一些途径使中国变成富智之邦。洪仁玕提出建立和发展新式工矿业，并配合建立新式交通、运输、通讯事业以及银行保险事业，在建立新式工矿交通事业的主张中，他希望国家依靠富民来开办银行，而这些富民主要指商人和地主。洪仁玕甚至主张用资本主义的雇佣劳动代替封建的人身依附，还主张保护私有财产，实行西方国家的专利制度，对发明者实行鼓励和保护，"他人仿照，罪而罚之。器小者赏五年，大者赏十年，益民多者年数加多"。三是社会生活方面，主张设立养老院、聋哑院、育婴堂，反对传统的封建迷信，不信风水，禁止饮酒吸大烟，禁止溺婴、买卖人口，废除腐朽陋习，如缠足等。四是法律方面，洪仁玕开启了法律的近代化，他强调："国家以法制为先，法制以遵行为要，能遵行而后有法制，有法制而后有国家。"洪仁玕还提出要"因时制宜，度势行法"，这是改革法制的指导原则。在洪仁玕看来，当时西方资本主义国家的"邦法"先进，"国法密深"，"纲常大典、教育大法"优越，这也是资本主义国家之所以强大的原因。洪仁玕从"度势行法"这一命题出发，主张移植西方法律，采行近代资本主义法律制度。因此，他要求"立法之人"，除了必须具备一般应有条件外，还要放眼世界，"熟谙各国风教"。从这一点就可以看出洪仁玕此时所具有的世界眼光，能够突破洪秀全等领导人的天朝上国思想的束缚而站在时代的高度，从中国与世界相互关系入手，反对闭关锁国、夜郎自大的愚昧虚骄心态。

简而言之，洪仁玕广泛地吸取了西方文化知识，这些知识除了来自一些传教士，还有一些新闻纸和已译的西书，更多的是洪仁玕本人在所见所闻中的思考和总结。这位在封建文化熏陶下的革命者，能够认识到西方文化的先进性，有所取舍地吸收有进步意义的主张，对于洪仁玕来讲是难能可贵的。

《资政新篇》出现在太平天国，是中国农民群体睁眼看世界得到的星火之光，是中国呼唤资本主义文明的历史镜像之一。一个要求发展资本主义的呼唤，没有合适的土壤生根发芽，一个不切实际的幻想，却是那个时代提出的发展资本主义、振兴实业的最完整方案。它反映出中国有识之士对世界的认知和效仿他国的思索。总之，洪仁玕构想的国家蓝图是要走资本主义的道路，这在漫漫的封建主义长夜中，显示出卓识和朝气。然而，理想是丰满的，现实是骨感的，由于缺乏前面提到的种种基础再加上太平天国形势的迅速变化和内部封建主义的阻力，最后这些措施也只能落空了。

《资政新篇》是中国人最早提出的在中国发展资本主义的方案，洪仁玕在"夷夏之防"等思想意识占主导的情况下，以其独特的经历，站在时代的高度，为太平天国乃至整个中国社会提供了一个发展的思想草本。这个思想草本没有把发展资本主义与消灭封建剥削制度联系起来，没有同太平天国当时的现实斗争联系起来，更未提及农民最关心的土地问题，既非农民斗争实践的产物，也缺乏实践的社会、经济和阶级基础，缺少生根发芽的土壤。因此，《资政新篇》在颁布之后就被束之高阁，其思想却启迪后人继续探索改造中国的可行方案。

(三) "中体西用"思想的提出及其效用

体、用本是中国传统哲学的一对命题，有主要与次要、本质与现象、根本原则与具体方法等多种解释。"中体西用"理论从 19 世纪 60 年代开始酝酿，一直到 19 世纪 90 年代正式提出，期间出现了诸多代表人物，产生过不同的表达方式。虽然这些略有差别的表达方式认识取向一致，但在一些具体问题上是有着不同见解的，主要表现在对待"体""用""本""末"具体内容的认识上。早期体用派对西用的认识主要关注在器物层次，最早涉及这一问题的是冯桂芬，其在《校邠庐抗议》一书中指出，吸收西学时应"以中国之伦常名教为原本，辅以诸国富强之术"，后被概括为"中学为体，西学为用"。《校邠庐抗议》全书内容涉及政治、军事、文化、生产、经济等领域，指出了如何把西方器物文明与中国政治伦理文化结合的方法。其中"采西学、制洋器、改科举"等多项建议被洋务派采纳，进而成为洋务政策。其处理中国文化与西方文化之间关系的原则"中学为体，西学为用"，成为变法图强的理论根据，是早期洋务派曾国藩、左宗棠、李鸿章等人进行洋务运动的思想政治纲领。郭嵩焘、王韬、郑观应、薛福成等都发表过看法，这些被称为早期改良派的人物一度和洋务派是合作伙伴，这些人对"中体"的理解开始发生一定的变化，中体的内容渐渐减少，西用的内容有所增加，他们逐渐对西方的政体、教育制度的重要性有了更加深刻的认识。最早确切使用"中学为体、西学为用"这一提法的是沈毓桂，他曾任《万国公报》的主笔。1895 年 4 月，他在《万国公报》上发表《匡时策》，文章中写道："夫中西学问，本自互有得失，为华人计，宜以中学为体，西学为用。"这是"中学为体、西学为用"口号的第一次正式出现。

中国兵败于从明治维新强大起来的日本，这一惨痛的事实，促进了国民意识之觉醒。正如梁启超所言，"四万万人之真正觉醒，实从甲午一役始"。正是甲午战争惨败的刺激使一部分官僚从顽固派阵营中分离出来，如李鸿藻、翁同龢。为了区别曾、左、李等老洋务派，这些官僚和像张之洞这样在洋务运动中就有所表现的封疆大吏也可称为新洋务派，他们支持戊戌变法的方针也是"中体西用"。新洋务派的"中体西用"观点以张之洞的《劝学篇》影响最广。《劝学篇》全书 4 万多字，分为内外两篇，内篇为中学，目的是"正人心"，外篇为西学，目标是"开风气"。在内篇中，张之洞大讲道器本末论，强调"道本者，三纲四维是也"。除此之外，张之洞主张变法，在经济上全面学习西法进行生产，积极主张官督商办，商人自己要依靠政府，不能有权。张之洞历来重视教育，《劝学篇》主张大办学堂，留学日本，翻译西书，甚至也赞同开设报馆，咨询性质的医院也可以办。从中不难看出，在外篇中张之洞对西学相关内容的推崇，与内篇耳熟能详的内容不同，外篇所提倡的东西是全新的，是更有影响力和刺激性的。《劝学篇》风行后，资产阶级改良派便基本上抛弃了"中体西用"的外衣，正大光明地宣传资产阶级改良主义，戊戌变法很重要的一个内容就是实行君主立宪，这是对"中体"内容的一个很大的突破。再后来，清朝廷依旧因循"中体西用"的路线实行所谓"新政"，资产阶级革命党则对此完全抛弃和不屑了。

"中体西用论"在遵从"中学"的前提下，以比较温和的色彩，避过了顽固派"用夷变夏"的攻击锋芒，例如京师同文馆增设天文算学馆引起的波澜。就洋务派而言，起初他们以"中体西用"为思想武器，以回击顽固派的种种挑战，为引进西学减少了阻碍，无论是冯桂芬的以纲常名教为原本，还是张之洞所说的以四书五经、中国史事、政书等旧学为体都有这层蕴意。但是他们所要的"西学"以不触动中国封建社会的主要基础为前提，他们和清王朝共命运，代表着官僚地主阶级的利益。资产阶级改良派同样为了减少来自中国传统社会的阻力，他们找到了孔子，这除了深受传统文化影响之外更是一种策略上的考量。这些都充分说明了，"中体西用"对中国吸收、接受西学起了积极的作用。在中国这样传统底蕴极深刻的国家里，自古以来都是"用夏变夷"，"夷夏之大防"，一直是传统文化中要守的关键防线。综观整个中国近代社会的变革，每走一步都是在曲折中蹒跚而行，"中体西用"思想的背后是中国传统社会曲折前行的缩影。"中体西用"曾经是洋务派和改良派知识分子各取所需的合作基础，在这样的框架下，他们成为暂时的盟友共同吹响了反对传统保守思想束缚的号角。但是，由于他们代表着不同的阶级和不同的社会经济基础，"中体西用"必然沿着两条路线发展、演变。随着中国民族危机的加深和人民的觉醒，洋务派抱着自己认可的"体""用"不放，而资产阶级改良知识分子则逐渐抛弃了"中体"，但是对"体"和"用"内容界定的不同，使他们给予了"中体西用"不同的含义和效用。

无可否认，"中体西用"中关于中体的内容对于中国知识界而言都不是新鲜的内容，这对当时的中国社会产生不了多大的影响，其中的"西学"倒是新鲜内容。"体"与"用"之间是相互发酵的，这正是"体"与"用"之间的微妙关系。"用"本来是为了"体"服务，"体"是为了限制"用"，事实却是"用"在尝试的过程中不断地在突破"体"的束缚，西方的政教也从不可法到可以为"用"，甚至到后来成为"中体"的要素；与之相适应，中国也一步步从封建专制政治向民主政治转变。正如陈旭麓先生所评价的一样，"在封建主义充斥的天地里，欲破启锢闭，引入若干资本主义文化，除了'中体西用'还不可能提出另一种更好的宗旨。如果没有中体作为前提，西用无所依托，它在中国是进不了门，落不下户的。'中体西用'毕竟使中国人看到了另一个陌生的世界……促进了近代中国的新陈代谢"。

三、维新变法思想的滥觞

在初步践行"师夷长技"主张的洋务运动渐次展开的潮流和氛围中，在接触到越来越多的欧美文化事物的交往中，一部分人士开始突破洋务运动的"中体西用"思想的束缚，产生了维新变法的观点。这部分人士，以王韬、郑观应、马建忠、郭嵩焘、薛福成、曾纪泽等人为代表，史称"早期维新派"。

他们的思想观点，总的来说还局限于私人个体层面，是萌动与发酵中的维新变法思想，还没有形成声势、潮流和运动，是1894年甲午战争之后兴起的维新变法运动的思想先导。

（一）对西方国家强大原因的认识

林则徐、魏源提出"师夷长技"，其着重点在于师法坚船利炮。大约20年之后才兴起的洋务运动，虽然突破了把坚船利炮视为奇技淫巧的思想束缚，却在对夷之长技的认识上依旧停滞于坚船利炮。洋务运动的指导思想"中体西用"观，是对"师夷长技"之如何师法的一种解答。这个解答，是对夷之长技的有限师法，即仅限于坚船利炮之物质器物层面，在政治制度、文化观念这两个层面维持不变。这表明，还没有真正认识到西方国家强大的原因，只把军事强大这个表现之一看作其强大的原因。早期维新派人士都不同程度地思考、分析了西方国家强大的原因。

郭嵩焘在1875年筹议兴办洋务方略的《条陈海防事宜》中明确认为，将西方强盛归结于坚船利炮是非常错误的，中国如果单纯学习西方兵学"末技"，是不能够起到富国强兵作用的；只有学习西方的政治和经济，发展中国的工商业才是出路。郭嵩焘的"富强观"包含了这样几层意思：中国"富强"的"本源之计"在于循习"西洋政教"，厘正治国之本，这就是振肃纲纪、刷新吏治；而在"其本未遑"的情况下，不妨"姑务其末"，即学习西方技艺，发展近代工商业，"以立循用西法之基"；改革传统教育制度，开办西学，造就"通变之才"为谋求富强的"要务"。郭嵩焘的"富强观""重商"主张，主要反映在他于光绪元年（1875年）上奏总理衙门的《条议海防事宜》一折中。"它冲破了'中体西用'的理论体系，为资产阶级维新思潮的出现，另辟了一个源头。"[1]对于西方军事强大的原因，曾纪泽认识到："盖其规模，亦合通国人士之智力，积数十年之历练，耗无数之财赋而后成焉。故闳博精微，兼擅其胜也。"[2]一语道明西方国家军事上的强大是"合通国人士之智力"。至于西方列强为什么能做到利用全国的智慧和力量造就如此强大的军事机器，曾纪泽虽然没有直接给出明确的答案，却已经认识到了

---

〔1〕 黄林："百余年来郭嵩焘研究之回顾"，载《湖南师范大学社会科学学报》1999年第2期。
〔2〕 曾纪泽：《出使英法俄国日记》，岳麓书社1985年版，第245~246页。

军事强大是西方强盛的表现而非原因。郭嵩焘精通中国文化，又了解洋务，还曾出任驻英公使，对西方文明做过实地考察，这使得他能对中西文化作出整体评价和对比研究。他反对再以夷狄看待当时的西洋各国，承认"他们也有二千年的文明"。虽然这种文明并非尽善尽美，但整体上要优于中国文明。这就打破了束缚人们思想的传统的"夷夏观""体用观""道器观""本末观"，等等。郭嵩焘的思想在"西学东渐——西方思想文化向中国传播中发挥了积极作用，为他身后蓬勃兴起的维新变法思潮开了先河"。[1]郭嵩焘大胆地承认了中国文化问题对中国发展的深刻牵制，曾纪泽和其他早期维新派人士，也都有大体相似的认知与体验。这个认知与体验，表现在主动接受西方列强国与国之间关系的外交理念、改变传统的贱商观念、变革科举教育和对西方政治民主的感知，等等。他们分别或多或少地认识到，中国不仅要学习西方的坚船利炮，而且要在外交、工商、教育、政治和社会很多方面学习西方国家的长处。

（二）尝试以西方国家的外交规则处理外交事务

郭嵩焘、曾纪泽和郑观应是早期维新派人士中的在朝为官者，在处理洋务、与洋人交往和外交事务中，认识到西方国际关系遵循一种规则即国际法，而国际法的根本点在于保护国家主权，保护国家主权还不论国家大小强弱。这是和东方传统国家间关系在文化上的最大不同。曾纪泽发现，"西洋各国以公法自相维制，保全小国附庸，俾皆有自主之权息兵安民最善之法……吾亚细亚诸国，大小相介，强弱相错，亦宜以公法相持，俾弱小之邦足以自立，则大者亦暗受其利，不可恃兵加以凌人也"。郑观应在《论公法》一文中指出：在弱肉强食的国际关系中，各国借以相互维系安宁和睦的法宝，便是共同遵守的"国际公法"。郭嵩焘反对再以夷狄看待当时的西洋各国，郑观应也提出要去掉中国人固有的"天朝上国"和"夷夏大防"的陈旧观念，正确对待自己，正确对待别国。郑观应认为，如果中国能够把自己摆在"万国中之一国"的地位上，那么万国公法就不能把中国排除在外；中国把自己摆在万国之一的地位，利用公法维护自身的地位。

对于西方列强的侵略，郑观应、曾纪泽都力主抗争，除了军事抵抗之外，

---

〔1〕　曾纪泽：《出使英法俄国日记》，岳麓书社 1985 年版，第 187 页。

外交抗争必不可少。郑观应对条约的不平等性进行了全面的检讨，涉及通商、传教、协定关税、领事裁判权、片面最惠国待遇、内河航行权、外人管理中国海关等诸多方面。例如，他主张收回关税自主权，认为"其定税之权操诸本国，虽至大之国不能制小国之轻重，虽至小之国不致受大国之挠阻"。[1]此为"盖通行之公法使然也"，因而中国也应当按照公法享有自主制定关税、不受任何国家干涉的权利，制定关税税率的自主权应该返还给中国，其他国家不管多么强大，都没有权利干涉："客虽强悍，不得侵主权而擅断之。"他否定《中英南京条约》中的协定关税条款，要求以国际公法为准绳，争国家之主权，指出"税则既定专条章程尽人能解，何用碧眼黄发之徒，越俎而代治乎？"他指出关税自主的重要意义，"千万巨款权自我操，不致阴祖西人阻挠税则，不特榷政大有神益，而于中朝国体所保全者为尤大也"。曾纪泽把国际法作为武器，以子之矛攻子之盾。他在和俄国的艰难交涉中，成功收复了伊犁。当时，世界舆论顿时哗然，英、法、美等国的各大权威报纸均载文评论说：中国的天才外交官曾纪泽创造了外交史上的一个奇迹，他迫使大俄帝国把已经吞进口里的土地又吐了出来；这是俄国立国以来不曾有过的事情。曾纪泽在辩论《烟台条约》洋药加税之事项时，理直气壮地说："西洋各国，无论大小、强弱，其于税饷之政，皆由主人自定，颁示海关，一律遵照办理。客虽强而大，不能侵夺主国自主之权。""加税之权，操之在我！"[2]郭嵩焘是中国历史上第一位驻外使节。他从中外交涉日益广泛的现实出发，建议总理衙门编纂《通商则例》发给各省并各国驻华公使，使在处理外交事务时有所参本。总理衙门接受了建议，后来虽未编成《通商则例》，但翻译了大量西方法律规章备用。郭嵩焘出使期间，还处理了相当多的具体外交事件，并接待了中国第一批海军留学生，与严复等人建立了友谊。郭嵩焘在对外交往中不卑不亢，分寸合度，处理外交事务合乎国际惯例，给驻在国留下了良好的印象，以至于郭嵩焘卸任回国时，英、法两国政府均依依难舍。

　　尝试以西方国家的外交规则处理外交事务，不仅突破了中国传统朝贡制对外关系的观念束缚和行为模式，而且有利于维护国家主权和外交官的尊严。这些维新变化，逐渐地扩展到整个外交领域并且有助于推动内政走向维新

---

〔1〕　夏东元编：《郑观应集》，上海人民出版社1982年版，第543~544页。
〔2〕　王杰成标点：《曾纪泽：出使英法俄国日记》，岳麓书社1985年版，第114~115页。

变法。

（三）开始突破传统的贱商抑商观念

睁眼看世界的中国先进分子，在感知到西方坚船利炮后开始深入认识其原因。就坚船利炮的产业基础而言，马建忠、薛福成、陈炽、王韬、郑观应等走在中国发展前列的一部分先进分子，分别提出了重视发展工商业的思想观点；这些思想观点，开始突破中国从商鞅变法就确立起来的重农抑商之2000 余年的思想政治传统。在同一时期的中国先进分子中，郑观应的"商战"思想最系统、最超前。

从中国受到西方国家侵略的惨痛事实中，郑观应认识到：必须破除以农为本、以商为末、重本抑末的成见。他把外国资本主义的侵略手段归结为"兵战"（军事侵略）和"商战"（经济侵略），并认为后者比前者更为隐蔽、更有威胁性，因而中国在反侵略方面也应该把反对经济侵略放在比反对军事侵略更为优先的地位。对应于"兵战"而提出"商战"，郑观应"商战"思想是资本主义国家对中国进行经济侵略的直观反映。[1]

郑观应的"商战"思想，明确了"商战"的重要性，阐释了"商战"的背景，指出了商业的重要地位，还提出了"商战"举措。从师夷长技以制夷的角度，他明确了"商战"的重要性。"习兵战不如习商战"，学习西方，仅仅热衷于购铁舰、建炮台、造枪械、制水雷、设海军、操陆阵，讲求战事不遗余力，远不如西方各国那样倾其全力振兴商务。他还分析了应该重视"商战"的时代背景原因。从时代变迁的角度，他阐释了应该重视"商战"的原因。"古之时，小民各安生业，老死不相往来，故粟、布交易而止矣。今也不然。各国兼并，各图利己，藉商以强国，藉兵以卫商。其订盟立约，聘问往来，皆为通商而设。英之君臣又以商务开疆拓，辟美洲，占印度，据缅甸，通中国，皆商人为之先导，可知欲制西人以自强，莫如据兴商务。安得谓商务为末务哉？"从对西方国家相互竞争的感知角度，他指出了商业的重要地位和作用。"西人以商为战，士、农、工为商助也；公使为商遣也；领事为商立也；兵船为商置也。""商以贸迁有无，平物价，济急需，有益于民，有利于国，与士、农、工互相表里。士无商则格致之学不宏，农无商则种植之类不

---

〔1〕　张灏："郑观应商战思想探源"，载《兰州大学学报（社会科学版）》1985 年第 1 期。

广，工无商则制造之物不能销。是商贾具坐财之大道，而握四民之纲领也。商之义大矣哉！"从解决现实问题的角度，他提出应该改变贱商抑商的思想观念。

（四）开始提出借鉴西方民主制度的思想观点

随着中西之间接触的不断深化，伴随着民族资本主义的产生，西方资本主义思想传入，一些先进的知识分子开始关注西方的政治制度，其中以王韬、郑观应、郭嵩焘、薛福成等人为代表，这些人成为早期维新派，开启了中国资产阶级政治民主思想的萌芽。

王韬曾游历英、法、俄等国，受资本主义思想的影响，主张在中国发展资本主义工商业，并最早提倡废除封建专制，建立"与众民共政事，并治天下"的君主立宪制度。王韬提出"恃商为国本""商富即国富"的思想，主张减轻商税。更为重要的是，王韬于1874年在香港创办《循环日报》，是近代报刊思想的奠基人，是我国新闻史上第一位报刊政论家，对当时的文坛和以后的维新派领导人影响较大。1875年王韬发表了著名的《变法自强上》《变法自强中》《变法自强下》三篇政论，在中国历史上首次提出"变法"的口号，比郑观应《盛世危言》早18年，比康有为、梁启超变法维新早23年。据学者罗香林考证，康有为在1879年曾游历香港，正值王韬担任《循环日报》主笔、发表大量变法政论之时。因此，康有为的变法思想，受王韬影响是极可能的事。王韬无疑是中国变法维新思想的先行者，他的部分政论文章后收编为《弢园文录外编》，是我国最早的一部报刊政论文集，他的言论代表了维新变法前报刊政论的最高成就。

郑观应是中国近代最早具有完整维新思想体系的理论家，揭开民主与科学序幕的启蒙思想家，也是实业家、教育家、文学家、慈善家和热忱的爱国者。1870年至1880年，他写成了《易言》一书，书中揭露了帝国主义侵略中国的罪恶，提出学习西方科学技术，发展工商业，促使中国富强的具体措施。他指出：要达到这个目的，必须把封建专制制度改造为"君民共主"政治制度，即西方资本主义国家的议会制度。主张收回关税自主权，认为"其定税之权操诸本国，虽至大之国不能制小国之轻重，虽至小之国不致受大国之挠阻"。他否定中英《南京条约》中的协定关税条款，要求以国际公法为准绳，争国家之主权。

郭嵩焘作为中国近代历史上第一位驻外大使，早在洋务运动期间就以"对洋务颇有见地"而闻名。1859 年，郭嵩焘将多年来对西方事务的思考具疏上奏，认为要"制御远夷"，首先要了解外国情况，建议从广东、上海、恰克图、库伦等地选派通晓外国语言的人才入京转相传司，并在天津设局，仿制西式战舰以制夷。1875 年，他将自己办洋务的主张和观点写成《条陈海防事宜》上奏，认为将西方强盛归结于船坚炮利是非常错误的，中国如果单纯学习西方兵学"末技"，"如是以求自强，恐适足以自敝"。只有学习西方的政治和经济，"先通商贾之气，以立循用西方之基"，即发展中国的工商业才是出路。郭嵩焘因此名噪朝野。1876 年，郭嵩焘被任命为晚清第一位驻英大使，身在异域多次上书李鸿章，认为西方富强之根本在政治制度，然而不被李鸿章接纳。1877 年 8 月，郭嵩焘出于保护华侨利益考虑，上奏清廷，建议在华侨集中的各埠设领事以护民，该建议得到清廷赞赏。翌年，即在新加坡、旧金山、横滨等地设立领事馆，以维护海外华侨的权益。思想开放的郭嵩焘由于与副使刘锡鸿矛盾重重，最后被召回，其出使日记《使西纪程》被焚毁，以后仕途没落，成了悲剧性的先觉者。

薛福成是从"师夷长技"到全面师法西方的思想演变者。1881 年，薛福成署直隶宣化府，写下了《酌议北洋海防水师章程》，提出了对未来北洋海军的构想，李鸿章就是根据他的设想来建立北洋海军的。1889 年出任驻外使节，详细地研究了欧洲的政治、军事、教育、法律、财经等制度，开阔了视野。1875 年，因读到新帝即位后向天下求言的诏书，兴奋异常，挥毫写下了《治平六策》《海防密议十条》万余言，其中提出应努力改善外交，将国际公法、中外条约刊发各州县。1892 年，与英国就滇缅边界划分和通商条约问题进行了多次谈判，由于薛福成援引国际公约，刚柔并用，英国终于同意签订《中英续议滇缅界务商务条款》，中国收回了滇边部分领土和权益。薛福成还以国际公法为依据，迫使英国政府同意中国在其属境内设立领事，这样，中国政府就在南洋、缅甸等处设立领事，保护当地华侨的权益。

（五）中国近代教育思想的产生

在师夷长技的探索进程中，早期维新派对夷之长技的认识，从"坚船利炮"深入到了"工商立国"的经济制度和"君民共主"的政治制度。为什么推行师夷长技的主张举步维艰？夷之长技又从何而来？当时的一些有识之士苦苦探索，寻求答案。郭嵩焘认为，"西洋政教、制造，无一不出于学"。陈炽指出，泰西各国之所以强大，"一言以蔽之曰：学而已"。他们认为，西方国家强盛的根本原因在于重视教育。早期维新派的教育和教育改革思想，以洋务运动为直接的实践基础和思想背景。这时，龚自珍关于科举教育空疏无用的观点，已经成为洋务派和早期维新派的共识，"西文"和"西艺"成为教学和选拔人才的重要因素。与洋务派的教育和教育改革思想比较，早期维新派的教育和教育改革思想，以下几点处在引领中国发展潮流的前沿。

一是突破对西学的认识仅停留在"技""器"层面的思想束缚，师夷长技，不是限于学习西方的军事、生产技术，而是扩充到社会政治方面的学说。郑观应对西学的认识，"已不限于自然科学和工艺学，还涉及政教刑法等社会政治方面的学说"。[1]他将西学列为他所设想的学校必修科目。王韬从中西文化比较的整体视角理解西方文化，也突破了从"技""器"层面对待西方文化的片面认识。他认为国人主要应学习西方的工艺科、生产技术和政法制度等。早期维新派重视西学，主张以西学代替"四书五经"等旧知识，毫无疑问地突破了科举教育的内容体系，也突破了洋务派"中体西用"的思想主张。

二是改革书院、设立新型学校、建立新学制，从根本上改变传统的科举教育体系。容闳是国内最早将培养新型人才与设立学校联系起来的第一人。[2]他在《西学东渐记》第十章中提出仿照西方改造中国的旧教育体制和建立各级新型学校的设想：设立武备学校，以养成多数有识的军官、建立海军学校；颁定各级学校教育制度；设立种种实业学校。提出建立军事学校和实业学校的，容闳也是中国第一人。郑观应提出应像德国那样广建学校，除发展学校教育外，他还提出大力发展社会教育。"大抵泰西各国教育人才之道计有三事：曰学校，曰新闻报馆，曰书籍馆。"王韬比较了中国私人藏书与外国图书馆藏书的利弊，认为外国公藏图书是其文化发达的原因，提出仿效国外建图书馆。这些思想主张，不同于洋务派把西文与西艺引入科举教育的思想和实践，是在整个教育体制包括学校教育和社会教育上根本性地改变传统的科举教育。

三是关注女性的社会地位和作用，最先提倡女子教育。陈虬认为占人口

〔1〕 娄立志、广少奎主编：《中国教育史》，山东人民出版社2008年版，第207页。
〔2〕 娄立志、广少奎主编：《中国教育史》，山东人民出版社2008年版，第209页。

半数的妇女不读书，不能服务于社会，中国就难以与西方争雄。郑观应集中阐述女子教育问题，积极倡导女子教育。他们针对封建礼教对妇女身心的摧残进行了深刻批评，驳斥了"女子无才便是德"的陈腐观念。他们介绍了西方的女子教育状况，建议仿效西方广设女塾，使女子 4 岁至 12 岁为期，都必须入学受教育，学校分门别类地由有学识的女教师进行授课。他们还尖锐地批评了妇女缠足的陋习，建议政府下令禁止妇女缠足。无论提倡女子教育，还是倡议禁止妇女缠足，在当时都是离经叛道之论，是后来女子教育和禁止妇女缠足之中国社会进步的思想先声。

早期维新派的教育思想不仅在教育内容和教育体系上突破了传统科举教育的条条框框，而且在教育对象上闪现出男女教育平等的亮眼光辉。如果说洋务派的教育思想和实践是中国近代教育的萌芽，那么早期维新派的教育思想就是中国近代教育的产生。

无论外交的还是内政的，也无论军事的、经济的、政治的、教育的还是文化的，早期维新派的思想都是在鸦片战争之后国难不已而寻求救国之道的探索成果，是当时处在中国社会发展前列、引领中国社会发展潮流的先进思想。他们的思想观点产生于洋务运动的直接社会实践，却又超越了洋务派"中体西用"的思想框架，是戊戌变法的思想先声。

第 05 讲
探索中国出路的改良运动

抵制外来侵略，是国家或者政府的天职。面对从海洋而来的侵略势力，清朝廷也毫无例外地、针锋相对地抵制。虎门销烟点燃了清朝廷反西方殖民主义势力侵略的第一把火；异常强大的西方殖民主义势力变本加厉地侵略，接二连三地摧毁清朝廷多次组织的反侵略军事防务。在这个侵略和反侵略的斗争持续到 1900 年八国联军侵华战争结束时，清朝廷彻底失去了抗争能力，成为殖民主义统治中国的傀儡。《孙子·谋攻篇》指出："知己知彼，百战不殆；不知彼而知己，一胜一负；不知彼，不知己，每战必殆。"清朝廷每战都败，长达 60 年不知彼也不知己。清朝廷的昏聩无知，主要是与西方资本主义文明比较而显现出的中国封建主义统治的腐朽、没落。中国封建主义统治的腐朽、没落渐次显现的过程，也是中国传统社会权威流失的过程。中国传统社会权威流失，不仅仅是由反侵略战争一再失败、终归失败引起的，更重要的是由寻求自强出路的探索不当引发的。洋务运动、戊戌变法和清末新政，是中国统治阶级在清朝廷统治完全瓦解之前先后发起或者组织的寻求自强出路的改良运动。这几场社会运动，或者筹划不当或者组织不力，虽然以失败告终却也起到了推动中国进步的作用。

一、洋务运动及其兵工富强梦想的破灭

洋务运动是"师夷长技以制夷"主张的践行，洋务运动的开启却比"师夷长技以制夷"主张的提出晚了大约 20 年。在这 20 年中，资本主义工业化文明在欧美国家突飞猛进地发展，一些先进的中国人对西方文明的认识也已

经远远地超越了在"师夷长技以制夷"主张提出之时的思想水平。昏聩无知的清朝廷及其主要成员，对欧美国家的认识却依旧停滞在"师夷长技以制夷"主张提出之时的水平，所谓长技仅指涵盖坚船利炮的资本主义工业，不包括一些先进的中国人所认识到的资本主义政治。尤其值得注意的是，发起洋务运动的洋务派师夷长技的主要动机是剿灭农民起义、挽救清朝廷统治危机。正如冯桂芬在《校邠庐抗议》一书中所说："以中国之伦常名教为原本，辅以诸国富强之术。"这个思想后来被进一步概括为"中学为体、西学为用"，其实质是用近代工业和技术维护、巩固中国封建伦理纲常的政治体制。

（一）洋务运动的重大事迹

洋务运动可以分为两个阶段。从 19 世纪 60 年代到 70 年代，主要是以求强为目标，所做事业主要集中在军事工业与练兵上；19 世纪 70 年代以后，清朝廷财政的短缺问题非常紧迫，求富成为这个时期的主题。

第一，军事工业的开启。自 1861 年曾国藩创办安庆军械所开始，一批军事企业得以创办。1865 年到 1890 年，共计创办了 21 个军事企业。影响比较大的有江南制造局，金陵制造总局，福州船政局，天津机器局，湖北枪炮厂。这些军工企业生产了中国一批批近代化的军事装备。

第二，民用企业的创办。进入到 19 世纪 70 年代中期后，随着列强对中国的经济渗透以及中国日益严峻的边防与海防形势，同时在洋务运动的过程中出现的财政困难，清朝廷调整了洋务运动的方向。以李鸿章的话说，"欲自强，必先裕饷，欲饷源，莫如振兴商务"，"必先富而后能强"。于是民用企业的兴办成为洋务运动的重要内容。

从 19 世纪 70 年代到 90 年代，洋务派创办了 20 多个民用企业。这些企业大多是官督商办的形式，少数是官办或者是官商合办。官督商办企业吸收社会资金，但管理权、用人权、财政权等仍然控制在政府手里。官办企业资金来源于政府财政，产品不进入市场，由政府调配。官商合办则由政府与商人订立合同，规定各自的权利、义务及盈余分配办法，各按认股比例出资，互派代表参加企业工作。但实际上经营管理大权仍操控在诸官方委派人员的手中。

这些企业大致可以分为以下四类：第一类是轮船航运业。最有代表性的是轮船招商局，由李鸿章于 1872 年在上海创办。第二类是电线电报业。电报事业发展到各个重要城市。第三类是矿业。包括全国范围内的煤、铁、铜、铅等开采与冶炼而兴办的企业，最有代表性的是开平矿务局。第四类是纺织业，以上海机器织布局为最大。

除了洋务派创办的企业之外，自19世纪60年代开始，中国的民族资产阶级创办了一批民用企业。到1894年为止，除了创办后失败的外，总共有不到百余家民族资本主义企业，主要是在机器制造、缫丝业、印刷、火柴、面粉、造纸业等方面。但大都规模很小，最大的资本才二三十万两，远远不能与洋务派创办的企业规模相比。

第三，新式陆海军的建设。训练新式陆海军是洋务运动的一个重要内容。1862年，奕䜣在天津成立洋枪队，聘用外国教练训练军队。后又陆续在上海、广州、福州、武汉、南昌等地推广。1866年，奕䜣又在直隶选练六军，共15 000人，称为练军。同年，湘淮军都开始大力购买洋枪洋炮，以李鸿章领导的淮军成效最为显著。1874年，日本侵略台湾后，清朝政府把海防建设提上议程。到1894年，分别建成福建水师、南洋水师与北洋水师三支舰队，共有船六七十艘。但其中福建水师在中法战争中遭受重创。北洋水师是清朝廷的海军主力。北洋舰队号称远东第一舰队，具有相当强大的实力。

第四，对外交往观念的突破。首先是外交机构的设立。咸丰十年（1860年），在京师设立总理各国事务衙门，接管以往由礼部和理藩院执掌的对外事务。这是中国专设外交机构的开始。后又于1866年与1870年分别设立南北洋通商大臣，这是清朝设立的最重要的区域性、专门性外交机构。其次是正常外交使节与驻外机构的设立。到1885年为止，清朝廷已向英、法等12个国家派遣了外交常驻使节。各国也纷纷在中国建立使馆，派驻外交使节。

第五，文化教育事业的兴起。随着洋务运动的开展，开明的士大夫们增加了对于西方的了解，主张向西方学习政治、经济、文化的呼声推动形成了向西方学习的知识分子群体，出现了早期维新思潮。在洋务派、开明官员与维新思想家共同推动下，中国出现建立新的思想、文化、教育事业。其主要体现在以下几个方面：一是大量翻译西学。中国自己设立的译书机构开始于同文馆。到1888年，同文馆师生共译书26种。此外，上海机器局内设立了翻译局。1868年6月正式开馆，译书成效显著。二是创办新式学校机构。同文馆是第一个新式文化教育机构。上海广言馆是第二个教育机构，由李鸿章于 1863 年设立 。此后，这样的外国语言类学校与综合性学校陆续设立。此外，洋务派兴办了新式军事学校，比如，福州求是堂艺局、天津水师学堂、天津陆军学堂等。这样的军事学校共计有 13 所。30 年之间，洋务派共办新式学堂 24 所。三是派出留学生。120 名学生，从 1872 年起分 4 年派出美国。随后，又派出学生留学英、法、德等国。其中，大部分为军事人才。但是留学美国的计划没有执行完毕，因为清朝廷担心学生被"洋化"，在 1881 年把 94 名学生提前撤回。在这些留学生中，后来许多人成了北洋水师的高级人才。

（二）洋务运动的功绩

洋务运动尽管没有能够完成最初设想的富强的目标，其功绩却是不容否认的。改革开放以来，对于洋务运动的评价也越来越客观。洋务运动从各方面推动了当时社会的进步，是一次符合与顺应了历史进步潮流的运动。洋务运动是近代中国自强的初步与主动的努力，可以说是当时的改革开放，是中国近代化的第一步。从中西关系来看，它是中国向西方学习进程的启动。如果从中国几千年的对外交流来看，它是中国大规模向外来文化的第二次全面学习运动。洋务运动对于今天中国的改革开放，依然有着丰富的历史启迪意义。

洋务运动至少在以下几个方面是有贡献的。

第一，经济方面。洋务运动推动了民族资本主义的发展，增强了国家经济实力，促生了许多新的经济形态。自鸦片战争至甲午战争的 50 年间，中国总共创办了 300 多家近代企业，资本额达 1.2 亿元，其中主要是在洋务运动中创办的。这些企业的创办，客观上推动了资本主义在中国的生根与发展。有的企业的生产规模很大生产水平很高。以江南制造局为例，生产的主要有枪支、大炮、弹药、钢铁与船舶，生产的规模也很可观。到 19 世纪 90 年代时，江南制造局成了中国甚至是东亚最先进、最齐全的机器工厂。这些企业当然对于中国的整体经济做出了很大的贡献。

在这个过程中，出现了民族资本家与近代工人这两个新的社会阶层。但近代民族资本家力量弱小，资本最大的也不过二三十万两。到 1894 年，除了码头工人无法统计之外，产业工人大约 10 万人，其中洋务派经营的企业工人占 37%，民族资本中工人占 28%，外国资本中工人占 35%。同时，产生了中国的城市群和其他新的社会阶层。

洋务运动中这些企业的创办也是对外国资本向中国渗透的一种抵御，是对中国民族经济的发展与保护。洋务派创办这些企业的出发点之一，就是打破外国资本对于中国经济越来越严重的渗透，比如铁路、电线电报业、矿业等都面临这种严峻形势。当然在实践中，也确实起到了这种作用。比如，轮船招商局设立不久，就改变了洋商对于中国轮船业的垄断局面，迫使当时的怡和、太古轮船公司与之三次订立合同，形成了轮船业三强鼎立的局面。

第二，国防方面。尽管几次决定性的战争，以洋枪洋炮武装起来的中国军队都没有能够获胜，但是这并不能否认洋务运动对于近代国防的贡献。在清朝廷有限的财力下，毕竟建起了一批军工厂，实现了部分先进武器的国产化，培训了新式军队，建立了新式军事学校，培养了军事人才，建立了曾经鼎盛一时的北洋海军这一并不牢固的海上长城。在中法战争、中日战争以及收复西北的战争中，这些都发挥了重要作用。左宗棠在西北设立的兰州制造局，在收复伊犁的战争中发挥了很大作用。在中法战争、中日战争时，江南制造局、金陵机器制造局也都起到了重大作用。当然，这些企业也在镇压人民的反抗中起到了负面作用。

第三，教育文化方面。洋务运动中新式学校的创办，是中国传统学堂制体制向现代学校制度转变的开始。大量翻译西学，是中国人向西方大规模学习与吸收西方文化的开始。留学生的派遣，为中国主张出国留学的先声。洋务运动中，也有不少西方人来华工作，把西方文化的精华带给了中国。在学习西方的过程中，中国也出现了第一批自然科学家与其他领域的学者，形成了近代知识分子群体。整体上中国单一的文化环境被改变，变为中西两种文化的交流局面。

第四，思想方面。洋务运动对于中国人的思想观念来说，是一次开眼界，通过他者反思自身，思想观念在碰撞中得以改变的过程。中国文化中视为"奇技淫巧"的西方科技与工艺等成为中国人学习的对象，这本身体现了中国人思想观念的重大改变。睁眼看世界的中国人越来越多，有部分人得以出洋，直接感受西方文明的方方面面，对于中国不再只是以其古代与今天比，而是多了一个比较的坐标。

第五，外交方面。中国历史上的近代外交是由洋务派建立起来的。中国开始以国际社会的一员，出现在世人面前。30年间，尽管中国依然遭受屈辱，但是中国外交在这段时间内也有不小的成就。曾纪泽以自己的外交努力，收复了新疆一部分领土，这是外交的成功例子。中国的驻外使节，以自己的良好修养，赢得了西方各国的尊重。以李鸿章为代表的洋务派推行务实的外交政策，在弱国外交的情形下，利用各国在华的矛盾，最大限度地维护了国家利益。

（三）洋务运动的缺陷

洋务运动没有使中国走向洋务派所预想的国家富强的目标。甲午战争可以说是对洋务运动成效的一个检验。但即使不以成败来论，洋务运动没有达到洋务派的预期也是显然的。

洋务运动具有很多的不足与缺陷。从洋务派创办的企业来看，远远不能与同期的西方企业相比。无论是官办、官督商办与官商合办企业，都是在清朝总体经济、政治与文化体制下运行的。这个体制显然不利于工商业的发展，对于企业也有太多的障碍。

首先，企业的决策权没有掌握在懂经营的人手里，吏治腐败的问题渗透到了企业管理中。官办企业的管理方式如同行政衙门，管理权在官吏手中，效率低下，机构臃肿，冗员多，普遍存在任人唯亲的情况。企业的产品并不进入市场，因而质量缺乏竞争与评判标准。在企业不做任何事而挂名分红者也不少。

其次，企业对于外国的依赖性很大。原料、机器设备和技术，都依赖外国企业。

最后，还没有形成重视工商业发展的社会文化环境。在官商合办企业中，商人虽然入股，但由于整个社会对于商人评价甚低，使其在企业中的权利与其资本比例并不相称，致使商人的地位并没有根本提高，依然是中国文化价值中的不入流的社会阶层。企业也经常成为官僚甚至是清朝廷最高当局勒索财源的对象。

洋务运动的这些缺陷是一种体制性缺陷。在当时清朝的经济、政治和文化体制下，以富强为目标的洋务运动呈现这样一种状态，是不可避免的。在旧有统治权威领导之下的洋务运动，不可能获得成功。

二、戊戌变法及其资本主义设想的挫折

维新运动起始于 1895 年甲午战争失败而引起的"公车上书",戊戌变法是维新运动的高潮。受到甲午战争失败和签订《马关条约》的强烈刺激,不变法不能自强的呼声空前高涨,在 20 多年前就开始产生的维新思想成为一种社会潮流。变法,指国家法令制度的变革。在中国封建社会的演进过程中已经出现的几场著名的变法,例如商鞅变法、王安石变法和张居正变法,似乎都预示了戊戌变法的艰难和凶险。以往的变法产生于内忧,是封建主义体系内部的重大调整;戊戌变法却起因于外患,是效法不同于自身封建主义的欧美资本主义。

(一) 戊戌变法的预备活动及其成效

戊戌变法创始人康有为,原名祖诒,字广厦,号长素,广东南海县(今广东南海市)人。自幼读书,涉猎广泛,留心经世学问,对儒学、理学、佛学都有研究。1879 年,他 21 岁,在广东西樵山偶遇京官张鼎华,听闻京城洋务新风气、近时人才和各种新书,于是决定舍弃考据、帖括之学。此后,他到上海、香港等地观光,感触深刻。他大量购买西学书籍,理化史政,都悉心研读,初步形成了学习西方、维新变法的思想。1888 年,他到北京参加顺天乡试,结识了一批关心时局的官员朋友,上书表达变法主张。1890 年,他在广州会晤今文经学家廖平,认识到今文经学比古文经学有利于发挥他的变法主张,于是从推崇古文经学转向推崇今文经学。从这年开始,他先后在广州的长兴里、万木草堂收徒讲学,授课内容主要是"讲求仁义""中外之故""救国之法"。他的学生大多成为维新变法运动的中坚力量,其中梁启超影响最大。讲学之余,他在学生协助下撰写变法思想的著述,构建变法运动的一套理论,其立意是阐述变君主专制为君主立宪的必要性、合理性。"它一定程度反映了 19 世纪末 20 世纪初中国先进知识分子的认识。"[1]

1895 年春,康有为、梁启超和众多举人在北京参加会试。4 月中旬,康有为得知日本强逼签订《马关条约》的消息,立刻令梁启超号召广东、湖南在京参试的举人上书反对。京城的官员和士子也纷纷联名上书。4 月底,他联

---

[1] 《中国近代史》编写组:《中国近代史》,高等教育出版社、人民出版社 2016 年版,第 179 页。

络各省在京举人集议上书，会后由他起草一折——《上清帝第二书》。"这道上书与时论明显不同。"〔1〕时论主题只是反对和议，而它则明确建议维新变法，其中设"议郎"显示了仿行西方议会制度的意图。这一事件，史称"公车上书"，签名者据康有为回忆多达 1100 人。上书虽然递交都察院时遭到拒绝，却在社会上广为传抄。这次科考，康有为得中进士，授任工部主事，在京城继续致力于变法运动。5 月，他第三次上书，由人代递光绪皇帝和慈禧太后，引起光绪皇帝注意。6 月，他第四次上书。此时，变法图强开始成为时政主流议题，帝师翁同龢、总督张之洞也积极主张变法。"翁同龢会见康有为，与他通信，商讨变法事宜。张之洞、袁世凯资助维新派办学会、办报纸。"〔2〕

1895 年 7 月，康有为在北京创办《万国公报》（后改名《中外纪闻》）。8 月，他与杨锐、张权、陈炽、袁世凯等人发起强学会，督抚李鸿章、刘坤一、张之洞、王文韶、宁庆、聂士成、盛宣怀捐资赞助。维新运动遭到顽固派极力反对。御史杨崇伊奏劾京官创立强学书院植党营私、开士子议政之风。后强学书院和《中外纪闻》遭到查禁。慈禧似乎在权衡顽固派和维新派相互较劲，是维新运动最大的变数。

维新派的活动还有：1896 年 8 月，汪康年、黄遵宪等人在上海创办《时务报》，影响深广；1897 年 4 月，江标、唐才常在长沙创办《湘学新报》；1897 年 10 月，严复、夏曾佑等人在天津创办《国闻报》，成为维新派在北方的舆论中心；1897 年 10 月，陈宝箴在长沙开办时务学堂；湖南巡抚陈宝箴、按察使黄遵宪、学政江标等人热心维新，还邀请谭嗣同、梁启超到长沙兴办新政，湖南成为地方上维新人士最为集中之地；1897 年冬至 1898 年春，谭嗣同、唐才常等人在陈宝箴支持下建立南学会。"据不完全统计，1895～1897年，维新派和开明人士在全国共创办学会 23 个、学堂 17 所、报馆 9 家、书局 2 家，总计 51 个。到 1898 年，增加到 300 多个，这表明维新运动已经有了一定的群众基础和规模。"〔3〕

（二）戊戌变法的重大举措及其夭折

1897 年德国派军舰强行占领胶州湾，引起了西方列强瓜分中国的狂潮，

---

〔1〕《中国近代史》编写组：《中国近代史》，高等教育出版社、人民出版社 2016 年版，第 179 页。
〔2〕《中国近代史》编写组：《中国近代史》，高等教育出版社、人民出版社 2016 年版，第 180 页。
〔3〕《中国近代史》编写组：《中国近代史》，高等教育出版社、人民出版社 2016 年版，第 183 页。

这激起了很多爱国志士的激愤。1898 年 1 月，康有为第五次上书光绪皇帝。他痛陈中国再不变法，将有亡国亡种之忧。"恐自尔之后，皇上与诸臣虽欲苟安旦夕，歌舞湖山而不可得矣。且恐皇上与诸臣，求为长安布衣而不可得矣。"光绪帝看后深受震动，决定召见康有为。1898 年 1 月 29 日，康有为第六次上书《应诏统筹全局折》，这是变法的纲领性文件。光绪皇帝不甘为亡国之君，终于在 6 月 11 日，召集全体军机大臣，决定变法。

从 1898 年 6 月 11 日起，光绪皇帝雷厉风行地颁布变法诏书，直到当年 9 月 21 日慈禧太后发动政变戛然而止。在这 100 多天，光绪皇帝发布了 100 多道诏书，有时一天之内连发几道诏书。他急于变法的迫切心情，由此可见一斑。这些诏书提出的变法举措涉及了国家事务的方方面面。

关于经济方面，筹办商务局，设立矿务学堂，振兴农业。奖赏士民著作新书及创作新法，准其专利售卖，命各省督抚认真劝导绅民，发展农政工艺，并优奖创制新法者。京师设立农工商总局，并命各省设立农务学堂，广开农会，刊农报，购农器。筹办茶务学堂及蚕桑公院。

关于政治方面，裁詹事府、通事司、光禄寺、太常寺、大仆寺、大理寺等衙门，外省撤湖北、广东、云南三省巡抚及不办运务之粮道等。鼓励士民上书，革礼部尚书怀塔布、许应骙等职务。赏杨锐、刘光第、谭嗣同、林旭等人加四品卿衔，在军机章京上行走。决心开懋勤殿以议新政。

关于军事方面，命各省陆军改练洋操，参用西法练兵。切实裁兵，练军，力行保甲，整顿厘金，添设海军，整顿水师。

关于文化与教育方面，改革科举，选拔人才，翻译外洋书籍，开设京师大学堂。命改各地书院为兼中学、西学之学校。省会之大书院改为高等学堂，郡城之书院改为中等学堂，州县之书院改为步学，奖励绅民办学。民间神庙之不要祀典者，由地方晓谕改为学堂。举办经济特科。谕军机大臣，速定游学章程。在上海设立编译学堂，在京城筹设报馆。

综观上述变法内容，实在是一个全面的改革措施。尽管如此，变法的深度却没有超出中体西用论的境界。政治体制方面的举措意义不大，维新派设想的开议院、启民权并没有得到体现。经济方面，主要侧重于农业。"农务为中国大根本"与维新派希望的工商兴国存在很大差距。教育方面，办学校，改科举，这方面的措施力度较大。然而真正的问题在于，这些措施并没有得到落实，大多都成了空文。无论是京官还是地方官，要么敷衍，要么内心反对，大多是在这种政治气氛中观望。

维新变法的主动权，掌握在慈禧太后手中，她对康有为没有好感，在变法之初，抱着让光绪皇帝试试的心态，但是早做了对付变法超出自己所能忍受范围的应对准备。1898 年 6 月 15 日，与光绪感情极深的老师，引见康有为，倾向变法的重臣翁同龢被驱逐回乡。与此同时，慈禧任用她宠信的荣禄掌握军权，在军事上做了安排。当光绪的政令一道道发出，特别是重用维新派人物、罢免礼部六堂官、废除八股文、裁撤行政机构等时，这些举措在慈禧眼中是触及祖制的严重行为，变法触及了保守派的利益底线。于是慈禧于 1898 年 9 月 21 日宣布再次听政，并且缉拿维新党人。最终戊戌六君子血洒刑场，变法失败了。除了京师大学堂一项保留外，其余的变法措施都被一一废除了。

维新变法失败的原因是多方面的，其中直接原因是光绪皇帝是一个没有实质权力与权威的人，以皇帝为首的维新力量处于弱势。从变法的社会力量支撑来看，中国资本主义的力量弱小，无法把他们的政治诉求转化为现实。从民众的智识来看，广大老百姓对于变法是冷漠而无知的。从社会的承受能力来看，许多改革措施引起了大的震荡，却没有妥善的措施来加以弥补。

（三）戊戌变法的社会效应及其性质

戊戌变法虽然失败了，却对探索中国出路产生了深远的影响。

戊戌变法是一次爱国救亡运动。当甲午战争全面惨败、西方列强在中国掀起瓜分狂潮时，以康有为为代表的中国知识分子迫于形势，试图通过迅速的变法来挽救危亡中的中国。救亡第一次成为中国近代史的主题。康有为等人的行为虽然没有能够实现其初衷，但是代表了中国先进知识分子的觉悟、良知与担当。

戊戌变法也是清朝第一次自上而下的带有资本主义性质的比较全面的改革。变法涉及各个方面，是全面的改革，很多举措都把维新派的设想付诸了实践。比起之前的洋务运动来说，在激励工商业与政治体制改革方面，步子明显要走得更远。教育改革与文化改革，则对 1000 多年不变的科举制度与学堂、书院制度进行了改革。这些改革措施，足以称得上是一场真正的变法了。

戊戌变法也是一场思想解放运动。对于传统文化的反思，是有清以来从未有过的。对于经学等传统学术的看法是颠覆性的革命。对于中国的政治制度与教育、文化制度等的反思与批判，是有清以来甚至是 3000 年来未曾有过的。它对于学习西方所体现的深度，超过了洋务运动。这些对当时的中国社会的思想观念产生了冲击。

戊戌变法改变了清朝的政治格局与内外政策。慈禧太后再次听政，这是晚清政治的一大变化。这个变局，对于日后政治有深远影响。维新运动的被镇压，保守派支配了朝廷中枢。这个变局，对于满汉关系，也有影响。日本、英国等西方列强作出了支持光绪、同情变法人士的反应，而慈禧太后和守旧的顽固派排外情绪高涨。这一盲目排外的仇恨情绪，在义和团运动中结出了让清朝廷更加屈辱的苦果。

从更长的历史时段看，戊戌变法也使中国社会发生了许多新的变化。

从思想方面来看，在对待中学、西学方面，都是突破性的。对待中学的态度称得上是那时的新文化运动。1917 年的新文化运动的主题与基本思想在戊戌变法那里可以找到源头。变法期间，严复翻译的《天演论》等西方社会科学书籍，对于中国的影响确是不可估量的。科学与民主的呼唤，在当时虽然没有那么明确，但是基本意思已经具备。

从教育文化领域来看，变法使中国向近代教育迈进了实质的一步。京师大学堂得以保留，中国有近代意义的大学、中学、小学，是从维新变法开始的。中国由传统教育向现代教育的转型中，维新变法是重要的一步。科举制度的改革被付诸实践，这是持续了 1000 多年的考试制度的重大突破，为下一步完全废除科举，打下了基础。传统的学塾、书院，从教学内容到教学方法也都开始出现变化。在文化上，出现了许多新的气象。西方的社会科学第一次以比较系统的方式进入中国，引起中国知识阶层的注意。新史学的思维与方法，开始于梁启超的张扬。1896 年，文学界提出了诗界革命的口号。梁启超把在传统文学中难登大雅之堂的小说当作国民精神的营养品来看待。他的散文风靡天下，这本身就有文学革新的重大意义。报馆、书局的设立，是近代出版业与新闻业的开篇。

从新的社会事物来看，变法对于移风易俗也有影响。反对缠足，禁烟，提倡女子权利，革新服装，简化婚礼，等等，在变法期间都有不同程度的讨论。变法也改变了中国知识分子的形态。康有为这一代知识分子的社会形态，在中国知识分子史上是一个转折。维新派注重与社会结合，注重借助于报刊等现代舆论工具，试图影响民众，这是一种新的政治参与动员的方式。建立学会与社团，体现了近现代的政治参与方式。这些，都是传统知识分子无法做到的。另外，这一代知识分子的精神世界、知识结构、思维方式都与他们的先辈明显不同。

从革命者的形成来看，变法被统治者内部的反对势力无情镇压，也使一部分寄希望于通过改良来改变国家命运的人明白，这样的道路可能是一条走不通的路。只有彻底推翻旧有统治权威，才能开启真正的改革。以孙中山为代表的革命派于变法之前就已经开始活动，变法失败给他们的革命活动提供了宣传壮大自己的机会。

三、清末"新政"与清朝统治权威的丧失

义和团事件中，八国联军攻入北京，慈禧太后与光绪皇帝仓促出逃西安，一路如同丧家之犬，为自己的保守、盲目排外与无知付出了沉重的代价。《辛丑条约》的签订，使清朝廷陷入空前的耻辱中。或许是亲身经历使慈禧太后这一次变法的决心与效率超出人们的期待，还没有等到回到北京，就发布上谕，宣布变法的决心。晚清新政于是拉开帷幕。新政在各项措施上比维新变法走得更远，更为彻底。在平衡各种利弊后，清朝廷又启动了预备立宪的进程。这是清朝挽救自己的最后改革机会。但是，这样改革必然会使国家走上君主立宪制的道路，从而突破晚清利益集团的底线。这并没有挽救清朝的命运，革命以人们预想不到的方式如暴风骤雨般来临，一个新的共和国家的创立宣告了晚清这场改革的结局，全新的政治权威与秩序产生了。

（一）清朝廷推行"新政"的困窘

清末新政为什么发生？

晚清的求变，是一个内外交困下必然的选择，任何统治者要维护它的统治，也不能不走向这个方向。戊戌变法的失败是暂时的挫折，但并不是这一历史进程的中断。从这个意义上说，清末新政是洋务运动与戊戌变法的继承者，它的发生是自然的。

为什么在这个时间点上发生？这是清朝廷对自身困境的自我救赎。一是对前期错误的内外政策的自我纠错。戊戌变法之后，慈禧太后对外则是排斥，

对内是趋向保守。这种政策对于庚子之祸负有直接责任。慈禧太后本人也意识到此点。新政是对于这种错误政策的修正。二是应付日益严重的财政危机。《辛丑条约》之后，巨额的赔款使得中国的财政状况更为恶化。只有发展工商业，进行改革，才能有缓解希望。三是对自强的渴望。巨大的近乎亡国的灾难给慈禧太后等人以沉重的刺激。四是对自身形象的改善。清朝廷的形象，经过此次大劫，无论是国内还是国外都是一落千丈。列强看到了一个无知、无能，近乎没有理性的政府。东南互保的发生，说明政府中央权威的丧失。中国老百姓看到了一个腐败、鱼肉自己人民、无力抵抗外国的朝廷。据孙中山自述革命历程时说，1900 年是革命的分水岭。1900 年前宣传革命，应者寥寥，1900 年后到各地宣传，应者云集。这说明清朝廷的形象在此次危机中受到重创。五是对于正在兴起的革命党的回应。为了应对革命党，清朝廷也不得不进行改革。从列强到中国士绅，甚至中枢重臣、地方督抚，海外舆论纷纷要求变法，清朝廷不得不试行"新政"。

慈禧在西安即宣布变法，下罪己诏，承认了自己对于庚子之乱的责任。1910 年 1 月 29 日，颁布变法诏。1901 年 4 月 29 日，成立了督办政务处，参与者皆为实权朝廷重臣，专门管理与筹划新政。7 月，张之洞、刘坤一联合上书著名的《江楚会奏变法三折》，基本被清廷采纳。这个奏折，相当于试行新政的纲领。新政的内容主要有：

第一，行政体制的改革。1901 年 7 月，撤销各国总理事务衙门，改设外交部，班列名部之前。1903 年设立商务部；后来与工部合并，设立农工商部。成立陆军部。1905 年设立巡警部，学部；裁减各官署书吏差役。1901 年 8 月，废止捐纳。詹事府并入翰林院。撤销了云南、湖北和广东的巡抚建制，以及东河河道总督与漕运总督的职位。

第二，军事方面的改革。1901 年 8 月，废除武科，一年内裁减 20% 到 30% 的绿营与防勇。创办武备学堂 。命令铁良与袁世凯在北京训练八旗兵。1903 年 12 月，设立了练兵处。1902 年，袁世凯练成北洋常备军 12 500 人，张之洞练成湖北常备军 7000 人，成为全国练兵的样板。1904 年，练兵处与兵部奏准在全国编练常备军 36 镇，每镇 12 500 人，总共为 45 万人。但这个计划没有完成。

第三，文化教育方面的改革。主要是废除科举、扩大海外游学与设立学校三件大事。1901 年 9 月，开始在各省和大城市，府州级书院改为中等学堂，县级书院改为初等学堂。1904 年，修订钦定学堂章程，制定了一套以日本教育制度为样本的近代学校建制。宗人府挑选旗人子弟出国游学，各省当局挑选学生出国留学。1905 年，正式废除了科举考试。

第四，经济方面的改革。1903 年商部成立前，修订商律。1903 年，公布了《公司注册试办章程》《矿务章程》《试办银行章程》等。1905 年后，在北京设立了高等实业学堂。

第五，社会领域的改革。1902 年 2 月，允许满汉通婚，解除妇女缠足，禁止吸食鸦片。1905 年设立难民营，收留流浪者与失业者等。

第六，法制的改革。1904 年，成立了修订法律馆，由著名的法学家沈家本等人主持。他们先后翻译了一批西方国家法律，并且制定出了相关的法律草案。1905 年，删除了《大清律例》中的酷刑。1910 年，颁布了修订后的《大清律例》。法制改革，使古老的中华法系走向新生，是中国法律体系转型的开始。

如果把这些措施与戊戌变法相比较的话，会发现很多是相同的。也就是说，这只不过是一次因为清朝廷腐朽而迟来的改革。

总体来看，新政的实施还是取得了一定的效果的。比起戊戌变法，它的落实程度强多了，产生了深远的影响。从政治上看，中国行政体制中一个最重要的制度六部制被废除。设立外交部，是中国试图融入国际社会的一步。由于新式军队的操练，形成了袁世凯的北洋集团，后来成为决定清朝廷命运的关键因素。军队的改革对于清朝的统治力实质上是一个削弱。从经济上看，清末的国内外贸易增长迅速，一批商业城市发展很快，各种商业组织也建立起来了。这是中国经济生活中一个重大的变化。1901 年到 1911 年，兴起了一个民族工商业发展的高潮。这 10 年间设立的工矿企业达 650 家，资本总额 1.4 亿元，相当于 1858 年到 1900 年的两倍多，这个速度是很快的。从文化教育上看，成效更加明显，各类学堂发展迅猛。1902 年到 1911 年，据不完全统计，新式学堂数量从 1903 年的 769 所发展到 1909 年的 59 117 所，增加了 76 倍。在校学生人数 1902 年为 6912 人，1909 年增加为 1 639 641 人，增加了 236 倍。海外留学人数也出现了大幅增长，1905 年仅留日的人数就有 8000 人。一个新的学生群体、新的知识分子群体已经形成了，他们是探索中国出路的新生力量。科举制被废除，新的学校教育系统被建立，这是传统教育向近代教育的实质性转变。

但是，清末新政并没有从根本上解决中国社会问题。虽然经济有了一定发展，但是民生的问题没有得到改善，甚至更加恶化。新政的实施需要有大量的资金，这些被转嫁到了老百姓的身上，导致民怨丛生。从1902年到1905年，各类民变326起。因为财政的困难，许多新政的措施得不到落实。吏治的问题没有改善，腐败无能的满族官员把持了大权，他们推行新政的态度也不积极。如此种种，使得清末新政没有能够实现自强的预期。

（二）立宪运动与清朝统治权威的丧失

戊戌变法时，维新派提出了君主立宪的思路，但是没有能够实施。庚子之乱后，面对更加严重的内忧外患，要求立宪的呼声又高涨起来。日俄战争，日本大胜，使得当时立宪国战胜君主专制国的议论成为舆论热点。面对国内外强大的压力与日益高涨的革命形势，清朝廷再三权衡后，终于迈出了预备立宪这一步。

1905年9月清朝廷宣布要仿行立宪 。同年12月派载泽、端方等五大臣到日本与欧美各国考察政治。1906年，五大臣回国，向慈禧密奏，陈述了立宪的三大好处：皇位永固、外患渐轻、内乱可弭。奏折提到，由于中国的国民知识的欠缺，立宪不能马上启动，只能先行预备。慈禧看到这份折子后受到鼓舞。后经过王公大臣们讨论，于1906年9月1日正式颁发上谕，宣布预备仿行宪政。上谕提出，"大权统于朝廷，庶政公诸舆论，以立国家万年有道之基"。

仿行立宪首先从改变官制开始，在新政的政府改革基础上再进行改革。中央政府设立外交部、吏部、民政部、礼部、学部、法部、大理院、农工商部、邮传部、理藩部。除外交部外，其余各部由设尚书二员、满汉各一员改为每部只设尚书一员、不分满汉。改革后，13名内阁大臣中，满族贵族占了7人，蒙古贵族1人，汉人只有5人。地方官制的改革，本来想削弱地方督抚的大权，但因遭到强烈的反对而没有实质性的动作。1907年8月，把原来准备立宪的政治馆改为宪政编查馆，成为设计与推行宪政的枢纽。1907年9月，清朝廷又派员第二次出洋考察宪政，主要是考察英、日、德三个君主立宪制国家。

在朝廷仿行立宪的鼓励下，原本就极力推动立宪的社会力量更加活跃起来。立宪派除了同革命党人论战争取扩大自己的同盟者外，还在组织上进行大量活动，推动立宪的进程加快。据不完全统计，自 1906 年到 1911 年间，海内外成立的立宪组织多达 84 个。其中，最具代表性的有：著名立宪派领袖张謇、汤寿潜等领导的预备立宪公会，康有为领导的国民宪政会（对外则称中华帝国宪政会），梁启超等人成立的政闻社，杨度成立的宪政讲习会。这些组织成立后，出版书刊，举办各种宣讲活动，策动地方自治，培训宪政人才，发动和参与国会请愿活动。

在立宪派推动朝廷加快仿行立宪的同时，一些地方督抚与驻外使节也纷纷要求加快立宪。在这种压力之下，清朝廷于 1908 年 8 月颁布了《钦定宪法大纲》，并且颁布了《议院未开以前逐年筹备事宜清单》。前者是中国历史上第一个宪法性文件，除了规定君主具有至高无上的权力外，它还逐条规定了臣民的权利与义务，这在中国历史上是第一次。后者则对于 1908 年到 1916 年间所要准备的立宪事项，逐一做了计划，相当于立宪的时间表与路线图。1909 年 1 月，清朝廷正式颁布了《城镇乡地方自治章程》与《城镇乡地方自治选举章程》。同年 10 月，成立资政院，诏令各省成立了谘议局，从中央到地方都有了议会机构。利用这一刚成立的国家机构，立宪派在 1910 年举行了三次全国性的国会请愿活动，要求缩短预备立宪时间。在激起更大的请愿声浪后，清朝廷被迫把原来的 9 年缩短为 6 年，公布了修订后的立宪预备清单，把开国会的时间定为 1913 年，而设立内阁的时间定为 1911 年。1911 年 5 月，清朝廷公布了内阁名单。在 13 名国务大臣中，满族占了 9 人，其中皇族 7 人，汉族只有 4 人。这个名单一公布，让全国人民与立宪派人士对于立宪失去了信心，也看清了清朝廷的真面目。不久之后发生的武昌起义，一呼百应，是清朝廷人心尽失的表现。立宪运动破产了。

清末立宪是清朝历史上最为彻底、深入的变革，走得也最远。它以日本明治维新为榜样进行政治体制改革，从中央到地方，从朝廷到民间，进行了许多实质性的操作。但是清朝廷没有料到的是，立宪不仅没有拯救清朝廷，反倒加速了它的灭亡。其中的原因，错综复杂。

首先，清朝廷是在一个充满风险的风雨飘摇的现实情境中进行改革的。庚子事变之后，清朝廷元气大伤，民心士气与国内外的观感都处在最低点。

它所面临的国防、外交、民生、财政、吏治等问题都是长期积累的老大难问题，一直没有缓解。革命，却已经渐成气候。这时候启动如此伤筋动骨的改革，清朝廷并没有多少回旋的余地和试错的本钱。这不是一场从容的主动的改革，而是被动的、急功近利、抱薪救火般的改革。

其次，统治集团的政治远见、政治勇气、政治掌控力与政治智慧，远远不够。大清立宪最主要的动机，是为了巩固自己的统治、消除革命党带来的威胁和改善国际形象及外部忧患，至于立宪真正的意义——对于民生的意义，对于一个民族政治进化与文明进化的意义——则完全没有认识，这反映了立宪的动机何其功利。这种认识，注定了仿行立宪只是一种挽救统治危机的手段，而不是政治建设本身的进步。在预备仿行立宪的过程中，因为官制改革，清朝廷内部争斗激烈。满人大臣与汉人大臣的权力分配问题，始终是清朝廷的大患。朝廷权贵之间，亦有重大矛盾，时人有满人分为七派之论。1907 年，发生了所谓丁未政潮，朋党之争激烈。1908 年，慈禧与光绪去世。权力的继承者光绪之弟载沣等人视汉人为政权的重大威胁，一心借立宪之名收汉人之权。朝廷重臣政治资质平庸而贪腐盛行。奕劻是首辅大臣，也是巨贪。

最后，新政以来中国社会的变化推动着人们走向了革命。清朝的统治权威在义和团运动以后遭受重创，东南互保就是一个极好的证明，而新政与立宪进一步加剧了这一点。仿行立宪开启了民主进程，启发人民的民主意识。各阶层民主的诉求在增加，这种新的民主意识必然带来对于现政权的与日俱增的不满与批评。民主思想的阀门一旦打开就再也无法关上。出国留学的新学生，培养的新式军人，其骨干恰恰是革命的积极参与者与召唤者。

新政与立宪使清朝的统治力下降了，统治权威大量流失，革命就像未爆发的火山，只是在等待一个时机。

第 06 讲
探索中国出路的旧民主主义革命

　　鸦片战争失败，导致清朝廷陷入渐次恶化的空前危机，这场危机是中国史无前例的劫难。以往的危机都是中国历史自身进程中的国家政权兴衰危机，是中华民族和中华文明内部的冲突。这场危机却是世界历史进程中的中华民族和中华文明的存亡危机，是中华民族和中华文明遭受西方殖民主义侵略的灾难。清朝廷这个中国社会权威的化身无力抵制欧美国家的侵略，实际上是封建主义无力应对资本主义的冲击。师夷长技以制夷是清朝统治阶级中的开明人士提出的应对策略，它的价值取向，在第一次世界大战之前是中国效法资本主义文明、由封建主义文明转变为资本主义文明再进而制衡欧美国家。从鸦片战争到新文化运动，清晰地展现出了效法资本主义文明的师夷长技的脉络。在这段中国历史进程中，清朝统治集团滞后于师夷长技历史趋向的不作为和滥作为，引发了中国社会中下层民众探索中国出路的抗争。其中，从太平天国运动到辛亥革命，清晰地呈现出了中国社会中下层试图全面效法资本主义文明的探索历程，形成了通常指称的中国旧民主主义革命。

一、太平天国运动及其历史更替特征

　　鸦片战争是中国所处历史时代发生根本性变动的外缘，而内因还远远没有形成。在世界历史形成时代的竞技场上，封建主义中国与资本主义英国不是同一重量级的选手。当时英国的经济、政治、军事、外交实力远胜中国，对此，英国政府知彼知己，而清朝廷却懵懂不知，仍做着天朝上国的迷梦。清朝廷不知道，它面临的不是以往中国历代朝廷所遭遇的外患，而是直到20

多年后李鸿章才有了"中国 3000 年未有之剧变"的感知。3000 年未有之剧变，是历史剧变。直到马克思主义传入时，以中国共产党为代表的中国人才对这个历史剧变有了比较完全的认知。也就是说，清朝廷对自己所面临的世界大变动、中国大变动，几乎没有理性认知。大变动要求革旧维新，若不能主动革旧维新，大变动就是异己的大混乱——新旧无序混杂的大冲突。太平天国运动，是清朝面临的第一个内忧性大混乱。这场大混乱，因其发生的时代特征而具有了新旧更替的历史征兆。

（一）太平天国运动的时代特征

太平天国运动的历史更替特征，主要表现为其施政纲领的时代特征双重性。它先后颁布了两个政治纲领，一个是《天朝田亩制度》，另一个是《资政新篇》。《天朝田亩制度》是中国传统旧观念的产物，《资政新篇》具有新的资本主义色彩。

《天朝田亩制度》颁布于 1853 年，是中国封建时代农民战争的思想高峰，具有封建时代的社会内涵。"《天朝田亩制度》实际上是一个以解决土地问题为中心的比较完整的社会改革方案。"〔1〕这个方案，表达了中国农民的利益诉求。以往中国农民战争的利益诉求，朴素而简单，例如"均贫富""等贵贱"和"均平""均田"。即使是这些朴素而简单的政治主张，也从来没有完全实现过。农民战争是中国地主阶级改朝换代的工具，直到中国民主革命发生之前。《天朝田亩制度》是"均贫富""等贵贱"和"均平""均田"思想的集成，是形式的系统化，没有思想内涵的新意。"它所描绘的理想天国，仍然是闭塞的自给自足的自然经济，是小农业和家庭手工业相结合的传统生活方式；同时又是一个没有商品交换的和绝对平均的社会。这种社会理想，在很大程度上具有不切实际的空想的性质。实际上，《天朝田亩制度》中的平分土地方案即使在太平军占领地区也并未能付诸实行。"〔2〕

《资政新篇》颁布于 1859 年，是资本主义在中国初显生机的反映。这个政治纲领，不是太平天国运动自身实践的产物。在其作者经历的意义上，它来自太平天国之外，是西方资本主义对中国产生作用的反映，是西方资本主

---

〔1〕　本书编写组：《中国近现代史纲要》，高等教育出版社 2018 年版，第 44 页。
〔2〕　本书编写组：《中国近现代史纲要》，高等教育出版社 2018 年版，第 45 页。

义在中国落地的迹象。天京变乱后，1859 年 4 月，洪秀全封从香港归来的洪仁玕为干王，命他总理全国政事。他以自己对当时西方国家的政治、经济、科技文化方面的成就所能达到的认识水平，提出了《资政新篇》。这个改革内政和建设国家的新方案，经洪秀全批准颁布。它以洪仁玕理解的西方资本主义为模板，提出了发展资本主义、反对封建制度的设想。它是一些初步接触到西方资本主义并且向西方国家学习的中国人探索中国出路的镜像，具有鲜明的资本主义色彩和历史进步性。"但《资政新篇》没有涉及土地和怎样对付西方列强的侵略问题，它的许多规定在太平天国内并未真正实施，对太平天国后期的历史进程没有发生多大的影响。"[1]

　　这两个政治纲领，一个颁布于太平天国前期，一个颁布于太平天国后期，都是中国社会现实的片面反映。《天朝田亩制度》反映了中国封建主义的片面现实，体现了中国农民对中国土地问题和与之相关的中国前途问题的求解。《资政新篇》反映了西方资本主义开始对中国产生重大影响的片面现实，体现了一些中国知识分子以鸦片战争为诱因的"师夷长技"问题和与之相关的中国前途问题的探索。它们一先一后，关联着封建主义与资本主义在中国的新陈代谢线索，展现了太平天国运动的时代更替特征。

（二）太平天国运动的主要事迹

　　太平天国运动发生的环境和条件，是它所处时代的产物。这个时代，与以往的中国历代农民起义的时代都不相同。以往的时代是天下中国的时代，以往的历代农民起义是中国文化自身体系的内部事件。这个时代是从天下中国向世界中国转变的时代，太平天国运动不再只是中国文化自身体系的内部事件。以往的历代农民起义发生的思想资源，无一例外都取自中国文化。而太平天国运动发生的思想武器，却是中国土特产与舶来品的混合，至少它的形式是具有舶来品色彩的。太平天国运动一开始就猛烈地损毁占据中国意识形态统治地位的儒学，把儒家经典斥为"妖书"。太平天国运动的历史特性，莫非是它集悲剧、喜剧、闹剧和荒唐剧于一身的根由？

　　太平天国创始人洪秀全，谱名仁坤，原名火秀，出身于广东花县（今广州市花都区）的一个客家农民家庭。他 7 岁时开始在村塾读书，父老看好他

─────────

　　[1]《中国革命史》编写组：《中国革命史》，高等教育出版社 2016 年版，第 30 页。

的科举前途。然而，他四考秀才而不中。第三次落选，时年 25 岁，生了重病，一度昏迷。病中幻觉，一老人说，奉上天的旨意，命他到人间斩妖除魔。他的言行开始蒙上神秘主义色彩。尽管如此，他仍然没有放弃科举人生。6 年后，即 1843 年（道光二十三年）春天，他第四次广州院试失败。从此，他对科举完全失望，寻求别的人生出路。从科举失败的艰辛和痛苦中，他感受到了官府腐败和民众疾苦，萌生了反抗意识。他第三次在广州应试时，得到传教士梁发编写的宣传基督教的《劝世良言》。他把从《劝世良言》受到的思想启发和由病中幻觉产生的心理暗示联系起来，自命不凡，开始创立拜上帝教。首先入教的是他的族弟洪仁玕和表弟冯云山。"他们砸毁了村塾中的孔子牌位和家中供奉的各种神像。这一举动遭到了族人排斥，洪秀全、冯云山失去了塾师的职位，在家乡难以立足，遂前往广西传教。"[1]

到 1847 年上半年，冯云山辗转到广西桂平县（今桂平市）紫荆山地区得以立足，教众达到 2000 多人。在冯云山吸收教众的同时，洪秀全撰写了教义。他把儒家思想、民间宗教意识和基督教教义附会、糅合，形成了完整的拜上帝教教义。他称上帝是天父，耶稣是上帝的长子，自己则是上帝的次子；他提出了"奉天诛妖"的反清思想，号召人们参加起义。1848 年 1 月，官府逮捕冯云山，洪秀全也暂行躲避，信众一时陷入混乱。"为安抚信徒，杨秀清假借天父下凡，发号施令；萧朝贵则假托天兄下凡附体，代天兄传言。"[2] 1851 年 1 月 11 日，洪秀全率教众在桂平县金田村起义，建国号"太平天国"。3 月，进军武宣县东乡，洪秀全正式称"天王"。9 月，攻克永安州（今广西蒙山），进行封王。到 1853 年 1 月攻克武昌，历经 24 个月，从广西到湖北，太平军势如破竹，沿途发布文告，吸收民众加入。"此时，太平军兵力已发展至 10 万人，且水师强大，士气高涨，大有不可战胜之势。"[3] 2 月，顺江东下，连克九江、安庆、芜湖。3 月，攻破南京，改南京为天京，正式建立了与清朝廷对立的农民政权。为巩固天京，推翻清朝统治，太平军进行北伐和西征。北伐军孤军深入直隶，最后于 1855 年 5 月失败。西征军连同南京周边战场于 1856 年 4 月击破清军江北大营、6 月击破清军江南大营，取得了预期的

---

〔1〕《中国近代史》编写组：《中国近代史》，高等教育出版社、人民出版社 2016 年版，第 44 页。
〔2〕《中国近代史》编写组：《中国近代史》，高等教育出版社、人民出版社 2016 年版，第 46 页。
〔3〕《中国近代史》编写组：《中国近代史》，高等教育出版社、人民出版社 2016 年版，第 49 页。

胜利，太平天国进入全盛时期。

1856 年 9 月发生天京事变，历时两个多月，东王杨秀清、北王韦昌辉先后被杀。"在这次内乱中，共有两万多太平军将士丧生。"太平天国转向衰落。1857 年 6 月初，翼王石达开因恐惧杨秀清的悲剧落到自己头上，率十多万精兵离开天京。分裂后，石达开转战多省失利，1863 年 6 月在大渡河边紫打地（今安顺场）陷入绝境，与清军谈判投降受骗被杀。1865 年 6 月天王洪秀全病亡，长子洪天贵福继位，称幼天王；7 月 19 日，清军攻破天京。历时 14 年，转战 18 省的太平天国运动缓缓地落下了帷幕。

（三）太平天国运动的性质、败因及影响

太平天国的政治形式，无论组织还是思想，都完全是古代文明的样式，没有近代文明的影子。儒家思想的政治内核是人文性的，基督教思想的来源地西方国家已经实现了政教分离和资本主义民主，无论怎么与之比较，太平天国都是一种倒退。可是，太平天国历时 14 年，席卷 18 省，几乎撼动了清朝统治。它预示了中国民主主义革命的发生——如果中国社会上层阶级不能引领中国走向人类近代文明，向往西方文明的中国社会中下层必然以暴动方式改弦更张。它要建立一个以"天王"为首的农民政权，却不可避免地沦落为变相的封建专制政权而以失败告终了。失败原因可归纳为以下几个方面。

第一，意识形态领域的冲突，缺乏先进的革命理论作指导。洪秀全企图用自己的思想体系建立一个新的王朝，施行政教合一，推行自己改造的基督教思想并激烈反孔。这严重脱离了社会历史实际，不仅遭到中国主流社会传统的激烈反对，而且遭到了基督教信教者的反感。政治思想的落后甚至倒退，是发生天京变乱的根由，也是后期人心涣散、终归失败的缘起。

第二，农民阶级自身有难以克服的落后性、散漫性和狭隘性等弱点，这使得他们摆脱不了封建思想的束缚，其政权也未跳出封建专制政权模式的窠臼。建都天京之后，太平天国革命政权日益封建化，等级、特权观念日益膨胀，领导贪图享受，集团内部的冲突和宗派争端造成了太平天国的严重内耗，导致了严重的军事政治和思想危机，这都表现了目光短浅和革命的不彻底性。因此，太平天国失败的教训已经证明：单纯的农民战争不可能完成争取民族独立和人民解放的任务，社会需要新的权威来完成这一历史任务。

太平天国虽然失败了，却对中国产生了深远的影响。

第一，太平天国扰乱了整个清朝统治，朝廷原有的八旗兵、绿营兵衰落，湘军、淮军崛起，汉人大臣曾国藩、李鸿章前所未有地获得了只有满人大臣才能掌握的朝廷中枢大权。它还间接促使地方与中央之间关系开始发生改变，有利于削弱清朝统治。

第二，从经济上来说，太平天国虽然未彻底改变土地制度，但它对部分地主分子的身份消灭和经济勒迫，造成了地主分子的出逃和地主经济的萎缩，人身依附有所减轻；另外战争中人口的消耗及土地荒芜，出现了一定数量的自耕农，促进了自然经济的逐渐解体，对资本主义的发展产生了一定的积极作用。但是太平天国占领了中国最富裕的省份，战争扰乱了近代化的进程，又对资本主义的发展起到了阻碍作用，这一影响具有双重性。

第三，太平天国还警示了后来的革命者，对后来的政治力量产生了间接的影响。康有为以此来警告光绪帝变法的重要，孙中山自觉接受洪秀全的反清意识及天国分裂的教训，可见，太平天国虽然失败了，但对中国社会的政治进程还在起促进作用。总之，对太平天国旗帜下的农民造反者来说，挟千里席卷之势，长歌涌入金陵，开始建造人间小天堂，曾是他们的喜剧；天京陷落，天堂之梦在烈火中化为灰烬，则是他们的悲剧。这个过程长达十数年，其起伏兴衰之迹是岁月难以磨灭的。

二、完全意义的中国民主主义革命的兴起

近代人类文明产生于西欧，资产阶级是这个过程的产物，也是这个过程的主体。科学革命、文艺复兴、环球航海、宗教改革、英国光荣革命、启蒙运动、美国独立战争、法国资产阶级大革命和工业革命，是资产阶级产生、发展和上升为统治阶级的身份履历标签。扩张是资产阶级与生俱来的阶级本性，这是由它以工商业为生存方式所决定的。鸦片战争是西方资产阶级扩张到中国的侵略行径，西方资产阶级图谋重演它在美洲或印度的故事。处在完全封建主义一统天下的中国，还没有与西方资产阶级对应的社会力量，最初几乎不知道侵略者的本质和底细。直到20多年后洋务运动兴起，中国人才知道了西方资产阶级的一些"皮毛"，中国人才开始引进西方资产阶级进行的工商业，中国资产阶级才这样开始产生。受到西方资产阶级和中国封建地主阶级的双重限制，又由于中华民族危机的加深，中国资产阶级主要分为大资产

阶级和民族资产阶级。大资产阶级从属于西方资产阶级，并且直接出身于中国大地主、大官僚。民族资产阶级成了中国革命的新生力量。之前三元里抗英斗争、太平天国运动和义和团运动，具有反帝反封建性，是农民运动，还不是完全意义的资产阶级民主主义革命。中国民族资产阶级揭开了中国完全意义的资产阶级民主革命新篇章。

（一）中华民族危机加深与中国资产阶级革命力量的出现

中国资产阶级革命力量的出现，与中华民族危机加深直接相关。洋务运动是中国资产阶级产生的社会背景，而洋务运动的兴起又与鸦片战争、第二次鸦片造成的中华民族危机直接相关。30 年后，1895 年甲午战争失败宣告了洋务运动的失败，探索中国出路的视点由此从器物转向了制度。探索中国出路，开始于师夷长技。鸦片战争时，具有师夷长技见识的中国人，屈指可数。这时，50 多年过去了，"夷"改口为"洋"，"长技"也从器物变成了制度，更多的中国人比较深入地知道了西方国家的地理、历史、经济、政治和思想，他们是继续探索中国出路的社会力量来源。继续探索中国出路的人们也已经知道，相对温和的君主立宪和比较激进的暴力革命是变革君主专制制度的两个选择。英国光荣革命、日本明治维新是君主立宪的典型，法国资产阶级大革命是暴力革命的典型。甲午战争一失败，变革君主专制制度的问题就摆在了有识之士眼前。怎么变革中国的君主专制制度呢？选择君主立宪的维新派和选择暴力革命的革命派，几乎是不约而同地产生的。康有为第一次上书表达变法主张是 1888 年，他走向前台是 1895 年公车上书。孙中山最初同康有为相似，他于 1894 年春上书李鸿章表达变法主张。康有为第一次上书没受重视，但初衷不改，继续上书。孙中山第一次上书不受重视，但矢志不渝，且另寻他路。"在北上上书期间，孙中山进一步看清了清政府的腐败，确信不推翻清政府，一切改革都无从实行。其时甲午战争爆发，孙中山认为时机已到，决心把'倾覆清廷'的思想付诸行动。"[1] 以甲午战争为契机，康有为公开地走向前台推行变法，孙中山开始秘密地进行反清斗争。

孙中山，名文，字载之，号逸仙，广东香山（今广东省中山市）人。他曾化名"中山樵"在日本进行革命活动，之后"孙中山"成为通用名。他青

---

〔1〕《中国近代史》编写组：《中国近代史》，高等教育出版社、人民出版社 2016 年版，第 236 页。

年时就读于檀香山和中国香港的英、美教会设立的学校，课余阅读广泛，包括西方社会、政治等方面的著作，萌生了以美国、法国为榜样改造中国的想法。求学期间，他结交了一群志同道合的朋友。1894 年 11 月，他在檀香山建立了兴中会。这是中国近代第一个资产阶级革命团体。他为兴中会起草的章程指出，中国面临极为严重的民族危机，"专为振兴中华、维持国体起见"设立兴中会，会员入会以"驱除鞑虏，恢复中国，创立合众政府"为誓词。1895 年他在广州策划举行武装起义，失败后流亡海外。1896 年 10 月伦敦蒙难，孙中山声名远播，影响扩大。1900 年 10 月惠州起义失败，产生了很大震动和影响。他自称："有志之士，多起救国之思，而革命风潮自此萌芽矣。"[1]

《辛丑条约》签订后，民族危机更加严重，西方列强对中国的争夺更加激烈。1905 发生在中国东北地区的日俄战争是它们进行激烈争夺的缩影。中华民族危机的加剧和孙中山革命活动的感召，是革命思潮扩大、革命力量发展的动因。

1900 年春，孙中山委派陈少白创办的《中国日报》在香港出版，它是辛亥革命时期创办最早、持续时间最长的革命报刊，它旗帜鲜明地宣传"排满革命"。1902 年以后，出现了一个创办革命报刊、撰写和刊印革命书籍的热潮，重要报刊不少于 20 种。[2]章炳麟的《驳康有为论革命书》，邹容的《革命军》，陈天华的《猛回头》和《警世钟》，都写成或刊印于 1903 年。这些革命书报，在青年知识阶层引起了强烈共鸣。在资产阶级革命思想传播的同时，一些革命团体也在各地先后成立。其中，1903 年 11 月，黄兴、刘揆一、章士钊等人在长沙成立华兴会；1904 年 7 月，华兴会会员胡瑛与张难先、刘静庵、吕大森等人在武昌成立科学补习所；1904 年 10 月，陶成章、龚宝铨、蔡元培等人在上海成立光复会。"据统计，从 1894 年兴中会成立到 1905 年同盟会成立前，海内外设立革命团体 66 个，大部分成立于 20 世纪初年。"[3]

1905 年 8 月 20 日，孙中山和黄兴、宋教仁在日本东京以兴中会和华兴会为基础成立中国同盟会。这是中国近代第一个领导资产阶级革命的全国性政党。中国同盟会以"驱除鞑虏，恢复中华，创立民国，平均地权"为誓词和

---

〔1〕《中国近代史》编写组：《中国近代史》，高等教育出版社、人民出版社 2016 年版，第 237 页。
〔2〕《中国近代史》编写组：《中国近代史》，高等教育出版社、人民出版社 2016 年版，第 238 页。
〔3〕《中国近代史》编写组：《中国近代史》，高等教育出版社、人民出版社 2016 年版，第 239 页。

纲领。中国资产阶级民主革命力量发展到一个新阶段。

（二）民主革命理论的构建

与兴中会的誓词比较，中国同盟会的誓词最大的也是实质性的差别在于多了"平均地权"。这至少表明，孙中山的革命思想在得以发展和丰富。1905年中国同盟会机关刊物《民报》第一号出版，他在《〈民报〉发刊词》中把自己的思想概括为民族、民权、民生三大主义，被简称为"三民主义"。这篇文章，连同他主持制定的《中国同盟会革命方略》《军政府宣言》以及此后的一系列演说，形成了对民主革命理论的系统构建。一些中国同盟会会员也撰文解释和宣传三民主义。

民族主义的内核是"驱除鞑虏，恢复中华"，兴中会的誓词是"驱除鞑虏，恢复中国"。民族主义的实质是"排满"革命，目的是推翻清朝封建统治，实现中华民族独立，挽救中国危亡。它并非复仇主义，也不是排斥整个满族，而是推翻腐朽无能的清朝廷。孙中山认为中国社会之所以陷入"外邦逼之"的境地，主要原因就是腐朽的清朝廷是西方列强统治中国的工具。陈天华把清朝廷称为"洋人的朝廷"，这个论断已经得到了从车夫到文人的广泛认同。

民权主义的内核是"创立民国"，兴中会的誓词表述为"创立合众政府"。民权主义的实质是政治革命，变封建帝制为资本主义民制。《军政府宣言》宣称："今者由平民革命以建国民政府，凡为国民皆有平等以有参政权。大总统由国民公举。议会以国民公举之议员构成之、制定中华民国宪法，人人共守。敢有帝制自为者，天下共击之。"[1]孙中山在《在东京〈民报〉创刊周年庆祝大会的演说》中把民族主义和民权主义紧密结合起来，指出"我们推翻满洲政府，从驱逐满人那一面说是民族主义，从颠覆君主政体那一面说是政治革命，并不是要把它分两次去做"。

民生主义的内核是"平均地权"，即进行社会革命。孙中山在考察西方资本主义制度后认为，西方国家所暴露出来的各种弊端和毛病，根本原因在于未能解决土地问题；为了防止资本主义的贫富分化，在政治革命成功后出现新的社会问题，国家应该核定地价，逐步由国家向地主收买土地，平均地权，

---

〔1〕《中国近代史》编写组：《中国近代史》，高等教育出版社、人民出版社2016年版，第242页。

从而使政治革命和社会革命"毕其功于一役"。

三民主义是一个先进的、比较完整的民主革命纲领，真实地反映了中国近代社会和中国革命的客观趋势和必然要求。它的历史局限性主要是没有明确地提出反对帝国主义统治。19 年后，三民主义发展成了新三民主义，克服了它的历史局限性。

康有为变法退潮，孙中山革命兴起。维新运动在民主革命兴起之前是非暴力性的革命，是进步的。顽固派捕杀维新人士，是清朝廷腐朽、衰落的表现。孙中山认定清朝廷不可救药才铤而走险进行暴力革命的。维新运动失败凸显了孙中山革命的正当性、重大性、必要性。越来越多的人同情、支持、加入孙中山革命，与康有为变法失败直接相关。后来，梁启超反对袁世凯称帝，扛起了护国战争的大旗。革命兴起了，变法由进步变成了保守，维新派变成了保皇派。流亡海外的康有为保皇派同在海外筹划起义的孙中山革命派，一个保皇、改良，一个倒皇、革命，势同水火，相互争夺。改良派于 1902 年创刊的《新民丛报》和革命派的《民报》，成为双方较量的主要阵地。1906 年 4 月，《民报》第三号号外刊登了《〈民报〉与〈新民丛报〉辩驳之纲领》，列举了两派分歧的 12 个问题，围绕这些问题双方展开了论战，投入论战的还有双方在海内外的 20 多种报刊。论战的范围虽然广泛，却聚焦为四个问题：要不要进行革命推翻清朝统治？要不要通过政治革命手段建立民主共和政体？要不要进行革命？这三个问题对应三民主义。第四个问题，革命是否引起内乱和外国干涉导致国家被瓜分？三民主义，是这场论战的中心议题。"通过这场论战，革命党人对改良派的主要论点做了全面的清算，划清了革命和改良的界限，进一步阐释、宣传了同盟会的纲领，促进了革命形势的进一步发展。"[1]

（三）辛亥革命之前的中国民主革命事迹

兴中会成立后，孙中山在广州组织了广州起义和惠州起义。同盟会成立后，积极开展革命的宣传和鼓动工作，联络会党和新军发动了一次又一次的武装起义，包括 1895 年广州起义、1900 年惠州起义、1907 年 5 月潮州黄冈起

---

〔1〕《中国近代史》编写组：《中国近代史》，高等教育出版社、人民出版社 2016 年版，第 246 页。

义、1907 年 6 月七女湖起义、1907 年 9 月钦州起义、1907 年 12 月镇南关起义、1908 年 3 月钦州起义、1908 年 4 月河口起义、1910 年 2 月广州新军起义、1911 年 4 月广州黄花岗起义。这些起义虽然失败了，但革命党人奋不顾身的革命精神却在全国民众中扩大了革命影响。在革命过程中的一些斗士值得我们纪念，这里以陆皓东和秋瑾参加的两次起义为例。

陆皓东，孙中山的同乡、幼年的同学。1883 年秋，他在香港与孙中山一起加入了基督教。他提取父亲的遗产作为活动经费，还积极资助在海外活动的孙中山。1886 年，陆皓东赴上海入电报学堂学习，23 岁毕业后在上海电报局任译报员。1895 年他协助孙中山在香港成立兴中会总部，并决定发动武装起义袭取广州为革命根据地。陆皓东在兴中会总部召开的干部会议上指出，起义势在必行，不能再有丝毫动摇。他在会上还提出：为了团结同志，号召天下起而响应，一定要打出革命派自己的旗帜，以示与清朝廷决裂。这个建议获得孙中山和其他革命志士的热烈支持。陆皓东受孙中山委托设计革命军旗图案。他通宵达旦地思考，终于设计出了青天白日旗，成为发动广州起义的标志。起义方针既定，陆皓东与郑士良等随同孙中山到广州。他们在双门底的王家祠设革命总机关，以"农学会"名义作掩护，由陆皓东主持，暗中积极进行起义的筹备工作。经过半年多的准备，联络了三元里的团防，北江、西江、汕头、香山、顺德一带的会党，以及城内外防营、水师的部分官兵，一切布置就绪，日期选定 10 月 26 日（旧历九月初九），以便利用重阳节思乡群众结队到省城祭祖扫墓的风俗，乘机运械聚合。革命总机关决定由陆皓东、郑士良、陈少白协助孙中山在广州指挥调度，杨衢云在香港集合会党，于起义当日清晨直攻广州城内各重要官署，其他各路分途响应。起义的当日清晨，各路首领均往总机关领取命令口号，唯独充作主力的香港队伍未到，等了两个小时，始得港电通知，须推迟两天。起义计划被全盘打乱。等到起义时，情况突然发生变化。因运送枪械不慎，被海关搜获手枪 600 余支。两广总督谭钟麟又先后接到密探的报告和兴中会叛徒的告密，急调兵千余回城防范，并派大批军警四处搜捕革命党人。陆皓东得悉消息，立刻安排同志们转移，自己也和孙中山避往别处。他离开机关后，忽然想起党员名册不知是否已由经管同志带走，随即决定独自一人返回察看处理。周围同志以形势危险极力劝阻，他却说："党员名册最重要，若被搜去，清吏按着名册株连，我党岂尚有余类。我个人冒生命危险，去保全多数同志，实分内事。"言毕毅然前往。到了机关，暗探跟踪而至，大批军警立即将机关严密包围。陆皓东迅速紧闭大门，取出党员名册烧毁，待军警破门而入时，名册已成为灰烬，陆皓东则为掩护革命党人不幸被捕。他在狱中遭受严刑逼供，宁死不屈，当庭奋笔疾书，痛斥清朝廷腐败、投降卖国，"今事虽不成，此心甚慰，但一我可杀，而继我而起者，不可尽杀！"他多次昏死复醒，始终不屈，并严厉痛斥清吏："你们虽以严刑加我，但我肉痛而心不痛，其奈我何！"1895 年 11 月 7 日，英勇就义。后人将仅能找到的他的两枚遗齿及衣冠葬于他的故乡翠亨村，其"死节之烈，浩气英风，实足为后死者之模范"。孙中山后来称誉他是"中国有史以来为共和革命而牺牲的第一人"。

　　秋瑾是中国女权和女学思想的倡导者，近代民主革命志士。她是第一批为推翻数千年封建统治而牺牲的革命先驱，为发动革命做出了巨大贡献；提倡女权女学，为妇女解放运动的发展起到了推动作用。1904 年 7 月，不顾丈夫王廷钧的反对，冲破封建的束缚，自费东渡日本留学，在东京入中国留学生会馆所设日语讲习所补习日文，常参加留学生大会和浙江、湖南同乡会集会，登台演说革命救国和女权道理。1906 年，因抗议日本政府颁布取缔留学生规则，愤而回国，在上海创办中国公学。先在绍兴女学堂代课，3 月，往浙江湖州南浔镇浔溪女校任教，发展该校主持教务的徐自华及学生徐双韵等加入同盟会。1905 年 7 月，秋瑾再赴日本，不久入青山实践女校学习。1907 年，为了有力地宣传妇女解放，发动妇女团结起来参加斗争，她决定创办一份便于普通妇女阅读的杂志——《中国女报》，号召妇女们在推翻清朝的斗争中与男子一起承担责任。1907 年 7 月 6 日，徐锡麟在安庆起义失败，其弟徐伟的供词中牵连秋瑾，事泄。1907 年 7 月 10 日，她已知徐失败的消息，但拒绝了要她离开绍兴的一切劝告，表示"革命要流血才会成功"，她遣散众人，毅然留守大通学堂。14 日下午，清军包围大通学堂，秋瑾被捕。她坚决不吐供，仅书"秋风秋雨愁煞人"以对。1907 年 7 月 15 日凌晨，秋瑾从容就义于绍兴轩亭口，时年仅 32 岁。孙中山称秋瑾为"最好的同志秋女侠"，周恩来认为，"秋瑾是一个带头打破'三从四德'这种封建束缚的'新女性'，是一个反帝反封建革命的'先驱者'"，"秋瑾是资产阶级革命家"。

三、辛亥革命的历史性成败

在辛亥革命发生前，革命党人先后发动了十次起义都是孤立进行的，一些起义者起义前甚至都没有摸过枪，起义后没有援兵，也没有后勤支持，都失败了。武昌起义是新军内部发动的，武器、弹药充足，一举成功。武昌起义得到了全国多省都督或地方长官的响应，他们宣布"独立"，不再受清朝廷辖制，推动了全国革命形势的发展。这一年是中国传统历法辛亥年，人们称这场革命为辛亥革命。宣布独立于清朝廷的各省各地政权，大多数掌握在立宪派手中。武昌起义是革命，响应武昌起义的所谓独立并非革命派的革命，而是立宪派的改良。立宪派是清朝廷苟延残喘的最后社会力量。清朝统治解体，是人心渐次流失的产物。戊戌变法失败，一些人离开了清朝廷，革命派开始发展；戊戌变法失败的善后处置不当，引火烧身，一些位高权重者疏离了清朝廷，东南互保而置身事外；八国联军侵华战争失败的善后新政不力，"皇族内阁"假立宪，立宪派也颇感失望。辛亥革命是革命派和立宪派相互争夺的产物，在辛亥革命中，立宪派人多势众，革命派势单力薄，这是理解辛亥革命成败的关键。

（一）清朝封建统治解体

20 世纪初，中国的民族资本主义进入了初步发展阶段，虽然在整个社会经济中的比重还非常小，但是近代工矿企业增长的速度和规模，比以前有较大的进展，商办企业大量出现。与此同时，随着商办企业发展规模的扩大和数量的增多，民族资产阶级的力量及与其有联系的社会力量有了较大的发展，在社会政治经济领域也产生了显著影响，为资产阶级进行政治斗争创造了必要的经济基础和阶级基础。20 世纪初，各地的爱国运动风起云涌，例如，1903 年上半年，在上海等地和日本留学生中间的"拒法运动"和"拒俄运动"；1905 年因为美国迫害华侨，通过排华法案而引发的抵制美货运动；从1903 年开始各省人民为了反对帝国主义控制我国铁路、矿山而掀起的波澜壮阔的收回路权、矿权的斗争。1911 年，清朝廷宣布"铁路干线国有政策"，名义上是借外债修建，实际上是将路权出卖给帝国主义，由此引发了声势浩大的保路运动。清朝廷对这些爱国运动的镇压，使运动的许多参与者认识到，救国要首先推翻清朝廷的统治，而这些反抗斗争也推动了资产阶级革命运动的发生和迅速发展。

武汉素称"九省通衢"，地理位置十分重要，既是帝国主义在华的重要据点，也是清王朝统治的一个中心，因此，社会矛盾十分尖锐。此外，武昌有比较良好的革命基础，湖北较早向外派遣留学生，这些留学生中很多人都受到了资产阶级革命思想的影响；另外武昌有很多支持和同情革命的新军。武昌的革命工作比较扎实，湖北文学社和共进会长期把新军作为革命活动的主要对象，在武昌起义的前夕，湖北新军的三分之一，约有五六千人参加了革命组织，周围还聚集了很多倾向革命的士兵，这是武昌起义成功的力量基础。

1911 年 10 月 10 日晚，武昌城内新军第八工程营的革命党人首先发难，打死反动军官，占领楚望台军械局，然后控制了武昌城，起义取得胜利。次日，革命党人同立宪派聚会于湖北咨议局，决议成立湖北军政府，共推新军协统黎元洪为都督，定国号为中华民国，废除清朝皇帝年号。11 日晚和 12 日晨，驻汉阳、汉口的新军起义也获得胜利，武汉三镇完全为革命党人控制。到 11 月下旬，全国已经有 15 个省先后宣布独立。一些省的政权成立后，很快为立宪派代表或旧官僚所控制，旧的统治秩序没有发生根本的变化。这是辛亥革命的隐患。

（二）辛亥革命的成就及其历史意义

1912 年 1 月 1 日，孙中山在南京宣誓就职为临时大总统，宣告中华民国成立，黎元洪为副总统，各省代表会议通过了国务委员名单，组成了临时政府，孙中山直接任命了各部的次长、局长等。1 月 28 日，由各省都督府组成了临时参议院，作为立法机关。应该说，中华民国的成立本身就是历史的进步，也是辛亥革命成功的重要体现。近现代意义的主权独立国家，都有属于自己的国歌和国旗。因为中国自古的天下观，没有近代意义主权国家的意识，因此清朝没有正式的国歌和国旗。在这个意义上，中华民国国歌和国旗的颁布，也是中国近代史上的重大进步。

《中华民国临时约法》是中国近代第一部资本主义性质的宪法，对中国社会发展产生了深远的影响。

在政治方面，它宣布各族人民享有选举、参政等公权和居住、言论、出版、集会等私权；通令保护华侨，禁止贩卖华工，禁止蓄奴，革除历代官场"大人""老爷"等称呼，男性一律剪除发辫，还禁止缠足、赌博，严禁种植鸦片。

在经济方面,它奖励保护工商业,鼓励人民兴办实业,鼓励华侨在国内投资,设立实业部,各省设立实业公司,废除清朝的苛捐杂税。

在文化教育方面,它改学堂为学校,监督、堂长一律改为校长,禁用清朝廷的教科书,可以为女子设立中学和职业学校。

辛亥革命是 20 世纪中国所发生的第一次历史性巨变,是一次比较完全意义上的资产阶级民主革命。

它结束了君主专制政体,推翻了清朝廷,结束了延续 2000 多年的君主专制制度,使民主共和的观念更加深入人心。

它促进了中国民族资本主义的发展。辛亥革命后,中国民族资本主义的近代工业获得了显著增长,中国无产阶级队伍也随之扩大,为革命的继续发展奠定了基础。

它打击了帝国主义在中国的势力。辛亥革命使帝国主义以清朝廷为工具长期控制中国、奴役中国人民的企图破产了,客观上冲击了帝国主义在东方的殖民体系,对整个亚洲和世界都产生了重大的影响。列宁称辛亥革命是"亚洲的觉醒"。

（三）辛亥革命的失败及其教训

1912 年 3 月 10 日,袁世凯在北京就任临时大总统。孙中山只得把希望寄托在用法律限制袁世凯上面,辛亥革命没有彻底推翻封建专制统治,成了投机家以共和的面目实现政权转移的手段。袁世凯窃取了辛亥革命的果实,其推行封建统治、破坏共和的行径,激起了革命党人一次又一次的抗争。

宋教仁遇刺使孙中山从迷雾中清醒过来,认为"非去袁不可",但是大多数革命党人对武装讨袁缺乏信心,主张借国会力量以法律讨袁。5 月,袁世凯指责国民党人破坏共和。7 月初,孙中山在上海召开国民会议,决定"二次革命",但是由于他们一开始没有统一的行动纲领,没有领导核心,人心涣散,南方各省的国民党军队被袁世凯各个击败,"二次革命"失败了。孙中山、黄兴等被通缉,逃亡海外。袁世凯再次加紧了推行封建专制统治的步伐。1913 年 10 月初,袁世凯以军警包围国会,胁迫议员,选举他为正式大总统,当月 10 日就任正式大总统。1915 年 12 月,袁世凯称帝,宣布改年号为中华帝国。面对袁世凯恢复帝制的倒行逆施,蔡锷在云南率先举起"反袁护国"

的旗帜，发动护国战争，全国各地纷纷响应。在全国上下一片讨袁声中，袁世凯被迫于 1916 年 3 月 22 日取消帝制，仍任总统。反袁斗争仍在继续，甚至他的亲信和心腹也举起反袁大旗，最终袁世凯在 6 月忧惧而死。

袁世凯死后，帝国主义支持军阀的各派系作为自己的代理人，因而形成了军阀割据混战的局面，北京政府仍由北洋军阀控制。1917 年 7 月，孙中山揭露段祺瑞"以假共和之面孔，行真专制之手段"，提出了"拥护约法，恢复国会"的主张，举起"护法"旗帜。同时西南军阀为了抵制段祺瑞的武力统一，也想借护法之名达到自己的目的。8 月，孙中山在广州召开非常国会，议决成立军政府。9 月 1 日，非常国会选举孙中山为大元帅，西南军阀唐继尧、陆荣廷为元帅，孙中山以大元帅名义下令讨伐段祺瑞，以西南军阀的军队为主组成护法军，护法运动开始。但是资产阶级革命派没有自己的武装，主要依靠西南军阀的军队，而西南军阀并不是真正维护民主共和，只是想利用孙中山的护法旗帜去抵制段祺瑞的武力吞并政策，因此在革命形势稍有进展的时候就通电主和，致使形势逆转，与此同时西南军阀开始排斥孙中山，孙中山于 5 月辞去大元帅职务，为了"竞辛亥革命之功"，挽救民主共和制度，反对军阀专制独裁的护法运动失败，孙中山从中得出了"南北军阀如一丘之貉"的结论。

辛亥革命后二次革命、护国运动和护法运动的接连失败，使得孙中山领导的中国资产阶级民主革命陷入了山重水复疑无路的困境。辛亥革命彻底失败了，给继续革命的革命者留下了深刻的历史教训。一是没有提出彻底反帝反封建的革命纲领，中国民族革命的主要敌人是帝国主义，但是革命党人不仅不敢触动帝国主义在华特权，而且还幻想得到帝国主义对中国革命的同情和支持，对于封建势力，革命党人虽然强调反满和建立共和政体，却没有触动封建土地制度和彻底摧毁旧的国家机器。二是没有群众基础，也没有解决农民的土地问题，不能充分发动和依靠中国革命的主要力量农民阶级，只依靠少数人的孤军奋战。三是没有统一的领导核心，资产阶级的革命政党组织松懈，内部派系纷杂，在革命胜利发展时就已经四分五裂。四是没有自己的革命武装，资产阶级革命派没有真正建立和掌握自己的革命武装，缺乏勇气和决心通过长期的武装斗争去夺取政权，只能靠联络和发动会党、新军，依靠军阀的军队。

第 07 讲
新文化运动与新民主主义革命的发生

辛亥革命及其后的二次革命、护国运动接连失败，刺激着越来越多的革命人士、同情或者支持革命的人士反思失败的原因。其中，一些知识分子效法欧洲资产阶级革命兴起之际的启蒙运动，发起了以欧美资本主义文化为参照批判中国封建主义文化的斗争。这场斗争，遍及中国思想界、教育界、出版界、舆论界，形成了通常指称的"新文化运动"。当时在欧美流行的各种思想流派，几乎都被介绍到中国作为批判中国封建主义的武器。其中，马克思主义因为俄国十月革命的巨大反响而异军突起。马克思主义在中国的传播，产生了中国新生革命力量从三民主义跃升到新三民主义的火种，产生了把中国革命推进到新民主主义革命阶段的火种。

一、新文化运动与思想解放的潮流

新文化运动是辛亥革命在中国思想文化领域的延续和回响。辛亥革命后，袁世凯和北洋政府的封建专制独裁本质日益暴露，民主共和名存实亡。一部分先进的中国知识分子困惑于辛亥革命失败的原因，他们接续前人的思考和探索，开始认识中国危亡的思想因素。此前的洋务运动、百日维新和辛亥革命，展现了先进的中国人对中国出路的认识由器物层面深化到了制度层面。新文化运动，又把对中国出路的认识由制度层面深入到了思想层面。认识即思想，认识自身的思想即反思。把对中国出路的认识归因于思想，是对中国危亡的最深层反思。新文化运动的这种历史地位，外显于其事迹，内在于其主题，发挥了重大而深远的历史进步效用。

（一）新文化运动兴起的事迹

从中国革命的角度分析，通常把新文化运动的进程划分为三个阶段：初期新文化运动、五四新文化运动和新文化运动的继续发展；五四运动是划分初期和中期的历史节点，大革命兴起是划分中期和后期的历史节点。这种划分，与新文化运动适应中国革命发展需要的历史逻辑完全一致。初期新文化运动，以资产阶级民主主义批判中国封建主义为主导。从五四运动开始，马克思主义得到广泛传播并且成为中国革命的指导思想；也是从这时起，掀起新文化运动的知识分子群体发生分化，有的走上了资产阶级民主主义道路，有的走上了马克思主义道路。马克思主义指引中国革命走出辛亥革命失败的低潮，掀起大革命的高潮。时至今日，马克思主义成了中国革命、建设和改革开放的指导思想。

1915 年 9 月，参加过辛亥革命的陈独秀在上海创办了《青年杂志》（从第二卷起改名为《新青年》），新文化运动由此发端。这个发端，是触发之端，触发了中国文化的思想内核由封建主义转型为民主主义的端点。在此之前的 70 多年，中国文化历经欧风美雨的侵蚀，越来越清晰地展现出本土文化与外来文化之间的碰撞融合。其中，海外留学归来的青年知识分子异军突起，成为中国文化革故鼎新的主导力量。例如，具有海外经历的严复、黄遵宪、梁启超、孙中山，都对中国思想文化的转型作出了重大贡献。严复的《天演论》产生了开启中国民智的风气，黄遵宪的诗作和他倡导的诗界革命反映了中国文学从形式到内容的扬新弃旧，梁启超的《少年中国说》《新民说》发出了国民性改造的声音，孙中山的三民主义学说是欧美民主主义思想本土化的实践成果。还有，随着西式教育的发展，新事物、新思想和新文化不断涌现，越来越多的本土青年学生耳濡目染。中国文化革故鼎新的这种趋势，势必发生思想内核的质变。西学之用的量变累积到一定程度，产生质变，出现西学之质与中学之体的对立。这个对立，是以冲突的方式暴发还是以融合的方式化解？处在主导地位的封建主义势力，选择了冲突。戊戌变法被扼杀在摇篮，这是封建主义势力制造的冲突；辛亥革命是这个冲突的延续及其结果。袁世凯破坏辛亥革命的成果，又是封建主义势力造成的冲突。或许是袁世凯为复辟帝制而制造的尊孔复古思潮启发了中国民主思想的启蒙者。陈独秀在上海创办《青年杂志》的作为，触发了中国民主主义知识分子抵制尊孔复古思想逆流的心理感应，触发了把中国文化的思想内核由封建主义转向民主主义的新文化运动。除了《新青年》以外，积极提倡新文化、传播新思想的报刊还有《每周评论》《国民》《新潮》《少年中国》《建设》《星期评论》《改造》《晨报》《京报》等。

1916 年 12 月，蔡元培出任北京大学校长。他以"兼容并包""思想自由"为办学原则，聘请陈独秀、胡适、李大钊、周作人等新文化运动的倡导者来校任教，使北京大学成为新思想的生长地和外来思潮的引介点。1917 年 1 月，《新青年》编辑部随陈独秀从上海迁往北京。在北京大学任教的李大钊、鲁迅、胡适、钱玄同、刘半农、沈尹默等参加《新青年》编辑部工作，成为主要撰稿人。北京大学和《新青年》编辑部成为新文化运动的主要阵地。

新文化运动初起时局限在少数觉悟的知识分子圈，能发展到具有相当强大的社会影响力的席卷中国文化领域的思想潮流，很大程度上得益于"文学革命"。狂飙突进的"文学革命"是新文化运动取得重大进展的突破口。随着近代社会活动及其事物的扩散，中国长期使用的文言文越来越不适应中国社会需要。富有进取心的知识分子开始探索改进中国文学的路径，早在 1900 年前后梁启超就提倡"诗界革命""文界革命"和"小说界革命"，黄遵宪是"诗界革命"的主将。1915 年 9 月，胡适在一首自赋诗中第一次使用"文学革命"这个名词。"神州文学久枯馁，百年未有健者起。新潮之来不可止，文学革命其时矣！"由此在留美学生中引发了关于新文学的讨论。1916 年 2 月 3 日，他致信陈独秀，"今日欲为祖国造新文学，宜从输入欧西名著入手，使国中人士有所取法，有所观摩，然后乃有自己创造之新文学可言也"。[1] 1917 年 1 月，胡适在《新青年》2 卷 5 号发表《文学改良刍议》；接着，陈独秀在《新青年》2 卷 6 号发表《文学革命论》。由此，"文学革命"运动正式发起，在短短几年间就取得了辉煌的胜利。1917 年，《新青年》2 卷 5 号发表第一批新诗；1918 年，《新青年》4 卷 5 号发表第一篇用现代文创作的白话短篇小说《狂人日记》。从 1918 年开始，《新青年》率先全部用白话文发表文章。一些著名时兴刊物，如《小说月报》《东方杂志》，改用白话文刊登作品。1920

---

〔1〕《中国近代史》编写组：《中国近代史》，高等教育出版社、人民出版社 2016 年版，第 335 页。

年，教育部正式颁令全国，从该年秋季开始，所有国民小学一、二年级的教材，必须全部用白话文。

（二）新文化运动初期的主题

文化是一个多维度、多层面相互复合彼此叠加的社会系统。广义的文化，涵盖器物、制度、观念、行为、风俗和社会生产生活的所有方面；狭义的文化，仅指观念文化，包括哲学、科学、文学、艺术、教育、体育、卫生、伦理道德、新闻出版等类别。新文化运动之"文化"，指的是观念文化。此前的洋务运动旨在器物生产的提高，戊戌变法和辛亥革命旨在国家制度的变革，新文化运动则旨在伦理道德的更新。《青年杂志》发刊初始，明确定位在探讨青年修身治国之道、介绍世界形势和学术、激励青年志趣和精神。修身治国是中国知识分子的精神传承，以往的中国士大夫几乎都以修身齐家治国平天下为使命。陈独秀探讨的"修身治国之道"，不仅不是中国传统知识分子的"修身治国之道"，而且是完全反其道。提倡新道德反对旧道德，是新文化运动的立意和主题。然而，从兴起的态势看，新文化运动得以席卷中国文化领域的突破口，却是前文已述的"文学革命"。文学革命和伦理革命就成了新文化运动的两个基本内容。提倡新道德反对旧道德，是伦理革命的内容；提倡新文学反对旧文学，是文学革命的内容。

伦理革命是新文化运动的要旨。洋务派、保皇派固守的中学之体，就是中国文化体系的封建主义伦理道德。袁世凯尊孔复古行径的实质，也是中国封建主义伦理道德。反对维护封建主义制度的旧道德、提倡适应民主共和制度的新道德，是发起新文化运动的初衷。

新文化运动的基本口号是拥护"德先生"和"赛先生"。"德先生"和"赛先生"，是拟人化表述，分别指称民主和科学。"先生"这个词语，是具有特别社会意义和特别文化内涵的尊称。把民主和科学拟人化为"先生"，表达了民主和科学对于中国出路的倾心厚望。新文化运动初期倡导的民主，有两层涵义，一是资产阶级民主思想，包括从封建礼教中解放出来的个性解放、人格独立及其得以实现的自由民主权利思想等内容；二是民主制度，指与中国封建君主专制制度对立的资产阶级民主政治制度。新文化运动倡导的科学，也有两层涵义，一是指与封建迷信、愚昧无知对立的科学思想及其认识和判断事物的科学方法；二是指具体的科学技术、科学知识。从五四运动开始，传播马克思主义成为新文化运动的新趋势、新潮流，对民主的认识产生了从资产阶级民主到社会主义民主的质变，对科学的认识主要是在科学方法层面增添了辩证唯物主义和历史唯物主义的世界观、方法论。

陈独秀把科学和民主作为近世以来社会发展的两大要件，"近世欧洲之所以优越他族者，科学之兴不在人权说下，若舟车之有两轮焉"。[1]指出了民主和科学对于伦理革命、文学革命的特殊意义。"要拥护德先生，就不得不反对孔教、礼法、贞节、旧伦理与旧政治；要拥护赛先生，就不得不反对旧艺术，旧宗教；要拥护德先生和赛先生，就不得不反对国粹和旧文学。"陈独秀不仅认识到了民主和科学在新文化运动中的地位和作用，而且认识到了实现民主和科学的斗争之代价，还认识到了民主和科学对于中国出路的伟大意义。"西洋人因为拥护德、赛两先生，闹了多少事，流了多少血，德、赛两先生才渐渐从黑暗中把他们救出，引到光明世界。我们现在认定只有这两位先生，可以救治中国政治上道德上学术上思想上的一切黑暗。"[2]陈独秀对民主和科学的认识，是《新青年》同仁的共识，也是新文化运动初期的主题。

新文化运动的倡导者对民主和科学的认识，超越了书斋之内的坐而论道，已经与反对封建文化、反对尊孔复古逆流、反对北洋军阀封建专制统治的现实斗争联系起来，成为推进中国革命继续发展的思想动力。"若因为拥护这两位先生，一切政府的压迫，社会的攻击笑骂，就是断头流血，都不推辞。"[3]针对旧势力借小说塑造一位封建卫道者"伟丈夫"仇视新文化的行径，李大钊指出："须知中国今日如果有真正觉醒的青年，断不怕你们那伟丈夫的摧残；你们的伟丈夫，也断不能摧残这些青年的精神。"[4]他们运用民主和科学、以大无畏的精神发起了对时局尊孔复古行径的批判。易白沙最早发文《孔子平议》批驳尊孔，批驳康有为称孔学为国学、称孔子为素王的观点，批评康有为之倡孔教不合时宜。陈独秀攻击孔教最为激烈也最有影响，例如《驳康有为致总理书》《宪法与孔教》《孔子之道与现代生活》《再论孔教问题》《旧思想与孔教问题》《复辟与尊孔》等文章，抨击将孔教定为国教、写

---

〔1〕　陈独秀："敬告青年"（1915 年 9 月 15 日），载《青年杂志》第 1 卷第 1 号。
〔2〕　陈独秀："本志罪案之答辩书"（1919 年 1 月 15 日），载《新青年》第 6 卷第 1 号。
〔3〕　陈独秀："本志罪案之答辩书"（1919 年 1 月 15 日），载《新青年》第 6 卷第 1 号。
〔4〕　李大钊："新旧思潮之激战"，载《晨报》1919 年 3 月 4 日~5 日。

进宪法的政治文化作为。李大钊发表《孔子与宪法》《自然的伦理观与孔子》两文助阵陈独秀，明确孔教与宪法的原则不相符合，点明批孔的本意是反对封建专制。鲁迅发表小说《狂人日记》、随笔《我之节烈观》和《我们现在怎样做父亲》等，吴虞发表《家族制度为专制主义之根据论》《儒家主张阶级制度之害》《吃人与礼教》，对儒家伦理、封建纲常给予了强有力的批判。

（三）新文化运动的重大效用

新文化运动是辛亥革命在中国思想文化领域的延续和回响。这个地位，决定了新文化运动具有特别重大的历史作用。辛亥革命是中国在 20 世纪发生的第一次历史性巨变，推翻了封建专制的皇权统治，成立了中华民国，这是辛亥革命的成功。但辛亥革命也失败了，中华民国有名无实，民主共和之政治架构缺少赖以运转的民主共和之思想机制。新文化运动为民主共和之政治架构输血、造血，为民主共和之发展营造适宜的社会文化环境，也为确立民主共和之革命提供思想动力；同时，也提高了中国人对欧美文化和人类文明的真切理解和主动引进之水平，还推动了中国文化从古典到现代的转型。

新文化运动深化了中国人对欧美文化和人类文明的认识程度。从林则徐睁眼看世界、魏源呼吁师夷长技开始，越来越多的中国先进知识分子开始研究欧美国家的状况，分析西方文化与中国文化的优劣。中国人对欧美文化的认识经历了一个从表层到内里、再到核心的过程，相应地，对欧美国家的效法经历了一个从器物到制度、再到观念的过程。新文化运动实现了中国人对欧美文化的认识从内里到核心、从国家制度到社会伦理的飞跃，中国人已经准确地深刻地认识到民主和科学是欧美文化的精髓。"自西洋文明输入吾国，最初促吾人之觉悟者为学术，相形见绌，举国所知矣。其次为政治。年来政象所证明，已有不克守缺抱残之势。继今以往，国人所怀疑莫决者，当为伦理问题。此而不能觉悟，则前此之所谓觉悟者，非彻底之觉悟，盖犹在惝恍迷离之境。""伦理的觉悟，为吾人最后觉悟之最后觉悟。"[1]"盖伦理问题不解决，则政治学术，皆枝叶问题。纵一时舍旧谋新，而根本思想，未尝变更，不旋踵而仍复旧观者，此自然必然之事也。"[2]"欲动天下者，当动天下之

---

〔1〕 陈独秀："吾人最后之觉悟"（1916 年 2 月 25 日），载《青年杂志》第 1 卷第 6 号。

〔2〕 陈独秀："宪法与孔教"（1916 年 11 月 1 日），载《新青年》第 2 卷第 3 号。

心，而不徒在显见之迹。动其心者，当具有大本大源。今日变法，俱从枝节入手，如议会、宪法、总统、内阁、军事、实业、教育，一切皆枝节也。枝节亦不可少，惟此等枝节，必有本源。本源未得，则此等枝节为赘疣，为不贯气，为支离灭裂，幸则与本源略近，不幸则背道而驰。"〔1〕欧美文化和中国文化都是人类文明的组成部分，认识欧美文化及其和中国文化的关系，与认识人类文明是相互关联的。一些先进知识分子从第一次世界大战的情势及其后果开始思索人类文明、欧美文化与中国文化的关系。"自竞争人权之说兴，机械资本之用广，其害逐演而日深：政治之不平等，一变而为社会之不平等；君主贵族之压制，一变而为资本家之压制。此近世文明之缺点，无容讳言者也。"〔2〕"平情论之，东西文明，互有长短，不宜妄为轩轾于其间。""东西文明之互争雄长，历史上之遗迹，已数见不鲜。""东洋文明与西洋文明，实为世界进步之二大机轴，正如车之两轮、鸟之双翼，缺一不可。"〔3〕"东方思想均不切于实际生活"，"西方思想亦未必尽是，几多之部分，亦应与东方思想同时改造也"。〔4〕

　　新文化运动是中国历史上对中国传统文化的第一次理性批判，是中国文化从传统向现代转型的最重要阶段。鸦片战争失败之后，随着外国侵略的扩张和深入，中国文化遭遇到了空前严重的危机，促生了从传统向现代的转型。在新文化运动之前，太平天国运动曾经冲击了孔子和儒家经典的正统权威，这次冲击，因为还没有对西方文化的全面深刻认识，也没有人类文明层次比儒家学说更高的思想作为参照，只是不满情绪的发泄。兴学堂、废科举的教育变革，是中国文化从传统向现代转型的缩影；另外，梁启超提倡的"诗界革命""文界革命"和"小说界革命"，也是中国文化从传统向现代转型的明显迹象。在洋务运动之时，兴办新式学堂，例如京师同文馆、福州船政学堂、天津电报学堂，打开了中国文化从传统向现代转型的豁口。在戊戌变法之时，提出教育改革，包括废八股改试策论、创办京师大学堂，科举制的合法性遭到质疑，西式教育首次在较大范围内引进；其中，废八股改试策论成为"废

〔1〕　毛泽东："致黎锦熙信"，1917 年 8 月 23 日。
〔2〕　陈独秀："法兰西人与近世革命"（1915 年 9 月 15 日），载《青年杂志》第 1 卷第 1 号。
〔3〕　李大钊："东西文明之根本异点"（1918 年 6~7 月），载《言志》季刊第 3 册。
〔4〕　毛泽东："致黎锦熙信"，1917 年 8 月 23 日。

科举"的先声。在清末新政之时，颁行新学制，全国遍设小学堂、中学堂、大学堂、实业学堂、师范学堂等新式学堂；1905 年废止科举。从此，中国教育步入了现代化的发展轨道；相应地，中国文化体系中的各个门类，都在发生着重大的改变。新文化运动促成了中国文化从传统到现代转型的质变。主要体现为：一是文学革命实现了中国文化从文言文到现代白话文的语文更新，包括标点符号的使用、反映现实的思想内容等；二是伦理革命实现了中国文化从封建主义到民主主义的内核更新，包括摧毁儒学、孔教的统治地位和确立民主、科学的指导地位。

新文化运动掀起了一场生气蓬勃的思想解放潮流，产生了马克思主义在中国传播的主体因素和思想文化环境。新文化运动对欧美文化的深刻认知和对中国封建传统文化的理性批判，从根本上动摇了中国封建正统思想 2000 多年的统治地位，使中国的知识分子特别是成长于新式学堂的广大青年受到民主和科学的思想洗礼，从而打开了遏制新思想涌流的闸门，形成了中国历史上前所未有的思想启蒙和思想解放相互激荡的风潮。这也为适合中国社会需要的新思潮，特别是马克思主义在中国的传播，创造了有利的条件。随着国内外时局的变化，新文化运动的一部分倡导者，在启蒙民众的进程中自我启蒙，开始了从激进民主主义向科学社会主义的伟大转变。

二、对俄国十月革命的认知与马克思主义在中国的传播

新文化运动几乎引入了在欧美国家时兴的所有思想流派。随着国内外时局的变动以及由此引起的对中国问题的思考、论争之深入，各个思想流派得到的关注度此消彼长，有的趋冷有的渐热。其中，俄国十月革命在欧美世界产生的反响，也引起了中国人、特别是中国先进知识分子对俄国十月革命、社会主义和马克思主义的极大兴趣。对俄国十月革命的认知，是马克思主义在中国传播的起点。

（一）对俄国十月革命的认知

在俄国十月革命爆发后的第三天，即 1917 年 11 月 10 日，国内的报刊，例如《民国日报》《申报》《时报》和《中华新报》，就刊登了十月革命的消息：以列宁为首的布尔什维克党人已经推翻了以克伦斯基为首的临时政府，夺取了政权；新政府提出尽快退出第一次世界大战、将土地分配给农民、解

决新政府面临的经济困难等三大任务。有的报刊在持续跟踪报道十月革命后俄国的情况，例如《时报》第二版的显著位置"俄国革命消息"专栏，刊载有关十月革命后俄国状况的"专电"和"通信"。这些报纸的消息来源，主要是英、美等对俄国十月革命和布尔什维克党怀有敌意的资本主义国家的通讯社，如路透社、东方通讯社等。由于意识形态的不同，还由于当时人们对布尔什维克党和马克思列宁主义的了解不够充分，这些报道对十月革命的价值判断是贬低性的。从所持的立场看，这些报道对十月革命和布尔什维克党均持否定的态度，称十月革命为"政变"，把十月革命后俄国的状况称为"乱况""乱事""无政府"，把布尔什维克党称为"乱党""过激党""激烈党""暴烈党""极端派"等；从内容上看，这些报道介绍的十月革命后俄国发生的一系列事情有失真甚至是完全错误的地方。例如，1917 年 11 月 12 日《大公报》的一篇题为《俄国纷扰之现状》说："俄京现无政府亦无议院，若数日内社会党首领不能组织稳固政府俄京不免大乱云。"[1]该报隔日又报道："克总理率军讨逆……俄国叛党之势力如临风之烛，持久有限，俄国人民无不钦仰克伦斯基总理。"[2]对十月革命的类似消极报道，一直持续到 1918 年 5 月底。

1918 年 5 月 16 日，段祺瑞政府与日本政府签订丧权辱国的《中日陆军共同防敌军事协定》和《中日海军共同防敌军事协定》，在社会上引起了强烈的反日情绪。中国的报刊开始出现大量报道日本侵略中国的消息，其中影响最大的是披露日本政府与沙皇政府于 1916 年签订的《日俄密约》的报道。正是这篇报道把许多中国人的注意力转向了俄国，使他们注意到布尔什维克政权倡导对中国和平友好的外交政策与沙俄时期旨在侵略扩张的外交政策的明显区别，开始改变对布尔什维克政权的态度。"到 1918 年 5 月 27 日，中华革命党人主办的《民国日报》也开始改变对苏俄的态度，其 6 月 17 日社论首次称俄国为'民主友邦'，称布尔什维克为'新派'。"此后的一段时间内，宣传和赞美十月革命成为当时中国流行的时髦话题。

李大钊是中国准确认识俄国十月革命的中国第一人。从 1918 年 7 月到 1919 年元旦，他先后发表《法俄革命之比较观》《庶民的胜利》《Bolshevism

---

〔1〕 "俄京纷扰之现"，载《大公报》1917 年 11 月 12 日。

〔2〕 "俄乱党势力薄弱"，载《大公报》1917 年 11 月 14 日。

的胜利》和《新纪元》，深刻地指出了俄国十月革命的地位、意义。在《法俄革命之比较观》中，他指出十月革命与法国革命的本质不同，法国革命"是立于国家主义上之革命，是政治的革命而兼含社会的革命之意味者也"，十月革命"是立于社会主义上之革命，是社会的革命而并著世界的革命之采色者也"，是"20世纪全世界人类普遍心理变动之显兆"、20世纪的革命的先声；中国人应当热情地欢迎由此开启的20世纪的革命潮流，而不是逆历史的潮流而动，"吾人对于俄罗斯今日之事变，惟有翘首以迎其世界的新文明之曙光，倾耳以迎其建于自由、人道上之新俄罗斯之消息，而求所以适应此世界的新潮流，勿徒以其目前一时之乱象遂遽为之抱悲观也"。[1]在《Bolshevism的胜利》、《庶民的胜利》和《新纪元》中，他明确地指明了十月革命的本质：布尔什维主义就是革命的社会主义，布尔什维克党就是革命的社会党，"他们是奉德国社会主义经济学家马克思为宗主的；他们的目的，在把现在为社会主义的障碍的国家界限打破，把资本家独占利益的生产制度打破"，[2]"从今以后，生产制度起一种绝大的变动，劳工阶级要联合他们全世界的同胞，作一个合理的生产者的结合，去打破国界，打倒全世界资本的阶级"。[3]继李大钊之后，陈独秀在1919年4月20日撰文说，"18世纪法兰西的政治革命，20世纪俄罗斯的社会革命，当时的人都对着它们极口痛骂；但是后来的历史学家，都会把它们当作人类社会变动和进步的大关键"。

　　1920年12月，北京《晨报》与上海《时事新报》派出的三名记者俞颂华（澹庐）、瞿秋白与李仲武到达俄国。这是十月革命后最早去苏俄采访的中国记者。他们进行了大量的社会调查和采访活动，访谈对象上至革命领袖列宁、下至平民百姓和孩童，涉及领域包括政治、经济、文化、外交、民族诸多方面，较为详细地介绍了苏俄的真实情况。例如，瞿秋白曾经三次见到列宁，其中两次是采访。列宁就瞿秋白的提问进行了回答，显得十分平易近人。瞿秋白是唯一与列宁合影的中国记者，是第一位向国内报道列宁的中国记者。他们的调查研究和采访活动，为中国人深刻地认知俄国十月革命和马克思主义提供了丰富的感性材料。在感知俄国真实状况的同时，瞿秋白的思想也发

---

〔1〕 李大钊："法俄革命之比较观"，载《言志》第3册，1918年7月。
〔2〕 李大钊："布尔什维主义的胜利"，载《新青年》第5卷第5号，1918年11月。
〔3〕 李大钊："新纪元"，载《每周评论》第3号，1919年1月。

生了根本转变，成了矢志不渝的共产主义者。

对俄国十月革命的关切，直接关联着先进的中国人对中国出路的思索。很多新文化人士从俄国十月革命的成功看到了中国出路。李大钊、陈独秀等人对俄国十月革命的肯定，就已经包含了学习其成功经验的思考。再例如，毛泽东在 1920 年 12 月 1 日给好友蔡和森、萧子升的信中说："我看俄国式的革命，是无可如何的山穷水尽诸路皆走不通了的一个变计，并不是有更好的方法弃而不采，单要采这个恐怖的方法。""历史上凡是专制主义者，或帝国主义者，或军阀主义者，非等到人家来推倒，决没有自己肯收场的。""我对于绝对的自由主义，无政府的主义，以及德谟克拉西主义，依我现在的看法，都只认为于理论上说得好听，事实上是做不到的。"〔1〕

(二) 马克思主义在中国开始传播

对第一次世界大战灾难的思考和对俄国十月革命的关切，在中国新文化人士心中形成了一个鲜明的思想反差：对资本主义的失望、批判和对社会主义的向往、称赞。而俄国十月革命、俄国社会主义又是以马克思主义为指导的，这便引起了马克思主义在中国的传播。

在中国得到传播之前，马克思主义是作为欧洲社会主义学说的一个派别被介绍到中国来的。中国报刊书籍提到社会主义思想，最早可追溯到 1899 年 2 月上海《万国公报》发表的《大同学》〔2〕。该书在介绍西方各种政治学说时，多次提到马克思和恩格斯的名字。"近代学派，有讲安民新学之一家，如德国之马客偲，主于资本者也。""安民新学"指欧洲的社会主义学说，"马客偲"即马克思；这也是在中国第一次提到马克思和马克思的学说。1901 年 1 月，中国留日学生主办的《译书汇编》编译的《近世政治史》一书在介绍社会党和第一国际的由来时称马克思为"麦克司"，指出了马克思第一国际的"总理全体"地位。该书还解释说，西国"为埔工者，往往受资本家之压制，遂有倡均贫富、制恒产之说者，谓之社会主义"。〔3〕这是在中国报刊上第一次

---

〔1〕 逄先知主编：《毛泽东年谱（1893—1949）》（上），中央文献出版社 2005 年版，第 74 页。

〔2〕《大同学》一书的原文是英国进化论者颉德（Benjamin Kidd）的《社会演化》（Soical Re'-volution），全书共十章。《万国公报》在第 121~124 期登载了该书前四章的译文。同年，广学会又将其汇集成书出版。在第一章，作者误称马克思为英国人，从第三章以后改正。

〔3〕《译书汇编》，第 1 年第 2 期，1901 年 1 月。

出现"社会主义"一词，并把马克思和社会主义学说联系起来。从 1901 年以后，《新民丛报》《政艺通报》《翻译世界》等资产阶级改良派报刊陆续刊载了一些介绍马克思和社会主义的文章，承认马克思是"社会主义之鼻祖"，指出"社会主义为今日全世界一最大问题"。1903 年 2 月，上海《新世界学报》刊载的一篇题为《近世社会主义评论》的译文，以较多的篇幅介绍了欧洲社会主义的各种流派，指出：近世社会主义，自圣西门阐明之，而显彰于马克思，"尔后渐入实际问题，而不如前之哓哓于空论矣"。[1] 从 1903 年开始，资产阶级革命派报刊书籍也出现了对欧洲社会主义运动的介绍，例如 1903 年 2月马君武在《译书汇编》上发表的《社会主义与进化论比较——附社会党巨子所著书记》一文，文中称赞马克思及其社会主义学说，指出："马克思者，以唯物论解历史学之人也。马氏尝谓，阶级竞争为历史之钥。"[2] 附录的《社会党巨子所著书记》，包括《英国工人阶级状况》《哲学的贫困》《共产党宣言》《政治经济学批判》和《资本论》5 本书；这份书目不仅是近代中国第一份关于社会主义思想史的书目，也是迄今为止在文字记载上所见到的中国最早的马克思主义著作书单。从 1905 年起，同盟会机关报《民报》陆续刊登了一系列介绍社会主义和马克思的文章，其中，1906 年 1 月和 4 月《民报》第 2 号、第 3 号连载了朱执信的《德意志社会革命家小传》，不仅第一次较为详细地介绍了马克思、恩格斯的生平事迹，而且全译了《共产党宣言》的十项纲领。1912 年 10 月，孙中山在上海中国社会党总部发表演讲《社会主义之派别及批评》，赞扬马克思、恩格斯的科学社会主义，认为"马氏之资本公有，其学说得社会主义之精髓"。[3] 资产阶级改良派是在介绍西方思潮时提到马克思的学说和事迹，资产阶级革命派同情、赞扬马克思主义的社会主义，只是抱着预防资本主义流弊的主观愿望来提倡社会主义和马克思主义，没有认清马克思主义与其他社会主义流派的根本区别。在民国建立前后，江亢虎领导的中国社会党宣称的社会主义是无政府主义，没有产生重大影响。总之，在俄国十月革命以前，中国书刊对马克思主义的介绍还混杂在社会主义思潮中，是非马克思主义信仰者对马克思主义的评述，对社会主义的理解也还停

---

〔1〕 杜士珍："近世社会主义评论"，载《新世界学报》1903 年 2 月。
〔2〕 马君武："社会主义与进化论比较"，载《译书汇编》1903 年第 11 期。
〔3〕 孙中山："社会主义之派别及其批评"，载《总理全书》之七《演讲》（上），第 197 页。

留在与中国社会没有发生实际联系的空想阶段。中国社会接受马克思主义的条件还不成熟。

俄国十月革命第一次把社会主义从书本上的学说变成鲜活的现实，引起了中国人、特别是在关注中国出路的先进知识分子关于社会主义与中国社会之间联系的思考。这种思考，是社会主义与中国社会发生实际联系的起点，促使一部分先进的中国人去主动地认识俄国十月革命，进而去探究指导俄国社会主义革命的马克思主义。此前的中国书刊对社会主义和马克思主义的介绍，是这种思考的主要思想材料；俄国与中国近似的落后状况（封建压迫严重、经济文化落后），是这种思考的主要现实根据。随着这种思考的拓展和深入，中国出现了一批赞成俄国十月社会主义革命、具有初步共产主义思想的知识分子。

对俄国十月革命的准确认识和宣传，开始了马克思主义思想在中国的传播。俄国十月革命是以马克思主义为指导的，对俄国十月革命的准确认识体现了对马克思主义的科学理解。李大钊是在中国大地上举起俄国十月社会主义革命旗帜的第一人。他在1918年7月发表的《法俄革命之比较观》《庶民的胜利》《Bolshevism的胜利》，是对俄国十月革命的准确认识和宣传，也是马克思主义思想在中国传播的开始。陈独秀、毛泽东、瞿秋白等人也先后成了具有初步共产主义思想的马克思主义者。

俄国十月社会主义革命的影响和马克思主义思想在中国的传播，使马克思主义与中国社会、中国革命之间的实际联系由此产生，正值此际，五四运动发生了。

三、五四运动是新民主主义革命的开端

五四运动是马克思主义在中国传播而产生的第一次明确地反帝反封建的群众性革命运动，不仅推动了马克思主义在中国的传播，而且为中国共产党成立作了思想上和干部上的准备，从而成为通常指称的新民主主义革命的开端。这是由其发生背景、重大事迹和本质特征决定的。

（一）五四运动的社会背景

五四运动是在新的时代背景和社会环境中发生的，是中国革命从旧民主主义发展到新民主主义的标志性事件。

首先，是第一次世界大战和俄国十月革命所造成的新的国际环境和时代背景。19世纪末20世纪初，西方发达国家从自由资本主义阶段进入垄断资本主义阶段，各资本主义列强之间的白热化争夺，引发了1914年至1918年的第一次世界大战。外国侵华势力发生变化，占主要地位的英国和其他欧洲国家忙于战争放松了对中国的侵略，美国尤其是日本加紧了对中国的控制。1915年1月18日，日本提出了二十一条要求的文件，并要求"绝对保密，尽速答复"；5月7日，日本发出最后通牒，仅把原来的第五号内容改为日后另行协商，限令于9日前答复。在日本的最后通牒之下，袁世凯政府被迫派外交总长陆宗舆及次长曹汝霖在9日23时签署接受"二十一条"大部分条款的要求；25日签署《中日民四条约》。第一次世界大战结束后，日本成为中国最主要的威胁。第一次世界大战还为以列宁为代表的马克思主义者创造了发动俄国十月革命的有利时机；1917年11月发生的俄国十月革命，突破了资本主义统治，开辟了人类历史的新纪元，为探索革命出路的中国人提供了新选项、新样板。1919年3月，列宁领导的共产国际宣告成立，它积极帮助包括中国在内的一些国家的先进分子创建共产党；亚洲、非洲、拉丁美洲人民逐步觉醒，开始进行反对帝国主义压迫的民族解放斗争。第一次世界大战的后果和俄国十月革命的成果，是五四运动发生的国际背景因素。

其次，是中国社会经济、政治、文化发展以及阶级阶层构成的变动所形成的国内环境和革命形势。在1914年至1918年第一次世界大战期间，中国的资本主义经济得到了相当迅速的发展。中国资产阶级和工人阶级的力量也进一步成长起来。中国产业工人已经达到200多万人，是马克思主义在中国得以传播的阶级基础。另一个新兴的社会群体青年学生，也已经达到了相当的规模。由于共同的兴趣爱好（包括对政局时事的关注），很多青年学生组建、参加社团。人数较多、影响较大的有：1918年1月傅斯年、罗家伦等人发起成立的新潮社，1918年4月毛泽东、蔡和森等人发起成立的新民学会，1918年10月许德珩等人成立的国民社，1919年3月邓中夏、廖书仓等人发起成立的北京大学平民教育讲演团。这几个学生社团，已经开始了关注或者参与政局时事的活动。例如，1918年5月，广大中国留学生因反对《中日共同防敌军事协定》罢学归国后，曾在上海成立了学生救国团；5月21日，北京2000多名学生前往新华门总统府请愿，要求取消中日军事协定。这次请愿虽无结果，但学生们组织起来了，并联络天津、济南、南京、上海等地学生成立了全国性的学生救国会；为便于开展活动，救国会成员于 10 月 20 日在北京成立国民社。国民社得到蔡元培、李大钊等人的支持，团结了许多具有爱国思想的青年知识分子，会员近 200 名，其中许多人成为五四运动的骨干和组织领导者。进步的青年学生和工人阶级，是中国革命走出辛亥革命失败的低谷并继续发展的生力军。其中，掀起新文化运动的知识分子和接受新文化运动洗礼的青年学生，尤其是那些初步具有马克思主义思想的知识分子和青年学生，成了五四运动最初的群众队伍和骨干力量。

国际局势对中国的作用、影响与国内新生社会力量的反应，引发了五四运动。其中，巴黎和会上中国外交谈判的失败，是五四运动的直接导火线。

第一次世界大战结束后，1919 年 1 月 18 日，美国、英国、法国、意大利、日本、中国等 27 个国家在法国巴黎凡尔赛宫召开所谓 "和平会议"，主要讨论对战败国德国的处理等问题，史称 "巴黎和会"。和会实际上由美、英、法、意、日五国掌控。中国在大战期间曾对德宣战，被列为战胜国之一。会前中国代表草拟了一份供会议讨论的备忘录清单，内容包括七项：一是 "二十一条" 和山东问题，二是归还租借地，三是取消在华领事裁判权，四是归还在华各地租界，五是撤退在华外国军队，六是取消外国在华设立的邮电机构，七是恢复中国关税自主权。然而，只有山东问题真正进入了会议议程。按照国际公法和惯例，中德之间的条约随着战争结束应该自然失效，德国在山东的一切权益应归还中国，这是中国代表秉承的原则。3 月中旬，中国代表向和会提交了包括 "二十一条" 及解决山东问题的换文等各项相关文件。日本以武装占领的既成事实和 1918 年 9 月段祺瑞政府 "欣然同意" 和日本订约（即《山东问题换文》）为借口，拒绝中国的要求，蛮横地坚持德国在山东的一切权益无条件地转让给日本。英、法两国因与日本于 1917 年签有密约，也选择站在日本这一边。美国提出德国在山东的各项权益由和会暂收，遭到日本拒绝；美国又提出德国在山东的各项权益由五国共管的建议，也遭到日本拒绝。4 月底，英、美、法三国举行会议，在中国代表不在场的情况下，秘密议定了和会有关山东问题的条款，将德国在山东的一切权益让与日本。

巴黎和会是帝国主义列强的一次分赃会议，其目的是重新分配殖民地和划分势力范围。然而，在会前和会议进行中，中国政府和各界人士对这次会议抱有不切实际的幻想。1918 年 11 月，德国战败的消息传到北京，朝野各界人士欢呼雀跃，举行庆祝胜利大会，蔡元培、胡适等知名人士发表热情洋溢的演讲，陈独秀在《每周评论》的发刊词中称赞美国总统是"世界上第一等好人"。"公理战胜强权"成为当时中国社会流行的一句口头禅，成为中国人对第一次世界大战结果的共识。然而，当外交失败的消息传回北京，人们所抱的希望瞬间化成了泡影。掀起新文化运动的知识分子和接受新文化运动洗礼的青年学生，因挫败所产生的愤怒情绪以及与之关联的爱国热情便率先爆发。

（二）五四运动的重大事迹

1919 年 5 月 1 日，上海《大陆报》首先披露巴黎和会中国外交失败的消息："政府接巴黎中国代表来电，谓关于索还胶州租借之对日外交战争，业已失败。"次日，身为徐世昌总统顾问和总统府外交委员会委员兼事务长的林长民在《晨报》发表《外交警报敬告国民》一文，证实了这一噩耗。就在同一天，蔡元培召集北京大学学生百余人，沉痛地报告了中国在巴黎和会上外交失败的消息，号召同学们奋起救国。随即国民社成员在北京大学西斋饭厅召开紧急会议，决定于第二天（星期六）晚 7 时在北京大学法科礼堂举行全体学生临时大会，并邀请北京 13 个中等以上学校代表参加。3 日晚，北京大学学生举行大会，北京高等师范、法政专门、高等工业等学校也有代表参加。学生代表发言，情绪激昂，号召大家奋起救国。最后，大会作出了四条办法：其一，联合各界一致力争；其二，通电巴黎专使，坚持不在合约上签字；其三，通电全国各省市于 5 月 7 日国耻纪念日举行游行示威；其四，定于 5 月 4 日（星期天）齐集天安门举行学界大示威。4 日下午，北京十多所高校的 3000 多名学生，从四面八方赶到天安门集会、游行。这场运动，因日期而得名"五四运动"。

学生手执各种旗帜、标语，上面书写着"外争主权、内惩国贼""还我青岛""收回山东权力""拒绝在和约上签字""取消二十一条""抵制日货""诛卖国贼曹汝霖、章宗祥、陆宗舆"等字样。集会上有人演说，有人呼喊口号，有人散发传单，要求惩办交通总长曹汝霖、币制局总裁陆宗舆、驻日公使章宗祥这三位亲日派官员。浩浩荡荡的学生队伍走出中华门，开始游行。示威队伍到东交民巷使馆区西口被巡捕阻挡，就改道奔向赵家楼胡同曹汝霖住宅，一拥而入。一学生看到卧室陈设得太华丽，十分气愤，就用火柴把绿色的罗纱帐点燃了。躲在屋内的章宗祥见大火燃起，夺路而逃，被学生追上痛打，幸亏警察赶到才保住性命。这就是震惊中外的"火烧赵家楼"事件。军警逮捕了在场学生 32 人，但学生们并没有屈服。

5 月 5 日，北京各大专院校实行总罢课，成立学生联合会，坚持斗争。与此同时，北京总商会为学生被捕事件召开紧急会议，决议赞助学生、营救被捕学生。北京女子高等师范学校发起北京各女校代表集会，商议救国办法，决定以通电、通告形式，呼吁全国女界同胞奋起救国。北洋政府一方面迫于社会各界压力，释放被捕学生；另一方面颁令严禁抗议的公告，禁止学生集会、游行示威，逼走同情学生的北京大学校长蔡元培和教育总长傅增湘。19 日，北京十几所专门以上学校 25 000 多人再次实行总罢课，发表罢课宣言，组织讲演团，开展抵制日货运动，并筹组"护鲁义勇队"。受到影响和带动，天津、上海、南京、杭州、重庆、南昌、武汉、长沙、厦门、济南、开封、太原等城市的学生也先后罢课，支持北京学生的抗议行动。随着各地学生运动的影响不断扩大，北洋政府对学生的镇压措施也不断升级。在北京，6 月 3 日，军警逮捕学生 170 多人；次日又逮捕 700 多人。此举激起了全国各城市阶层的愤怒，引发了更大规模的全国性抗议活动。工人罢工，商人罢市，五四运动发展到了一个新的阶段。

从 5 月 4 日到 6 月 3 日，运动的中心在北京，大、中学校的学生是运动的主力；从 6 月 5 日开始，运动的中心由北京转移到了上海，工人阶级成为运动的主力。上海是近代中国最大的工业城市，工人阶级 50 多万人约占全市人口的一半；教育文化发达，学校和出版、报刊、新闻机构众多，中等以上学校的学生人数占 20 000 多人。6 月 5 日，上海工人自发行动起来，开始大规模罢工，支持北京的学生运动。先是日本帝国主义经营的内外棉纱厂 6000 多名工人举行罢工，接着铁路、汽车、造纸厂等近 20 万工人举行大罢工。上海商界罢市，发起声援学生的游行。罢工、罢课、罢市斗争，扩展到全国 20 多个省区、100 多个城市。

在五四运动进行时，陈独秀、李大钊等给予了坚定的支持和有力的指导。从 5 月 4 日到 6 月上旬，他们共同创办的《每周评论》以全部版面报道运动进展，还连续出版第 21 号（5 月 11 日）、22 号（5 月 18 日）、23 号（5 月 26

日）3 期"山东问题"特号，揭露帝国主义对中国的侵略和北洋政府的卖国行径，掀起了拒绝在和约上签字的斗争。陈独秀被称为"五四运动时期的总司令"。

在各界强大的压力下，6 月 10 日，北洋政府宣布释放被捕学生，免除曹汝霖、章宗祥、陆宗舆的职务。6 月 28 日，中国代表没有出席巴黎和约的签字仪式。五四运动取得了胜利。

（三）五四运动的本质特征

发生在以 1917 年俄国十月革命为标志的新的时代背景和以 1918 年第一次世界大战结束为标志的新的国际环境下，决定了五四运动具有此前历次中国革命运动所不具备的本质特征。

首先，五四运动是一场不妥协的彻底的反帝反封建运动。此前的太平天国运动、戊戌变法、义和团运动和辛亥革命等历次中国社会运动，或者对封建主义认识不清或者对帝国主义认识模糊或者兼而有之，或者对封建主义心存扶持或者对帝国主义心存幻想或者兼而有之，都没有明确地把反对帝国主义和反对封建主义同时列为革命的主题。"五四运动的杰出的历史意义，在于它带着为辛亥革命还不曾有的姿态，这就是彻底地不妥协地反帝国主义和彻底地不妥协地反封建主义。"[1]鸦片战争以来，中国人民对帝国主义侵略势力的认识经历了一个从浅到深、由表及里的过程。1917 年俄国十月革命一声炮响送来的马克思主义，成为中国人民看清帝国主义的照妖镜，是中国人民对帝国主义的认识实现从感性到理性飞跃的节点。此前，对帝国主义的认识以义和团的笼统排外主义为典型。之后，以马克思主义为指导，才看清了帝国主义的各种矛盾和帝国主义联合中国买办阶级和封建势力以压榨中国人民的实质；这种认识是以五四运动为标志开始的。中国人民对封建主义统治势力的认识，虽然产生了辛亥革命所体现的与封建主义对立的资本主义民主思想，却没有认清袁世凯及北洋军阀集团的封建主义本质。袁世凯复辟和北洋政府的卖国行径，暴露了其对外依靠帝国主义、对内奴役中国人民的买办性封建性；其中，暴露北洋军阀统治买办性封建性的巴黎和会，引发了五四运动。五四运动的胜利，第一次显示出中国人民反帝反封建的彻底性、坚定性。

---

〔1〕《毛泽东选集》（第 2 卷），人民出版社 1991 年版，第 699 页。

其次，五四运动是一场伟大的群众爱国运动。一大批新文化界的知识分子和学生、商人、工人、市民实现了以"内惩国贼、外争主权"为诉求的爱国主义的大联合，群众的参与呈现出前所未有的广泛性、觉悟性。"内惩国贼、外争主权"诉求的实现，充分地展现出群众爱国运动的社会威力及其伟大作用。俄国十月革命的影响和李大钊《庶民的胜利》对俄国十月革命思想的宣传，还有陈独秀的舆论鼓动，是这场群众爱国运动广泛深入持续发展的思想动力。

再次，五四运动是一场深刻的思想解放运动。五四运动的思想起因，是巴黎和会破灭了中国新文化人士对英国、美国、法国等国家主持正义的幻想。受到新文化思想熏陶的青年学生，率先走向街头抗议。学生运动揭露了英国、美国、法国、日本等国家的帝国主义侵略实质和北洋军阀统治的封建主义黑暗本性，激发了中国人民反帝反封建的觉悟，促进了新文化思潮从民主主义扩大到社会主义、马克思主义的历史跨越。五四运动之后，以传播、研究新思想为旨趣的社团、刊物急剧增长。据统计，进步社团此前只有北京的国民社、新潮社、工学会、少年中国学会、北京大学平民教育讲演团和武汉的互助社、长沙的新民学会等不足十个，之后一年多时间发展到三四百个；宣传新思想的刊物此前只有《新青年》《每周评论》《新潮》等少数几种，之后的一年多时间增加到 400 多种。

最后，五四运动促进了马克思主义在中国的传播及其与中国工人运动的结合，为 1921 年成立中国共产党提供了思想基础和主体力量。在五四运动之前，信仰马克思主义的中国人，还仅限于李大钊这样的个别人物。马克思主义是在五四运动的推动下才在中国传播开来的。一方面，五四运动的起因反映了以陈独秀为代表的一部分新文化人士和接受新文化思想的进步人士、青年学生，以实际行动抛弃了对帝国主义的幻想，学生运动倏然一变而倾向于由俄国十月革命而引起世人注意的社会主义运动；另一方面，五四运动的胜利显示了中国工人阶级的伟大力量，倾向于社会主义的知识分子和进步人士从中认识到在中国也有社会主义的阶级力量。上海学生联合会在告同胞书中说：学生罢课半月，政府不惟不理，且对待日益严厉；工界罢工不及五日，而曹、章、陆去。一些接触了社会主义思潮、认同马克思主义的知识分子、青年学生，开始到工人中办工人学校、办工会，进行宣传和组织。中国先进知识分子与中国工人群众相结合的过程，就是马克思主义与中国工人运动相结合的过程。

上述几个方面的本质特征，使五四运动推动中国革命进入了新阶段，即成为新民主主义革命的开端。

第 08 讲
中国共产党的诞生

五四运动展现出了中国革命前所未有的两个事物：一个是革命武器马克思主义，另一个是革命主体中国工人阶级。五四运动的巨大反响，吸引和促使更多的中国知识分子了解、认同、接受、宣传和信仰马克思主义，也吸引和促使更多的中国马克思主义者走近中国工人。由此，形成了研究、传播马克思主义的思想运动和运用、践行马克思主义的中国工人运动。马克思主义与中国工人运动的结合，产生了中国共产党。中国共产党的诞生，是中国新生社会权威由三民主义过渡到新三民主义的主导因素，是中国革命由旧民主主义发展到新民主主义的关键环节。

一、马克思主义在中国知识界的广泛传播与中国马克思主义者队伍的出现

五四运动促使更多的中国知识分子了解、认同、接受、宣传和信仰马克思主义，对马克思主义的系统介绍由最初的李大钊一个人很快发展到了马克思主义者一群人。马克思主义在中国知识界的广泛传播与马克思主义者队伍的出现，虽然是同一过程的两个方面，却也相对独立、自成脉络。

（一）马克思主义在中国知识界的广泛传播

在五四运动期间，中国的先进分子从巴黎和会遭受的屈辱中，认识到了帝国主义列强联合压迫中国的实质；在五四运动结束后，中国的先进分子又从苏维埃俄国政府发表的第一次对华宣言中得到欢喜，感知到了"俄国劳农

政府所根据的真理"[1]；再结合之前由俄国十月革命一声炮响引发的对中国出路的反思和醒悟，中国的先进分子越来越多地投身于马克思列宁主义的研究和宣传中。

1919年9月、11月，李大钊在《新青年》第6卷第5号、第6号上连续发表《我的马克思主义观》一文，确认马克思主义是"世界改造原动的学说"。他认为，马克思主义是它的历史论、经济论和政策论，即唯物史观、经济学说和社会主义理论的统一，"而阶级竞争说恰如一条金线，把这三大原理从根本上联络起来"。[2]这是中国人第一篇系统研究和介绍马克思主义基础理论的作品。在此前后，李大钊帮助北京《晨报》副刊开辟了《马克思研究》专栏。他轮值编辑《新青年》时将其第6卷第5号编为马克思主义研究专号。[3]1920年3月，他和邓中夏等商定在北京大学秘密建立了马克思主义学说研究会，团结一批进步青年，翻译和研究马列著作。

1920年9月，陈独秀发表《谈政治》一文，批评各种假社会主义和无政府主义，初步阐述了无产阶级革命和无产阶级专政的思想，明确宣布"承认用革命的手段建设劳动阶级（即生产阶级）的国家"。这篇文章体现了陈独秀经过比较、求证才选择了马克思主义的思想历程。

一些留学海外、接触过马克思主义学说的先进青年，也在研究马克思主义。从1919年秋到1920年夏，留日学生李达在日本翻译了《唯物史观解说》《马克思经济学说》和《社会问题总览》三部著作，从日本寄回国内出版；还撰写了《什么叫社会主义？》《社会主义的目的》等文章在国内发表。从1919年11月至12月，留日归来的杨匏安在广东《中华新报》发表长篇连载文章《马克思主义》。从日本回国后，李汉俊也发表了一系列宣传马克思主义的文章。[4]在美国留学的张闻天，发表了《社会问题》一文。[5]

---

[1] 中共中央党史研究室：《中国共产党的九十年（新民主主义革命时期）》，中共党史出版社、党建读物出版社2016年版，第21页。

[2] 中共中央党史研究室：《中国共产党的九十年（新民主主义革命时期）》，中共党史出版社、党建读物出版社2016年版，第21页。

[3] 《中国革命史》编写组：《中国革命史》，高等教育出版社2016年版，第101页。

[4] 《中国革命史》编写组：《中国革命史》，高等教育出版社2016年版，第102页。

[5] 中共中央党史研究室：《中国共产党的九十年（新民主主义革命时期）》，中共党史出版社、党建读物出版社2016年版，第22页。

在李大钊、陈独秀等的推动下，五四运动中的左翼骨干积极学习和宣扬马克思主义。1919 年 7 月，毛泽东在《湘江评论》发表《民众的大联合》一文，认定俄国十月革命的胜利是俄罗斯民族大联合的胜利，提出中国人民必须学习这一成功经验、仿效别国的方法进行革命。他在长沙创办文化书社，组织俄罗斯研究会，学习和研究俄国革命经验。同年 9 月，周恩来和邓颖超、郭隆真成立觉悟社，学习和研究新思想。恽代英、瞿秋白、邓中夏、蔡和森等也都积极参与创办刊物或建立社团，学习、研究和宣传马克思主义。

马克思主义在中国的广泛传播，不是一帆风顺、没有障碍的。在新文化运动的思想解放潮流中，西方的各种社会思潮纷纷登陆中国、各逞其能地表现自己，试图影响甚至主宰中国革命的出路和中国社会的走向。中国的先进知识分子一开始时还分不清科学社会主义与其他社会主义流派的界限。无政府主义、新村主义、合作主义、泛劳动主义、基尔特社会主义、社会民主主义等思想流派的观点，在各种刊物上纷列杂陈。马克思主义在中国的传播，必须突破繁杂淆乱的思想困境。其中，问题与主义的论争是马克思主义在中国的传播突破各种社会思潮重围的著名事件。1919 年 7 月，信奉实用主义、主张改良主义的胡适发表《多研究些问题，少谈些"主义"!》一文。这篇文章，在字面上并没有出现马克思主义；其立意却正如他后来所说："是要教人一个不受人惑的方法"，让人不要被马克思、列宁"牵着鼻子走"，也就是反对中国人接受马克思主义，反对中国走俄国革命的道路。[1]同年 8 月，李大钊发表《再论问题与主义》一文，以书信体直接回应胡适，明确提出：其一，研究实际问题与宣传理想的主义，是交相为用、并行不悖的；其二，因为假冒牌号的主义流传愈发应该宣传理想的主义；其三，布尔什维主义的流行实在是世界文化上的一大变动；其四，依马克思主义的唯物史观，遇着时机，因着情形，或须取一个根本解决的方法，而在根本解决以前，还须有相当的准备活动才。问题与主义的论争和李大钊坚定地宣讲马克思列宁主义的明确主张，吸引和推动更多的进步青年接受马克思列宁主义。这场论争，是马克思主义在中国广泛传播而产生的社会反响，也是中国的先进知识分子对各种思想进行比较、推究从而选择马克思主义的历史缩影。

---

〔1〕　中共中央党史研究室：《中国共产党的九十年（新民主主义革命时期）》，中共党史出版社、党建读物出版社 2016 年版，第 22 页。

（二）中国马克思主义者队伍的出现

随着马克思主义在中国的广泛传播，认同、接受和信仰马克思主义者越来越多。马克思主义者群体，就自然而然地在中国出现了。这些马克思主义者，主要来自三个社会群体：五四运动以前的新文化运动的精神领袖，五四爱国运动中比较年轻的左翼骨干，部分原中国同盟会会员、辛亥革命时期的活动家。

五四运动以前的新文化运动的精神领袖，以李大钊和陈独秀为代表，是中国马克思主义者队伍形成的先驱者和擎旗人。李大钊是在中国大地上举起俄国十月革命社会主义旗帜的第一人，是中国最早的马克思主义者。在1918年下半年先后发表的《法俄革命之比较》《庶民的胜利》《布尔什维主义的胜利》，是他对俄国十月革命进行对比观察和缜密思考的产物。在1919年8月发表的《再论问题与主义》一文中，他直接公开表白赞同马克思主义；显示了他对马克思主义的坚定信仰。在1919年10月、11月分期发表的《我的马克思主义观》，标志着他已经掌握了马克思主义的理论体系和精神实质。陈独秀是新文化运动的旗手、《新青年》的创办者和主办者，在五四运动之前宣传资产阶级民主主义思想。他在1919年12月发表的《告北京劳动界》一文中指出：18世纪以来的民主，是资产阶级向封建阶级作斗争的旗帜；20世纪的民主，乃是无产阶级向资产阶级作斗争的旗帜。此时，他抛弃了仿效欧美的主张。1920年5月，他在上海积极组织工人举行庆祝五一国际劳动节的集会。同年9月发表的《谈政治》一文，"承认用革命的手段建设劳动阶级（生产阶级）的国家"。这些言行表明，陈独秀已经由激进民主主义者转变成了马克思主义者。

五四爱国运动中比较年轻的左翼骨干，是中国马克思主义者队伍形成的主干部分。毛泽东在五四运动后由激进的民主主义者转变为马克思主义者。1918年4月，他与同学蔡和森等人在长沙发起组织新民学会，开始了探索中国出路的革命事业。同年，为组织新民学会会员赴法勤工俭学，他第一次到北京。这次北京之行，他目睹新文化运动那些著名人物的活动，深受李大钊、陈独秀等人的思想感染，开始具体地了解俄国十月革命和马克思主义。1919年4月，他回到湖南，吸收一批小学教师和进步青年为新民学会会员。五四运动暴发后，他组织罢课、成立湖南学生联合会，支援北京学生。他主编

《湘江评论》，歌颂俄国十月革命；他还以新民学会会员为骨干，发起"驱张"运动。由于"驱张"运动，1919 年 12 月他第二次到北京。他向李大钊汇报湖南青年运动的情况，李大钊给他推荐了一批关于俄国十月革命的书籍和马克思主义著作。1920 年 4 月，他从北京到上海。他同陈独秀探讨马克思主义以及如何开展湖南的革命活动等问题。在北京和上海这个时段，毛泽东已经成长为马克思主义者。在受到俄国十月革命的影响、学习和宣传马克思主义的过程中，周恩来、李达、邓中夏、蔡和森、杨匏安、高君宇、恽代英、瞿秋白、赵世炎、陈潭秋、何叔衡、俞秀松、向警予、何孟雄、李汉俊、张太雷、王尽美、邓恩铭、张闻天、罗亦农，等等，先后由激进民主主义者转变为马克思主义者。

部分原中国同盟会会员、辛亥革命时期的活动家，例如董必武、林祖涵、吴玉章等一批先进分子，受到俄国十月革命的影响，结合亲身经历和实践，抛弃旧的思想，接受马克思主义，成为马克思主义者。董必武回忆说：过去和孙中山搞革命，革命发展了，孙中山掌握不住，结果让别人搞去了；读了许多关于俄国十月革命的书籍后，才逐渐了解俄国革命中列宁创立的布尔什维克党的宗旨和工作方法与孙中山先生领导的革命的宗旨和工作方法迥然不同，于是就开始想俄国与中国问题，开始谈马克思主义。林祖涵、吴玉章等也有类似的思想经历。

马克思主义在中国的广泛传播和中国马克思主义者群体的形成，离不开进步社团的组织和联络。五四运动前后，各地新生的社团如雨后春笋一般发展起来。据不完全统计，1919 年仅北京一地登记在册的社团就多达 281 个，1920 年还有增加。[1] 这些社团产生于新文化运动和五四运动的社会土壤，以弘扬民主和科学为己任，以改造社会为宗旨，积极研究和宣传新思想。它们摆脱中国旧式会党的组织方式，是在传播新思潮基础上的联合。但由于或者信仰或者对中国社会的认识或者其他因素的不同，众多的社团发生了分化，其成员走向了不同的道路；一批具有马克思主义思想的知识分子在学习、宣传和实践马克思主义的革命活动中成长起来，成为创建中国共产党的主体力量。

---

〔1〕　中共中央党史研究室：《中国共产党历史》第一卷（1921—1949）上册，中共党史出版社 2011 年版，第 51 页。

二、中国共产党的创立及其伟大意义

组建政党，是中国马克思主义者队伍达到一定规模、适应中国革命发展要求的必然之举。鸦片战争以来，中国社会权威的化身经历了一个从君主到政党的演变过程。以清朝皇帝为化身的中国传统社会权威，接二连三地滞后于国际国内时势，没能改良进化为君主立宪制的政党形式。对清朝皇帝和清朝廷不再抱有幻想的中国社会中下层，效法欧美国家的资产阶级政党，先后组建了几个中国近代意义的政党。中国同盟会虽然赢得了辛亥革命的成功，却陷入了辛亥革命破产和其后旧民主主义革命运动一再失败的窘境。由中国同盟会多次改组而来的中国国民党，在五四运动时期没能走在群众运动前列。顺应并且引领中国革命形势的马克思主义者，效法俄国的布尔什维克组建中国工人阶级的马克思主义政党，就成为势所必然的历史选择了。

（一）组建中国共产党的酝酿活动

在中国组建马克思主义政党的最初呼声，可能是 1920 年 1 月有人在报刊上发表的《劳动团体与政党》一文。[1]2 月，陈独秀和李大钊开始酝酿在中国建立马克思主义政党，史称"南陈北李，相约建党"。[2]3 月，李大钊同邓中夏在北京大学组织马克思主义学说研究会，这是中国最早的一个学习和研究马克思主义的团体，也是把马克思主义联合起来的最初尝试。4 月，离开北京到达上海的陈独秀，开始到工人群众中宣传马克思主义，到中华工业协会、中华工会总会等劳动团体调查中国工人运动状况，出席上海码头工人发起的船务栈房工界联合会成立大会并发表演说《劳动者底觉悟》。他约请北京大学的进步学生和各地革命青年到工人中调查，并在此基础上出版了《新青年》第 7 卷第 6 号《劳动节纪念号》。他还联合 7 个工界团体、组织上海各业 5000 多工人于 5 月 1 日举行"世界劳动节纪念大会"。此后，他又主持创办《劳动界》《伙友》等刊物，向工人宣传马克思主义，启发工人觉悟，组织工会。这些活动是马克思主义者对中国工人的联合，也是马克思主义与中国工人运动

---

〔1〕 中共中央党史研究室：《中国共产党的九十年（新民主主义革命时期）》，中共党史出版社、党建读物出版社 2016 年版，第 26 页。

〔2〕 中共中央党史研究室：《中国共产党历史》第一卷（1921—1949）上册，中共党史出版社 2011 年版，第 57 页。

的结合。至此，在中国组建马克思主义政党的指导思想、骨干力量、阶级队伍和社会需求，正在日益具备。

　　正当中国马克思主义者积极筹备组建政党之时，经共产国际批准，1920年 4 月，俄国共产党（布尔什维克）远东局海参崴分局外国处派全权代表维经斯基来到中国，了解中国革命运动的发展情况。维经斯基（在华期间，化名吴廷康）一行，先到北京会见李大钊，然后到上海会见陈独秀。经过考察，维经斯基认为中国已经具备建立共产党的条件，并对陈独秀和李大钊的建党工作给予具体帮助。

　　1920 年 5 月，陈独秀发起组织马克思主义研究会。6 月，以马克思主义研究会为基础，他同李汉俊、俞秀松、施存统等人商议，决定成立党组织，还起草了党的纲领。党纲草案共有 10 条，其中包括运用劳工专政、生产合作等手段达到社会革命的目的。关于党的名称，陈独秀与李大钊商定为"共产党"。陈独秀的初始设想是第二国际的"社会党"。鉴于共产国际与第二国际的决裂，李大钊主张定名为共产国际的"共产党"，陈独秀完全同意。8 月，在上海法租界老渔阳里 2 号《新青年》编辑部，在陈独秀主持下，上海的共产主义组织正式成立，名称是"中国共产党"。这是中国的第一个共产党组织，其成员主要是马克思主义研究会的骨干，书记是陈独秀。截止到 1921 年7 月中国共产党第一次全国代表大会召开之时，先后参加上海共产主义组织的有：陈独秀、俞秀松、李汉俊、陈公培、陈望道、沈玄庐、杨明斋、施存统（后改名施复亮）、李达、邵力子、沈雁冰、林祖涵、李启汉、袁振英、李中、沈泽民、周佛海等。陈独秀等人以书信联系、派人指导或者具体组织等方式，积极推动各地建立共产主义组织。

　　到 1921 年春季时，李大钊、邓中夏、罗章龙、刘仁静、张国焘等在北京，董必武、陈潭秋等在武汉，谭平山、陈公博等在广州，王尽美、邓恩铭等在济南，毛泽东、何叔衡等在长沙，都相继建立了共产主义小组；在法国留学的赵世炎、张申府、周恩来、蔡和森等在巴黎，也不约而同地建立了共产主义组织；在日本的施存统、周佛海，在国内已经参加了建党活动，到日本后又在东京建立了共产主义组织。这几个地方的共产主义组织，名称不一，性质相同，都是共产主义小组性质。

　　相继成立后的各地共产主义组织，除了筹备建立全国性的政党而进行的思想交流，还因时就势、或隐蔽或公开地积极开展理论宣传、组织群众。一是加强马克思主义理论的研究和宣传。1920 年 8 月，陈望道翻译的《共产党宣言》中文全译本公开出版，恩格斯的《科学社会主义》也公开出版。9 月，陈独秀把《新青年》改组为上海共产党组织的机关刊物，公开宣传马克思主义；11 月，上海共产党组织半公开的《共产党》月刊，介绍共产党的基本知识以及共产国际和各国共产党的状况等。二是反对反马克思主义的思潮。正值筹建中国共产党之时，无政府主义者和资产阶级改良主义者掀起了反对马克思主义的思想舆论。从 1920 年 9 月开始，《新青年》和《共产党》接连发文，批驳黄凌霜、区声白等人的无政府主义。混入北京共产党小组内的无政府主义者黄凌霜、袁明熊、张伯根等人，极力反对马克思主义无产阶级专政的理论与建立全国统一的组织；李大钊等共产主义者与他们进行了坚决的斗争，并迫使他们退出了北京共产党小组。从 1920 年 11 月开始，陈独秀、李达、陈望道、李大钊、蔡和森先后撰文，批驳张东荪、梁启超反对中国走俄国式道路、提倡依靠"绅商阶级"发展资本主义的理论主张。这两场论战，都持续了一年多，分别击退了无政府主义和资产阶级改良主义，促进了马克思主义在中国的发展和运用。三是到工人中开展宣传和组织工作，包括出版工人刊物、举办工人补习学校。1920 年 8 月，《劳动界》周刊在上海创办，接着《劳动音》《工人周刊》在北京创办，《劳动与妇女》在广州创办。1921 年 1 月，在北京成立了长辛店劳动补习学校，在上海开办了上海劳动补习学校，在武汉也办了类似的识字班。四是创办社会主义青年团。1920 年 8 月，社会主义青年团在上海成立，第一批团员有罗亦农、刘少奇、任弼时等。上海的社会主义青年团还向全国各地的共产主义者发出青年团章程，倡议各地建团。11 月，北京的社会主义青年团成立。后来，武汉、长沙、广州、天津等地也建立了社会主义青年团。

随着各地共产党组织的建立和随后多方面工作的开展，中国共产党正式成立的时机已经成熟。

（二）中国共产党第一次全国代表大会的召开

1921 年 6 月初，共产国际代表马林（荷兰人，在华期间化名孙铎）和共产国际远东书记处代表尼克尔斯基（俄国人），先后到达上海，与上海的共产党组织成员李达、李汉俊取得了联系。李达和李汉俊，在 1920 年 12 月陈独秀赴广州后先后代理书记的职务。据李达回忆，经过交谈，马林和尼克尔斯基都建议应当尽快召开全国代表大会，宣告中国共产党成立。[1]李达、李汉俊同当时在广州的陈独秀、在北京的李大钊通过书信商议，决定在上海召开中国共产党第一次全国代表大会。随即，他们写信通知北京、武汉、长沙、济南、广州和旅日的共产党组织，各派两名代表到上海出席会议。

国内各地的共产党组织和旅日的共产党组织，一共派出 13 名代表出席中国共产党的第一次全国代表大会。他们是：上海的李达、李汉俊，武汉的董必武、陈潭秋，长沙的毛泽东、何叔衡，济南的王尽美、邓恩铭，北京的张国焘、刘仁静，广州的陈公博，旅日的周佛海，以及由陈独秀指定的代表包惠僧。他们代表着 53 名党员[2]。共产国际代表马林和共产国际远东书记处代表尼克尔斯基出席大会。在广州的陈独秀和在北京的李大钊，均因公开任职的事务繁忙，未能出席大会。

据一份档案记载，这次大会定于 6 月 20 日召开，外地的代表直到 7 月 23 日才到达上海。由于秘密活动的缘故，以北京大学暑假旅行团的名义借宿在私立博文女校内；会议地点是上海法租界望志路 106 号李汉俊之兄李书城（中国同盟会发起人之一）的住宅内，楼南路侧尚存农田，位置偏僻。

中国共产党第一次全国代表大会在 1921 年 7 月 23 日晚上开幕，张国焘主持会议。共产国际代表马林首先致辞祝贺，介绍共产国际的概况，建议把会议的进程及时报告共产国际远东书记处。随后，代表们商定了大会的任务和议程。7 月 24 日，各地代表向大会报告本地区党、团组织的情况。随后两天休会，由张国焘、李达、董必武起草纲领和决议。接着三天举行三次会议，集中议论此前起草的纲领和决议。据一份档案记载："代表大会的第三、四、五次会议专门研究了纲领，有些问题经过长时间辩论以后，作出了最后的决定，只有引起热烈争论的一点除外。这一点就是党员经执行委员会许可能否做官和当国会议员。"[3]30 日夜晚第六次会议刚开始不久，一名陌生的中年男

〔1〕　中共中央党史研究室：《中国共产党的九十年（新民主主义革命时期）》，中共党史出版社、党建读物出版社 2016 年版，第 35 页。

〔2〕　中共中央党史研究室：《中国共产党的九十年（新民主主义革命时期）》，中共党史出版社、党建读物出版社 2016 年版，第 29 页。

〔3〕　《中国共产党第一次代表大会》，http://cpc.people.com.cn/GB/64162/64168/64553/4427942.html，中国共产党历次全国代表大会数据库。

子突然闯入会场，环视一周，道歉说走错了，匆忙离去。具有长期秘密工作经验的马林立即断定此人是敌探，建议马上中止会议，大部分代表迅速分头离开。稍后，法租界巡捕搜查会议地点。面对这种情势，在当晚集中于李达寓所商讨，决定最后一天的会议改在浙江嘉兴南湖的一艘游船上举行。"我们在那里研究了委员会起草的实际工作计划。在我们对其他政党的态度问题上，产生了短时间的争论。"在 31 日举行的第七次会议，继续着前一天未能完成的议题。先讨论并通过《中国共产党纲领》，这份 15 条、大概 700 字的简短纲领，确定了党的名称、奋斗目标、基本政策，提出了发展党员、建立地方和中央机构等组织制度，兼有党纲和党章的内容，是中国共产党的第一个正式文献。接着讨论并通过《中国共产党的第一个决议》，安排部署今后的工作。最后，选举陈独秀、张国焘、李达组成中央局，陈独秀为中央局书记，张国焘为组织主任，李达为宣传主任。中国共产党的第一个中央机关由此产生。会议在齐呼"第三国际万岁""中国共产党万岁"声中闭幕。中国共产党第一次全国代表大会宣告中国共产党正式成立。

大会确定党的名称为"中国共产党"。《中国共产党纲领》规定：以无产阶级革命军队推翻资产阶级，由劳动阶级重建国家，直至消灭阶级差别；采用无产阶级专政，以达到阶级斗争的目的——消灭阶级；废除资本私有制，没收一切生产资料，如机器、土地、厂房、半成品等，归社会所有；联合第三国际。这表明，中国共产党从一开始就旗帜鲜明地坚持用革命的手段实现社会主义和共产主义，从而同崇拜资产阶级民主制度、主张走议会道路的第二国际社会民主主义划清了界限。

大会确定了今后的实际工作计划。《中国共产党纲领》规定：承认苏维埃管理制度，要把工人、农民和士兵组织起来，并以社会革命作为自己政策的主要目的；中国共产党彻底断绝与资产阶级的黄色知识分子及与其类似的其他党派的任何联系。《中国共产党第一个决议》确定了今后六个方面的工作应当遵循的原则、方法。这六个方面包括：工人组织，宣传，工人学校，工会组织的研究机构，对现有政党的态度，党与第三国际的联系。因为党员数量少，决议中规定组织工人为基本任务，以主要精力建立工会组织，组织农民和军队的问题留待以后。

（三） 中国共产党成立的伟大意义

中国共产党成立不是偶然的。"中国共产党的创建，适应了近代以来中国社会进步和革命发展的客观需要，是近代中国历史选择的必然结果，是中国人民选择的必然结果。"[1]在中国共产党成立前后，与共产国际以及上海、北京没有联系的一些先进分子也在独立开展建党活动。1921 年夏，湖北利群书社讨论组织俄国布尔什维克式党，在得知中国共产党成立后停止活动，恽代英等人加入了中国共产党。1924 年 1 月，四川的吴玉章、杨闇公等 20 多人秘密组织中国青年共产党，并创办《赤心评论》作为党的刊物；这个组织在 1925 年 2 月当吴玉章了解到中国共产党的成立经过和活动情况后解散，其成员加入中国共产党。还有，孙中山学习俄国布尔什维克党、联合中国共产党以改组中国国民党的革命活动。这些事实，都显示了中国共产党成立的必然性和应然性、必要性和应当性。

中国共产党第一次全国代表大会，是在反动统治的白色恐怖环境中秘密举行的。除了大会现场一度遭到暗探和巡捕的骚扰，没有引起外界注意；似乎发生了什么事，又似乎没有发生什么事。"作始也简，将毕也巨。"中国共产党成立以来的作为及其效用，已经显露了并且仍然昭示着中国共产党成立的伟大意义。中国共产党成立，是中国历史上开天辟地的大事变。

在鸦片战争以来的中国历史上，很多事件具有特别重大的影响。鸦片战争及其引发的中国时局之变化，被李鸿章称作中国 3000 年未有之变局，这个判断已经成为学界共识。这个 3000 年未有之变局的实质在于中国社会的畸形状态。从 1840 年 6 月鸦片战争爆发到 1901 年《辛丑条约》签订这个历史阶段，中国由一个独立完整的封建主义国家变成了一个任由欧美列强宰割的半殖民地半封建国家；中国陷入了不明所以的社会灾难中，陷入了社会秩序包括经济体制、政治体制被打乱的混沌状态，陷入了似梦非梦、似醒非醒的混沌状态。在此期间先后发生的洋务运动、戊戌变法，虽然都具有开创性意义，却都是以林则徐为起点的中国人睁眼看世界进程中发生的量变，都没有在社会本体和社会主体两个层面突破中国社会的混沌时局。辛亥革命是中国近代

---

〔1〕　中共中央党史研究室：《中国共产党的九十年（新民主主义革命时期）》，中共党史出版社、党建读物出版社 2016 年版，第 70 页。

以来发生的第一次历史性巨变，但只是推翻了封建统治并没有建立起巩固的民主政体，没有推翻帝国主义统治更没有改变中国的半殖民地半封建状态。也就是说，辛亥革命在社会本体层面引发了部分质变。弥补辛亥革命缺陷的新文化运动，具有开创性意义；发起新文化运动的陈独秀被誉为中国 3000 年第一人。起初，新文化运动只是突破了中国封建主义的束缚，对欧美列强的认知依然局限于文化表层的民主与科学；后来，终于在俄国十月革命和第一次世界大战结果的冲击下认清了欧美列强的帝国主义本质。五四运动是中国新民主主义革命的起点，也具有开创性意义。五四运动是一场自发性质的表达一个具体心理诉求的群众运动，没有政治组织的明确领导，没有政治纲领的明确指引；其开创性意义在于这是马克思主义在中国发生的第一场社会效应。五四运动促进了马克思主义在中国的传播，产生了中国共产党成立的条件。中国共产党一成立，就以马克思主义为指导，实现了中国人对中国出路、世界大势和人类命运的科学认知，并逐渐走上了奋斗目标明确、战略策略正确的中国革命新道路；中国的命运开始由中国人掌握，中国人民开始自觉地谱写推翻封建主义、争得解放并且走向富裕的创业史，中华民族开始自主地书写推翻帝国主义、争得独立并且走向复兴的奋斗史。正是在这个意义上，中国共产党成立是中国历史上开天辟地的大事。1921 年 3 月，李大钊发文指出：若能成立一个坚固精密的组织，并注意促进其分子之团体的训练，那么中国彻底的大改革，或者有所附托！[1] 1948 年 11 月，毛泽东在《全世界革命力量团结起来，反对帝国主义的侵略》一文中指出："自从马克思主义产生以来的一百多年的时间内，只是在有了俄国布尔什维克领导十月革命、领导社会主义建设和战胜法西斯侵略的榜样的时候，才在世界范围内建立了和发展了新式的革命党。自从有了这样的革命党，世界革命的面目就起了变化了。这个变化是如此巨大，以致使老一辈的人们完全不能设想的变革，都轰轰烈烈地出现了。中国共产党就是依照苏联共产党的榜样建立起来和发展起来的一个党。自从有了中国共产党，中国革命的面目就焕然一新了。"[2] 1949 年 9

---

〔1〕 中共中央党史研究室：《中国共产党的九十年（新民主主义革命时期）》，中共党史出版社、党建读物出版社 2016 年版，第 35 页。

〔2〕 毛泽东："全世界革命力量团结起来，反对帝国主义的侵略"，载《毛泽东选集》（第 4 卷），人民出版社 1991 年版，第 1357 页。

月，毛泽东在《唯心历史观的破产》一文中指出：1917年俄国十月革命唤醒了中国人，中国人学到了马克思主义；中国产生了共产党，这是开天辟地的大事变；总之从此以后，中国改换了方向。[1]习近平在庆祝中国共产党成立95周年大会上的讲话中指出："中国产生了共产党，这是开天辟地的大事变。这一开天辟地的大事变，深刻改变了近代以后中华民族发展的方向和进程，深刻改变了中国人民和中华民族的前途和命运，深刻改变了世界发展的趋势和格局。"

三、中国共产党初显革命锋芒

中国共产党一成立，中央局即着手中央组织机构的运转，领导各地党组织逐步开展各项工作。随着实际工作的深入和扩大，中国共产党的力量在不断壮大，成员数量在增加，组织机能在增强，活动方式由隐秘到公开，对国际国内形势、中国社会和中国革命的科学认识在提高，中国共产党的社会影响和革命作用在日益彰显。到1924年1月中国国民党第一次全国代表大会召开之际，中国共产党已经发展成为孙中山需要联合的力量。在此之前的这个时段，史称"中国共产党初期"。中国共产党在这个时期的活动，以制定中国民主革命纲领、发起群众革命运动和决策同中国国民党合作最为显著，开辟了中国革命的新局面。

（一）制定中国民主革命纲领

1921年8月11日，中央局在上海成立中国劳动组合书记部，随后各地相继建立分部，发动和组织工人[2]，这是中国共产党领导工人运动的第一个公开机构。11月，向全国各地党组织发出《中国共产党中央局通告》，这是中央领导机构成立后下发的第一份文件。中央局在上海成立人民出版社，组织马克思、列宁著作的出版；各地党组织也因地制宜地开展宣传活动，例如，上海党组织编写和印发了揭露华盛顿会议、纪念马克思诞辰、声援香港海员大罢工等内容的小册子。经过一年的历练，中国共产党对国际国内形势、中

---

〔1〕 毛泽东："唯心历史观的破产"，载《毛泽东选集》（第4卷），人民出版社1991年版，第1514页。

〔2〕 中共中央党史研究室：《中国共产党的九十年（新民主主义革命时期）》，中共党史出版社、党建读物出版社2016年版，第73页。

国社会的基本状况和中国革命的基本问题，开始有了一些具体认识。

在国际国内形势方面，华盛顿会议及其签署的"九国公约"确认了第一次世界大战形成的国际格局以及帝国主义列强联合统治、共同控制中国的局势，也加剧了帝国主义列强争夺中国的斗争，这给中国政局带来了重大影响，由外国列强分别操纵控制的直系、奉系和皖系三大军阀之间争夺北京中央政权和地盘的纷争更加激烈。面对这种形势，对于中国的出路问题，各派政治势力提出各自的主张，暂时控制中央政权的直系军阀鼓吹"武力统一"，各省地方军阀要求"自治""联省自治"，以胡适为典型代表的一些改良主义者主张建立"好人政府"，孙中山发起的护法运动以陈炯明武装叛乱告终。中国向何处去？深入实际斗争的中国共产党很快意识到：在半殖民地半封建的社会环境中，中国人民迫切需要的不是立即进行社会主义革命；中国革命不首先进行反对帝国主义侵略、反对封建军阀统治的斗争，国家就不能独立，人民就不能解放，社会主义和共产主义也就不能实现。这就从实践中产生了对中国革命问题的一些具体认识，推动中国共产党为实现社会主义理想而思索现实的奋斗目标和相应的斗争策略。孙中山领导的革命运动接二连三地失败，原因复杂；就其自身而言，主要是认不准革命对象，孙中山没能认清袁世凯、陈炯明的真实面目，也没有明确提出反帝反封建的目标。孙中山迟迟没有认清的革命目标，初生的中国共产党能认清吗？

列宁关于民族和殖民地问题的理论，为中国共产党认清现实的奋斗目标提供了指南。共产国际于1922年1月21日至2月2日召开远东各国共产党及民族革命团体第一次代表大会，以列宁关于民族和殖民地问题的理论指导远东各被压迫民族开展反帝反封建的民族民主革命。出席这次大会的中国代表团由44人组成，其中有中国共产党党员14人，还有社会主义青年团的代表、中国国民党的代表，以及工人、农民、学生、妇女等革命团体的代表。这是中国共产党成立后第一次正式派出代表参加大型国际会议。这次大会根据列宁的民族和殖民地问题的理论，阐明被压迫民族所面临的反帝反封建历史任务，讨论共产党人在民族和殖民地问题上的立场以及共产党同民族革命政党进行合作的问题，强调吸收农民群众参加民族民主革命运动的重大意义。中国共产党接受了列宁关于民族和殖民地问题的理论，开始把这个理论与从实际斗争中产生的具体认识结合起来，逐渐酝酿和形成了一个整体上符合中国实际的民主革命纲领。

1922 年 5 月召开的第一次全国劳动大会和中国社会主义青年团第一次代表大会，接受了中国共产党提出的"打倒帝国主义""打倒军阀"的政治口号。

6 月 15 日，中共中央发表《中国共产党对于时局的主张》。这是中国共产党第一次就中国革命的重大问题，向社会各界公开自己的政治主张。这个文件着重分析辛亥革命以后，国际帝国主义和中国封建军阀互相勾结压迫中国人民的历史和现状，指出帝国主义侵略和军阀政治是中国内忧外患的根源，也是人民遭受痛苦的根源；批判了在时局问题上封建军阀散布的反动论调和改良主义者宣扬的错误主张，指出解决时局问题的关键是用革命手段打倒帝国主义和封建军阀、建立民主政治；还提出，中国共产党主张同中国国民党等革命党派、其他革命团体，建立民主主义的联合战线，反对共同的敌人，使中国人民从帝国主义和封建军阀的双重压迫下解放出来。

7 月 16 日至 23 日，中国共产党在上海举行第二次全国代表大会。出席大会的 12 人，代表全党 195 名党员。[1] 大会根据列宁关于民族和殖民地问题的理论和远东大会的精神，分析了国际形势和中国社会政治经济状况，讨论了党的任务，通过了《中国共产党第二次全国代表大会宣言》《中国共产党章程》和 9 个决议案，选举产生了中央执行委员会。大会根据世界革命形势和中国政治经济状况，明确了中国共产党的最高纲领和最低纲领及其联系。最低纲领就是当下的现实的奋斗目标，即消除内乱，打倒军阀，建设国内和平；推翻国际帝国主义的压迫，实现中华民族完全独立；统一中国为真正的民主共和国。大会正确分析了中国的社会性质，中国革命的性质、对象、动力和前途，初步指出了中国革命要分民主革命和社会主义革命两步走。这是中国历史上第一次明确地提出彻底的反帝反封建的民主革命纲领。仅仅历经一年就创造了这个历史纪录，中国共产党对中国革命的作用越来越大。

（二）发动和组织群众运动

发动和组织工人、农民、青年学生开展革命斗争，是中国共产党实际工

---

〔1〕　中共中央党史研究室：《中国共产党的九十年（新民主主义革命时期）》，中共党史出版社、党建读物出版社 2016 年版，第 79 页。

作的主要内容；其中，从事工人运动是基本任务。中国共产党从中央到地方的各级组织，都以主要精力从事工人运动，同时也派出力量发动和领导农民运动、青年运动和妇女运动。工人运动蓬勃发展，农民运动、青年运动和妇女运动也开始兴起。群众运动是中国革命的新方式，为中国共产党推动中国革命继续发展注入了源源不断的新生主力军和可靠同盟军。这是之前的革命者没能发现的革命力量。

从1921年下半年开始，上海、武汉、广东、湖南、直隶等省市和航运、铁路、采矿等行业相继爆发工人罢工。1922年1月，长沙华实纱厂2000多工人在黄爱、庞人铨等领导下举行罢工，遭到湖南反动军阀赵恒锡的镇压，黄爱、庞人铨被逮捕杀害。他们是中国最早被军阀残杀的工人运动领导人。他们的英勇牺牲，在社会上激起强烈反响。中国共产党湖南组织为此发起驱逐赵恒锡运动，得到湖南人民和全国各地群众团体的广泛支持。到1923年2月前后持续13个月之久，罢工100多次，参加工人30万以上；其中大部分是中国共产党组织或者中国共产党领导的工会组织直接发动的。这是中国共产党领导的工人运动第一次高潮。

香港地区海员大罢工是这次工人运动高潮的起点。香港海员大罢工使5条太平洋航线和近海航线陷于瘫痪，历经56天，迫使港英当局在1922年3月8日接受恢复海员工会原状、增加工资、抚恤死难工人家属等要求，最终取得胜利。喜讯传开，工人们在香港和广州两地举行庆祝大会。在香港地区，当海员工会的招牌被重新挂起时，10余万工人把街道围得水泄不通，"工人万岁"的欢呼声震动整个香港。

1922年5月上旬，中国共产党以中国劳动组合书记部的名义，在广州召开第一次全国劳动大会。这是中国工人阶级第一次全国性的盛会。到会代表来自12个城市、173人，代表110多个工会和34万有组织的工人。大会接受了中国共产党的政治主张，把反帝反封建作为工人运动的基本目标；讨论通过了《八小时工作制案》等十项决议案，公开发表《全国劳动大会第一次宣言》。大会决定在全国总工会成立之前，委托中国劳动组合书记部为全国工会的总通讯机关并负责召集第二次全国劳动大会。这实际上承认了中国共产党和中国劳动组合书记部对于全国工人运动的领导地位。

1922年9月安源路矿工人大罢工并取得了对安源路矿当局的胜利，这是中国共产党第一次领导并取得胜利的工人斗争。10 月开滦五矿工人大罢工，遭到矿务局勾结军阀政府军警 3000 多人武力镇压，虽然没有达到预期目的却显示了工人阶级的力量。1923 年 2 月京汉铁路工人大罢工，遭到军阀吴佩孚 2000 多名军警武力镇压。京汉铁路工人大罢工是中国共产党领导的第一次工人运动高潮。这次大罢工进一步显示了中国工人阶级的力量，提高了中国人民反帝反封建的斗争意识，扩大了中国共产党在全国的影响力。

农民运动起始于浙江萧山、广东海陆丰和湖南衡山。1921 年 9 月在浙江萧山衙前村建立的农民协会，是中国之前未曾有过的第一个新型农民组织。发起者是中国共产党党员沈玄庐。在随后的 3 个月，绍兴、曹娥等县方圆 150 公里内的几十个村庄的农民纷纷行动起来，以衙前农民协会为榜样，先后建立了 80 个农民协会。同年 12 月中旬，萧山的官吏和地主向省政府告状，浙江省长下令武力镇压，强行解散农民协会。浙江萧山农民斗争被迫转入地下。广东海陆丰的农民运动，是建党初期范围广、影响大的一次农民运动，开创者是中国社会主义青年团员澎湃。1922 年 7 月 29 日，澎湃与 5 位农民在海丰县赤山约秘密成立了赤山约第一个农会。到 10 月下旬农会活动范围扩大到赤山约 20 多个村庄，会员达到 500 多人。随后，澎湃辗转于陆丰、惠阳两县发展农会。1923 年 5 月 1 日，海丰、陆丰、惠阳三县农会举行五一劳动节庆祝大会，发表《海、陆、惠三县农会"五一"宣言》。农会遍及海丰、陆丰、惠阳三县 1500 多个乡，会员 20 多万人。海陆丰农民运动也遭到反动镇压，被迫转入秘密活动，澎湃也不得不离开海丰。海陆丰农民运动暂时遭到挫折，为后来更大规模的农民运动埋下了火种。湖南衡山岳北白果山地区的农民运动在湖南产生了声势和影响。1922 年 11 月，邻近的水口山矿工举行罢工，一些农民受到鼓舞，自动地组织起来支援工人。1923 年初，中国共产党湖南组织派两名党员到白果山地区开展农民运动。同年 9 月，岳北农会成立，这是湖南第一个农民运动组织。到年底时，会员达到数万人。其组织农民进行平粜和阻禁地主谷米出境的斗争，产生了强烈的社会效应。后因受到当地土豪地主勾结军阀赵恒锡的镇压，岳北农民运动被迫转入秘密活动。

青年运动和妇女运动，也出现了新态势新面貌。恢复和整顿已停止活动的中国社会主义青年团组织是中国共产党成立后领导青年运动的主要内容。1922 年 5 月 5 日，中国社会主义青年团第一次全国代表大会在广州开幕；选择在马克思诞辰 104 周年的这天开幕，表明了中国社会主义青年团是信仰马克思主义的革命组织。中共中央局书记陈独秀出席、指导大会。这次大会宣告中国社会主义青年团正式成立。妇女问题是社会主义思想视野的问题之一，中国共产党把组织和领导妇女运动列为重要工作之一。1921 年 8 月，帮助中华女界联合会改组，在《新青年》登载中华女界联合会的改造宣言和新章程。还开办上海平民女校，创办上海《妇女声》、广州《劳动与妇女》、天津《女星》。1922 年 7 月中国共产党第二次全国代表大会通过的《关于妇女运动的决议》，是中国妇女运动史上第一个以政党名义作出的关于妇女问题的文献。

(三) 酝酿与国民党合作

制定正确的革命策略是实现奋斗目标的必然要求。中国共产党接受列宁关于民族和殖民地问题的理论，在把民主革命纲领确立为现实的奋斗目标时，就已经思考联合谁、反对谁的策略问题。在共产国际于 1922 年 1 月 21 日至 2 月 2 日召开远东各国共产党及民族革命团体第一次代表大会期间，列宁抱病接见中国共产党代表张国焘、中国国民党代表张秋白和铁路工人代表邓培，希望国共两党实现合作，勉励中国工人阶级和革命群众加强团结、推动中国革命向前发展。早在 1921 年 6 月就来到中国进行实地考察的共产国际代表马林，已经和孙中山多次晤谈。此时，马林已经改变了共产国际初步提出的"亲吴疏孙"（亲吴佩孚疏孙中山）的策略，也排除了联合陈炯明的想法，转而确定联合孙中山的国民党。在了解到孙中山同意共产党员加入国民党后，马林便于 1922 年 4 月初向中共建议"放弃对国民党的排斥态度，到国民党中去进行政治活动"。[1] 这个国共合作的建议，遭到中共党内多数人的反对。根据共产国际代表马林的提议，中共中央于 1922 年 4 月底在广州召开党、团负责干部会议，讨论中国共产党对国民党的关系问题，史称"广州会议"。马林在会上再次强调建立反帝统一战线的必要性，并进一步提出在保持中国共产党政治独立性的条件下加入中国国民党的问题。广州会议虽然未能就加入中国国民党的问题作出议决，但大多数与会者同意了建立国共合作统一战线的政策取向，这标志着不同其他党派建立任何关系的政策开始发生转变。中共

---

[1] 《马林给共产国际执行委员会的报告》，1922 年 7 月 11 日，《马林在中国有关资料》；转引自向青："中国共产党创建时期的共产国际和中国革命"，载《近代史研究》1980 年第 4 期。

中央于 1922 年 6 月 15 日发表了《中国共产党对于时局的主张》，首次公开表示愿意与中国国民党等革命的民主派建立联合战线。7 月 16 日至 23 日召开的中国共产党第二次全国代表大会通过的九个决议案之一《关于"民主的联合战线"的决议案》决定，联合全国一切革命党派，联合资产阶级民主派，组织民主的联合战线，并决定邀请中国国民党等革命团体举行联席会议、共商具体办法。随后，中共中央相继派李大钊、陈独秀同中国国民党领导人会晤，商谈合作问题。

时值孙中山正在寻求新的革命出路、谋求新的革命同盟者。1922 年 6 月中旬陈炯明发动叛乱，孙中山从美、英、日等国得到援助的想法也破灭了。处境困难的孙中山感到有加快联俄步伐的必要。其实早在 1918 年夏，孙中山曾致电列宁，祝贺十月革命胜利，表示愿中俄两党团结、共同斗争。此刻他开始沉痛反思过去数年一直进行的联络军阀打军阀却导致革命一再失败的做法，对俄共的组织及军队建设十分向往。在共产国际于 1922 年 1 月 21 日至 2 月 2 日召开的远东各国共产党及民族革命团体第一次代表大会上，产生了苏俄、中国共产党和中国国民党三方相互关系意愿的某种契合。在广州会议召开之前的准备阶段，马林以苏俄政府全权代表的身份同孙中山进行了多次会谈；孙中山介绍了华南的情况并向马林了解苏俄的形势，再次申明他对苏联红军的规模、组织和政治教育很感兴趣，希望与苏俄建立联系，拒绝了马林提出的建立国共两党民主联合战线的建议。在陈炯明叛变后，孙中山越发感到主义之统一与人心之坚定的重要性，决心改造中国国民党。1922 年 8 月到 12 月，孙中山与苏俄驻华全权代表越飞以多次交换信件等方式秘密商谈中俄两国的各种问题。1922 年 9 月 30 日，孙中山对香港《电信报》记者发表谈话，毫不讳言地表示赞成"中俄亲近"的外交政策，理直气壮地阐述自己要联俄的原因。[1]越飞向莫斯科报告说，与北京的谈判不顺利，与吴佩孚和张作霖的联系都不是最紧要的事情，现在只有孙中山和中国国民党对于中国革命具有无比的重要性；报告的目的在于说明苏联同孙中山合作的必要性，希望苏联政府批准他离开北京到上海与孙中山会晤。1923 年 1 月 16 日，越飞到上海与孙中山会谈；1 月 26 日，双方在多次会谈的基础上达成协议，发表

---

〔1〕《中国近代史》编写组：《中国近代史》，高等教育出版社、人民出版社 2016 年版，第 370 页。

《孙中山越飞联合宣言》。这标志着共产国际、苏联在中国寻求合作者的努力取得了重要成果，也标志着孙中山联俄政策的确立，还加强了孙中山与中国共产党合作的意愿。在联苏的同时，孙中山决定联共，目的是吸纳新鲜血液、改造中国国民党。

陈炯明叛变后，陈独秀很快就向中国国民党总部负责人张继表示，中国共产党不因孙中山受到暂时挫折而改变与之合作的原有立场，将更积极地反对一切支持陈炯明的反动言论和行动。孙中山由广州退居上海后，陈独秀、李大钊先后前去探访，表示慰问和支持，探讨今后革命的新道路。中国共产党的积极作为，进一步加快了酝酿国共合作的步伐。

这时，中国共产党坚持与国民党实行党际合作的主张，并开展建立民主联合战线。在北京、广州、上海等地发起组织"民权运动大同盟"，尝试利用这种群众团体的形式同中国国民党建立联合战线，然而没有成效。孙中山只同意中国共产党党员以个人身份加入中国国民党，不接受党外联合的办法。马林认为，应当正视现实，接受孙中山的意见。共产国际在听取了马林的汇报后，批准了他提出的国共两党实行党内合作的建议。1922 年 8 月 25 日，马林在上海和孙中山再次会谈；孙中山表示他现在极其需要同苏俄建立亲密的联系，马林则正式提出了中共加入国民党以实现国共合作的建议，马林还告诉孙中山共产国际已决定要共产党人加入国民党。孙中山欣然接受了马林的建议。8 月 29 日至 30 日，中共中央执行委员会在杭州西湖举行会议（史称西湖会议），讨论中国共产党员加入中国国民党的问题。与会的中央执行委员不赞成马林的建议，经过马林的解释和说服，在充分讨论后，会议决定，在孙中山改组中国国民党的条件下，由中国共产党少数负责人先加入中国国民党，同时劝说全体共产党员以个人名义加入国民党。1923 年 1 月，共产国际执行委员会根据马林的提议作出《关于中国共产党与国民党的关系问题的决议》。

西湖会议后不久，李大钊、陈独秀、蔡和森、张国焘等首先以个人身份加入中国国民党。党内大多数人对于这种做法仍有疑虑。直到一年后，西湖会议的决定才得到贯彻执行。

第 09 讲
国共合作与大革命

与国民党合作，是中国共产党成立之后采取的与组织工农运动并列的重大战略举措。这次合作，史称"国共合作"，又称"第一次国共合作"。这次合作历时 3 年，虽然时间短暂却作用巨大。国共合作领导的大革命，摧毁了此前中国国民党及其前身历经 12 年不曾撼动的北洋军阀统治势力。国共合作催生了中国新生社会权威从三民主义到新三民主义、从旧民主主义到新民主主义的飞跃，这是大革命取得成功的主导因素。与辛亥革命相似的是，大革命成功了也失败了。中国新生社会权威，又一次遭遇到变化了形体的中国传统社会权威封建专制势力的欺骗、迫害。

一、国共合作的形成与大革命的开展

国共合作的形成，是中国新生社会权威由三民主义跃升为新三民主义的标志，是中国革命战争由旧民主主义转换到新民主主义的枢纽，开启了中国新民主主义革命战争的新征程。从 1924 年 1 月国共合作正式形成到 1927 年 7 月国共合作完全破裂期间的这场由国共合作领导的反帝反封建武装斗争，时称"大革命"，又称"国民革命"，史称"第一次国内革命战争"。

(一) 国共合作的形成

1923 年 2 月二七惨案发生后，中国共产党认识到，反革命的势力远大于无产阶级的力量，单凭无产阶级一个阶级的力量无法取得革命的胜利，必须采取一切措施团结一切可以团结的阶层和力量，组织革命统一战线去战胜共同的敌人。中国共产党决意加快与国民党的合作。6月12日至20日在广州召开的中国共产党第三次全国代表大会对国共合作的方针和办法作出了正式的决定。大会正确地估计了孙中山的革命立场和国民党进行改组的可能性，决定共产党员以个人身份加入国民党。

在中国共产党酝酿与国民党合作之时，孙中山的思想正在发生由三民主义到新三民主义的实质性转变；这个转变，或者说新三民主义，是形成国共合作的政治基础。1923年1月26日《孙中山越飞联合宣言》的发布是孙中山思想转变的显著事件。"《孙中山越飞联合宣言》的发表，不仅标志着苏联、共产国际在中国寻求合作者的努力取得了重要成果，而且也标志着孙中山联俄政策的确立。"〔1〕联俄政策的确立和中国共产党与苏俄、共产国际之间的密切联系，促进了孙中山联共政策的确立。

联共也是孙中山在经历长期思索后慎重作出的决定，目的是通过输入新血液救活正在堕落中死亡的国民党。〔2〕1923年10月，应孙中山的邀请，苏联政府代表鲍罗廷到达广州。鲍罗廷同中国共产党商议帮助国民党改组的方法，决定力促孙中山召集国民党改组会议。在共产国际和中国共产党的帮助下，孙中山排除重重障碍，积极推动国民党的改组工作。他聘请鲍罗廷担任国民党组织教练员（后又聘为政治顾问），任命廖仲恺、汪精卫和中国共产党人李大钊等5人为国民党改组委员。10月25日，国民党改组特别会议在广州举行。28日，国民党临时中央执行委员会正式成立，孙中山委任廖仲恺、胡汉民和中国共产党人谭平山等9人为国民党临时中央执行委员，李大钊等5人为候补执行委员。此后，各地的中国共产党人，如直隶的韩麟符、于方舟，湖南的毛泽东、何叔衡，山东的王尽美等人，积极参加国民党改组工作。孙中山改组国民党面临的问题十分复杂，除了组织整顿、制定组织原则，更重大的问题是确定奋斗目标、明确与中国共产党人合作并且为中国共产党人所接受的政治基础。如果没有一个包括反帝反封建内容的民主革命纲领，国民党的改组和国共两党合作就会徒具形式而没有实质内容。1923年11月28日，共产国际执行委员会主席团通过了《关于中国民族解放运动和国民党问题的

〔1〕《中国近代史》编写组：《中国近代史》，高等教育出版社、人民出版社2016年版，第371页。
〔2〕中共中央党史研究室：《中国共产党的九十年（新民主主义革命时期）》，中共党史出版社、党建读物出版社2016年版，第58页。

决议》，其中就如何在中国革命的新形势下重新解释民族主义、民权主义、民生主义，详细阐述了共产国际的观点；这个重新解释三民主义的观点，为孙中山所接受，成为在《中国国民党第一次全国代表大会宣言》中所阐释的新三民主义的基本原则。

1924 年 1 月 20 日至 30 日，中国国民党第一次全国代表大会由孙中山主持在广州举行。出席开幕式的代表 165 人中，共产党人 20 多人，包括李大钊、谭平山、林祖涵、张国焘、瞿秋白、毛泽东等。李大钊被孙中山指定为大会主席团成员，谭平山代表国民党临时中央执行委员会向大会作了工作报告。大会审议并通过了《中国国民党第一次全国代表大会宣言》，对三民主义作出了顺应中国革命趋势的新解释。民族主义突出了反对帝国主义的内容，民权主义强调了民主权利只赋予坚持革命政权观点的人并且为一般平民所共有，民生主义以"平均地权"和"节制资本"为两大原则。经过重新解释的三民主义，被称为新三民主义，又被称为实行联俄、联共、扶助农工的三大政策的三民主义。新三民主义，与中国共产党的民主革命纲领的若干基本原则一致，因而成为第一次国共合作的政治基础。孙中山之所以伟大，不仅在于他领导了辛亥革命，更在于他顺应潮流而确立了推进中国革命发展的新三民主义。新三民主义是孙中山留给后人的"最中心最本质最伟大的遗产"。[1]大会否决了国民党右派分子提出的反对共产党员"跨党"的提案，大会通过的《中国国民党章程》确认了共产党员以个人身份加入中国国民党的原则。

中国国民党第一次全国代表大会的召开，标志着第一次国共合作的正式形成，从而掀起了轰轰烈烈的打倒帝国主义和封建军阀的大革命高潮。

（二）大革命的开展

黄埔军校，是国共合作的一项重要成果。为了造就革命武装的骨干力量，在中国共产党和苏联的帮助下，中国国民党第一次全国代表大会决定创办一所陆军军官学校。1924 年 1 月，孙中山派粤军参谋长蒋介石为军校筹备委员会委员长，军校名称为"中国国民党陆军军官学校"，军校选址在广州珠江口的黄埔岛上；这所军校后来以"黄埔军校"著称。5 月，黄埔军校开学。孙中山亲自出任总理，任命蒋介石为校长，廖仲恺为党代表；11 月，刚从欧洲

---

〔1〕《毛泽东文集》（第 2 卷），人民出版社 1993 年版，第 112~113 页。

归国不久、时任中共广东区委委员长周恩来接任政治部主任。黄埔军校也体现着"以俄为师",仿照苏联军队建立政治工作制度,把政治教育提到和军事训练同等重要的地位,注重培养学生的爱国思想和革命精神;这是它不同于中国其他军校的最大特色。黄埔军校不仅设立政治部和党代表,而且规定所有学生均需加入中国国民党。黄埔学生军成立后,连及以上设立各级党部。学员同时受军纪和党纪的约束。

在国共合作的努力下,国民革命思想由南向北在全国范围内以前所未有的规模广泛传播。1924年8月上旬,广东革命政府扣押了广州商团运载枪械的轮船;英国驻广州代理总领事支持广州商团,警告和威胁大元帅府;陈炯明也与广州商团联络,准备借机进攻广州。孙中山在中共两广区委的配合下对商团采取坚决镇压政策;10月15日,击溃广州商团军,平定了商团叛乱。在南方平定商团叛乱之时,北方的直系将领冯玉祥发动政变,控制了京津一带,把所部改编为国民军,电请孙中山北上"共商国是"。孙中山接受了共产党关于乘机宣传革命的建议,决定北上。11月,孙中山离开广州北上,沿途宣传召开国民会议和废除不平等条约的主张。各地民众团体纷纷通电拥护国民会议,形成了广泛的政治宣传运动。一边孙中山北上,另一边广东革命政府组织东征,讨伐盘踞在潮州、梅县一带的陈炯明部。1925年11月底,经过两次东征,彻底打垮了陈炯明势力;12月南征,消灭了军阀邓本殷势力。至此,广东革命根据地实现了统一和巩固。在这期间,1925年3月12日,孙中山病逝于北京。6月,国民党中央采纳鲍罗廷的建议,改组大元帅府,成立国民政府。7月1日,国民政府正式在广州成立,同时公布《国民政府组织法》。国民政府实行委员制,以汪精卫、廖仲恺、胡汉民等16人为委员,汪精卫任主席。其后,成立军事委员会,所辖各军统称国民革命军。

五卅运动和省港大罢工,是国民革命形势在全国范围内得到广泛发展的显著表现。1925年5月中旬,日资上海内外棉第十二厂工人顾正红被日本职员枪杀,引发上海日商各纱厂中国工人罢工。5月30日,上海各校学生3000多人前往公共租界散发传单和发表演说;租界工部局出动大批巡捕,先是驱散、拘捕学生,后又开枪镇压示威学生和市民,打死十余人,酿成震惊中外的五卅惨案。6月11日,上海举行群众大会,到会的民众20多万人。各地各阶层民众纷纷举行声势浩大的反帝示威游行、集会通电、抵制外货和罢工、罢市、罢课斗争。这场席卷全国的反对帝国主义的革命浪潮，史称五卅运动。国内大约有 600 座城镇、1700 万人、近万个民众团体、海外近百个国家和地区的华侨参加了这场持续数月之久的斗争。在全国各地的声援运动中，发生在香港和广州、持续到 1926 年 10 月上旬长达 16 个月之久的省港大罢工最具声势。

北伐战争的胜利推进是国民革命渐趋高潮的主要旋律。消灭军阀统一全国，是孙中山生前的夙愿；1922 年 5 月和 1924 年 9 月，孙中山两次举兵北伐都因节外生枝半途而废。1926 年初，国民政府决定再次北伐。1926 年 5 月，李宗仁统率的桂军组成的国民革命军第七军一部和第四军叶挺独立团为先头部队，先行出兵湖南，援助正被吴佩孚部击败、退守湖南衡阳的国民革命军第八军唐生智部。北伐战争的序幕由此拉开。7 月 9 日，国民革命军在广州誓师北伐。到 1927 年 3 月，先后歼灭军阀吴佩孚、孙传芳，北伐军完全占领了长江以南地区。

就在大革命如火如荼地迅猛发展之际，国民党右派排斥共产党人、独占政权的分裂活动却愈演愈烈。

二、中国共产党在大革命中的砥柱作用

中国国民党是国共合作的组织形式，是包括共产党人的中国国民党。国共合作掀起了大革命，中国共产党，虽然名义上不是大革命的领导力量，却在大革命中起着中流砥柱的作用。

（一）民主联合战线的骨干力量

大革命又称中国第一次国内革命战争，是以国共合作为主导的中国各个革命阶级联合反帝反封建的民族民主革命。中国共产党是国共合作的骨干力量，是民主联合战线的思想主导者，也是民主联合战线的中坚力量。

中国共产党是国共合作的思想主导者。建立民主联合战线，是中国共产党实行反帝反封建民主纲领的基本策略。为了建立民主联合战线，中国共产党主动发起国共合作，采取中国共产党党员以个人身份加入中国国民党这种特殊方式建立国共合作。国共合作的形式是中国国民党的组织躯壳，内容却是中国共产党的民主革命纲领。1924 年 1 月中国国民党第一次全国代表大会对三民主义作出新的解释，确立了联俄、联共、扶助农工的新三民主义。新

三民主义与中国共产党的民主革命纲领基本一致。新三民主义的确立，就是中国国民党这个民主联合战线的组织形式接受了中国共产党的民主革命纲领。从三民主义到新三民主义的飞跃，是共产国际和中国共产党帮助孙中山、促使孙中山革命思想转变的产物。在这个意义上，中国共产党是国共合作的思想主导者。

中国共产党是民主联合战线的中坚力量。在建立国共合作的过程中，中国共产党不仅是思想主导者，而且是组织建立者。中共三大确立了与国民党合作、建立民主联合战线的方针、政策。中共三大闭幕后，各级组织对党员、团员进行思想教育，动员他们加入国民党。1923年8月，中国社会主义青年团在南京召开第二次全国代表大会决定：青年团员和共产党一道加入国民党，但在国民党内，社会主义青年团应保持独立、严密的组织，并同中国共产党的言论、行动保持一致。11月23日至25日，中国共产党召开第三届第一次中央执行委员会，会议提出：在国民党有组织的地方，如广东、上海、四川等地，中共党员"一并加入"；在国民党无组织的地方，如北京、天津、南京等地，要"为之创设"；无论哪种情况，中国共产党均应"努力站在国民党中心地位"。[1]中国共产党的积极推动，加快了国共合作的步伐。12月25日，中共中央发出《中央通告第十三号》，要求全体党员积极参加国民党改组工作，要求各地党组织争取做到每省有一名共产党员当选为国民党代表，出席即将召开的中国国民党第一次全国代表大会。1924年1月，中国国民党第一次全国代表大会召开，大会在讨论共产党员参加国民党的问题时发生了激烈争论。国民党广州代表方瑞麟主张在《中国国民党章程》中增加"本党党员不得加入他党"的条款，反对共产党员"跨党"。李大钊代表共产党发表声明：国民党既然允许共产党员参加，就不应猜疑防制；共产党员加入国民党，是想对国民革命和国民党有所贡献，是经过了孙中山允许的光明正大的行为；共产党员参加了国民党，即当执行国民党的政纲、章程和纪律，如有违反理应受到惩罚。李大钊的声明，得到与会代表绝大多数人的赞同。大会通过的《中国国民党章程》，确认了共产党员以个人身份加入国民党的原则。这些事实，充分显示了中国共产党在国共合作中的中坚作用。

---

〔1〕《中国近代史》编写组：《中国近代史》，高等教育出版社、人民出版社2016年版，第376页。

以中国国民党为组织形式的国共合作，在 1925 年 3 月 12 日孙中山病逝后出现了新的动向。中国共产党虽然为保持国共合作而一再妥协退让，怎奈国民党右派以暴力屠杀的恶劣手段摧毁了中国共产党的善良愿望。

（二）群众运动的发动者、组织者

国共合作掀起的大革命是名副其实的国民革命，是中国近代历史进程中第一次各革命阶级广泛参加的完全意义的民主革命。在国共合作之前，孙中山从事革命没有开展工人运动、农民运动，中国共产党还处于秘密半秘密活动状态、有待发展。国共合作，为孙中山的革命活动注入了工人运动、农民运动的生力军，为中国共产党搭起了更广阔的政治舞台。工人运动、农民运动是大革命浪潮的重要组成部分，是大革命区别于以往的辛亥革命和其他资产阶级民主革命运动的最显著特征。1924 年 1 月改组后，中国国民党开始制定"扶助农工"的政策，先后设立了领导民众运动的职能机构农民部、工人部、青年部、妇女部和商人部，相关的政策法规也相继出台。其中，在民众运动中实际起领导作用的是中国共产党。

五卅运动和省港大罢工是中国共产党发动、组织的。1925 年中旬，日资上海内外棉第十二厂工人顾正红被日本职员枪杀，引发上海日商各纱厂中国工人罢工。中国共产党获悉后，及时予以声援和引导。中共中央决定，发动学生到租界去游行演讲扩大事态进而形成暴动。中国共产党以上海学生联合会的名义成立了一个秘密指挥部，分派党员、团员到各学校进行策动。5 月 30 日，五卅惨案发生。惨案发生当晚，中共中央紧急召开会议，讨论和制定反帝斗争的策略。会议决定发动全上海工人罢工、商人罢市和学生罢课，把运动扩大为各阶级和各阶层的联合斗争，抗议帝国主义屠杀中国人民。为此，中共中央建立由瞿秋白、蔡和森、李立三、刘少奇等人组成的行动委员会组织和引导五卅运动的发展。五卅运动迅速席卷全国，其中有国内大约 600 座城镇、1700 万人、近万个民众团体和海外近百个国家、地区的华侨。各地发生罢工多达 135 次，罢工工人总计 50 万。在全国各地的声援运动中，中共广东区委派邓中夏和苏兆征发动、组织的省港大罢工最具声势；在罢工斗争中，中国共产党领导的工会是省港罢工委员会的核心，共产党人苏兆征为省港罢工委员会的委员长。

工人运动，随着北伐战争的迅猛推进而在沿途各省得到了发展机遇和有利条件。到 1926 年 12 月，全国工会会员由北伐前的 100 万多人增加到近 200 万人。在湖南，工人武装普遍建立。在武汉，工人运动如火如荼。据不完全统计，从 1926 年 10 月到 1927 年 4 月，武汉地区工人罢工 300 次，有 150 多个工会、数十万工人参加罢工。

农民运动，也随着北伐战争的胜利进军蓬勃发展起来。农民运动由广东发展到湖南、湖北、江西、河南、陕西、四川、广西、福建、安徽、江苏、浙江。据 1927 年 6 月的调查，广东、湖南、湖北、江西、河南成立了省级农民协会；全国农会会员总数大约 940 万，分布在 17 个省区，其中湖南 541 万。北伐军在湖南作战，得到了农民运动的有力支援。在醴陵、平江、岳州、临湘等战役中，农民组织的慰劳队、向导队、运输队、暗探队，帮助北伐军以极小的代价取得了很大的胜利。

中国共产党开展的工农运动，充分动员广大民众投身国民革命，有力地打击了帝国主义和封建势力，是大革命高潮的力量源泉。国民党右派却抵制工农运动，蒋介石甚至在 1927 年 4 月开始穷凶极恶地镇压、屠杀革命群众。工农运动发展良好的几个省份和广大农民群众，成为大革命失败后中国共产党继续革命的区域依托和主力军。

（三）军事斗争的积极力量

国共合作开展国民革命，需要培养和建立一支不同于北洋军阀和其他武装力量的新式军队。在共产国际和中国共产党的帮助下，孙中山把建立黄埔军校、创建革命武装作为巩固广东根据地、完成北伐的第一大事。从黄埔军校的培养和训练军队到北伐战争的冲锋陷阵，中国共产党都是军事斗争的积极力量。

中国共产党是国民革命军之政治灵魂的塑造者。在黄埔军校创立之时，中国共产党就派遣周恩来、恽代英、叶剑英、聂荣臻、萧楚女任政治、军事教官，并从各地选派大批党团员进校学习。关于军校共产党员的人数，限于当年处在秘密状态，尚未发现完整的统计。1926 年蒋介石曾对师生说，在 1 万黄埔师生中，约有中共党员 2000 人。[1] 虽然与军校学生总数相比仍然相差

[1] 陈以沛："黄埔军校中的共产党人"，中国人民大学书报资料中心《中国现代史》（1986 年 5 期），第 35 页。

很大，但他们分散在军校和军队之中，既长于政治又善于军事，发挥着模范带头作用。黄埔军校实行"军事教育与政治教育并重，而且不但是并重，政治教育更有超于军事教育"的方针。[1] 还参照苏联红军制度，实行党代表制；一切命令法规，必须由党代表副署生效，把党和政治领导提高到首要位置上来。军校政治部负责政治教育，黄埔军校政治部的工作主要是靠共产党人的努力而发展起来的，并且基本上一直由共产党人实际主持着。从 1924 年 11 月至 1926 年 1 月，周恩来、鲁易（又名鲁其昌）、熊雄相继担任政治部主任或副主任。在政治教学方面，共产党员担任了大部分的课程教学工作，如周恩来讲授《国内外形势的分析》、恽代英讲授《社会科学概论》、许德珩讲授《社会主义史》。以共产党人为主的这些政治工作者，被"视为学校中的革命灵魂"。[2] 由黄埔军校毕业学生组成的教导团和国民革命军，成为东征、北伐的主力。

中国共产党是统一广东革命根据地的积极推动者。1924 年 8 月商团叛乱，面对商团军包围孙中山的大元帅府造成的严重形势，中国共产党主张对反革命商团必须进行坚决镇压，指出："革命政府若不能解散商团军，一旦东江或北江军事失利，第二次以枪弹'请孙下野'的便是商团军。"[3] 孙中山受到触动，改变犹豫不决的态度，断然决定以武力镇压商团叛乱。在 1925 年 1 月开始的第一次东征中，教导二团团长王柏龄在淡水之战的紧要关头临阵逃跑，共产党人黄埔军校政治部主任周恩来指挥战斗赢得胜利，淡水之战奠定了第一次东征胜利的基础。在第一次东征之际，中国共产党还及时发动广州地区工农群众和青年学生支援平定杨刘叛乱，使广东革命根据地得以保存和稳定。在 1925 年 10 月开始的第二次东征和讨伐邓本殷的南征中，周恩来等共产党人在关键时刻依然起了力挽狂澜的作用。经过镇压商团动乱、两次东征，平定杨刘叛乱和南征的胜利，长期处于地方军阀割据的广东省得到统一，广东革命根据地得到巩固。

中国共产党是北伐战争的先锋力量。1926 年 5 月，国民革命军第四军独

〔1〕　方义洁等："北伐前黄埔学校述评"，中国人民大学书报资料中心《中国现代史》（1991 年 8 期），第 115 页。

〔2〕　文强："我在黄埔军校的见闻片断"，载《广东文史资料》第 37 辑。

〔3〕　王维礼主编：《中国现代史大事纪事本末》（上），黑龙江人民出版社 1987 年版，第 268 页。

立团叶挺部担任北伐的先遣部队，先行由粤入湘，北伐开始。这个独立团的大部分军官是共产党员，团内建有中共组织，干部受中共广东区委调配；番号属于中国国民党的军队建制，实际上是中国共产党领导的武装力量。1926年8月下旬，北伐军连克汀泗桥和贺胜桥，击溃吴佩孚主力；在这场恶战中，叶挺独立团奋勇当先，建立了重大功勋。10月10日，攻克武昌；叶挺独立团首先攀登城头，其他各部相继入城，全歼吴佩孚主力。叶挺独立团为国民革命军第四军赢得了"铁军"的称号。为配合北伐战争，中国共产党先后在上海发动了三次武装起义。前两次起义由中共上海区委领导，在1926年10月下旬、1927年2月下旬先后流产。鉴于前两次的失败，中共中央成立特别委员会，由陈独秀亲自领导和部署第三次武装起义，周恩来为起义总指挥。1927年3月20日，北伐军逼近龙华；次日，上海总罢工开始，接着按照预定计划转入武装起义。3月下旬，上海全市为罢工工人占领，推翻了奉鲁军阀在上海的统治。接着，北伐军进驻上海。

三、国共合作破裂与大革命失败

国共合作是大革命的领导力量，大革命的蓬勃兴起和迅猛发展是国共合作领导的产物。在北伐军进驻上海、大革命取得了控制中国半壁河山之际，国民党右派充分显露出与帝国主义和封建主义沆瀣一气的凶恶本质，以暴力屠杀的决绝方式毁坏了国共合作。国共合作破裂了，大革命失败了，以蒋介石为首的国民党势力篡夺了政权。

（一）中国共产党对领导权问题的探索

早在酝酿与国民党合作时，中国共产党就初步意识到了国共合作的主导权问题。中国共产党之所以一致反对马林主张的党内合作方式，就是因为党内合作会妨碍中国共产党的独立性。1922年7月中旬，马林向共产国际执委会汇报：中国共产党应该加入国民党。他认为，中国共产党缺乏对形势的正确认识、"不懂马克思主义"，是一些"从来没有同工人阶级有过紧密联系"的"倾向社会主义的学生"，组织涣散，不成熟，力量微不足道；同时认为，国民党是中国各阶级的联盟，其内部不存在右翼势力和地主军阀的残余，从而把国民党看成了天然的领导力量，把中国共产党视为国民党的追随者和辅助力量。[1]共产国际采纳了马林的主张。1923 年 1 月 12 日通过的《共产国际关于国共合作的决议》认为："中国唯一重大的民族革命集团是国民党，它既依靠自由资产阶级民主派和小资产阶级，又依靠知识分子和工人。""中国独立的工人运动尚属薄弱"，"工人阶级又尚未完全形成为独立的社会力量"。所以，"中国共产党党员在国民党内是适宜的"。中共要"在民族革命战线的一切运动中帮助国民党"，"支持国民党"。两周后，在《孙越宣言》中表示"完全同意"孙中山关于"共产组织，特别是苏维埃制度不合中国国情"的观点。上述共产国际的决议和《孙越宣言》的精神是一致的，都从根本上轻视了中国无产阶级及其先锋队的力量和作用，片面夸大了国民党的力量和作用。1923 年 6 月召开的中国共产党第三次全国代表大会，中心议题是讨论国共合作及共产党员是否加入国民党。尽管会前在党内已酝酿，共产国际也作过指导，但在一周的会议期间，几乎天天都在辩论这个问题，尤其是对共产党员加入国民党的问题，辩论激烈。李大钊等人认为，共产党员一面参加到国民党中去，一面要保持共产党的独立性。国际代表马林认为中国优秀的革命分子多在国民党内，提出"一切工作到国民党去"的口号，甚至认为不可过于强调中国共产党的组织独立与政治批评自由。作为中共中央总书记的陈独秀，不得不附和马林的观点："中共党员不够，工人没有文化，觉悟不高，不懂革命，也没有革命理论，所以，中共只能作经济斗争，而不能作政治斗争。"因此，他要求"共产党员暂时不要独立工作，全部合并到国民党那里去，中国革命应该由国民党来领导"。张国焘、蔡和森和王振一等人反对这种国共合作，尤其反对全体共产党党员加入国民党。他们认为，中国无产阶级的力量正在迅速成长起来，工人阶级在数量上虽然不多，但精干而团结，必将成为国民革命的主要力量。蔡和森提出，共产党员加入国民党应保持共产党的独立性，但不赞成产业工人也加入国民党。尽管争论得很激烈，但大会最后结果还是接受了共产国际的主张，决定共产党党员以个人身份加入国民党，同国民党实行合作。这种合作形式，是俄国党主导的共产国际、中国共产党和国民党两边三方各取所需的产物。共产国际扩大共产主义革命，需要在中国培育革命力量、最大限度地取得支持与合作的社会力量。共产国际的

---

〔1〕《马林给共产国际执行委员会的报告》，1922 年 7 月 11 日，《马林在中国有关资料》；转引自向青："中国共产党创建时期的共产国际和中国革命"，载《近代史研究》1980 年第 4 期。

策略是，一方面在中国培育、扶植共产主义革命力量，另一方面在中国的几大政治军事势力中寻求合作者；与此同时把两个方面统一起来。年幼的中国共产党，不仅需要共产国际的支持，还离不开共产国际的指导和领导，况且与国民党合作有助于扩大自身的社会影响，从而发展壮大自己。以孙中山为代表的国民党在接连失败、苦无出路之时迫切需要俄国党的扶持和帮助，但其只接受与中国共产党的党内合作方式，拒绝共产主义思想。在两边三方处于弱势的中国共产党面临着艰难的选择，这是中国共产党迟迟不同意党内合作、激烈争论后才作出正式决议的原因。国共两党意识形态的根本对立和阶级利益的根本冲突，决定了双方各取所需的这种党内合作将随着革命形势的改变而改变。国共合作一经实现，中国共产党就投身于严酷紧张的革命斗争中。新的革命实践，产生出新的历史难题。党员个人加入国民党而又保持自身整体的组织和政治独立性，还要同时维持作为统一战线组织形式的中国国民党的整体统一性，是中国共产党面临着的严峻挑战。这个严峻挑战的实质，就是中国革命的领导权问题。

1925 年 1 月召开的中共四大提出了中国无产阶级在民主革命中的领导权问题和与之关联的工农联盟问题，对如何实现中国无产阶级的领导权、特别是如何正确处理在同资产阶级争夺领导权中的种种复杂问题、特别是对于领导权问题密切相关的政权和武装斗争问题的极端重要性还缺乏足够的认识。思想准备的不足，最终导致了没能适时应对国民党右派争夺领导权而节节退让的后果。

在"四一二"反革命政变发生后全党面临生死存亡的危急时刻召开的中共五大，没能为全党指明出路，提供坚强有力的领导，而是徒然丧失时机，坐视整个局势继续恶化。共产国际执行委员会曾通过关于中国问题的决议，并给中共中央发来相应的指示（即五月紧急指示），这个指示把当时挽救时局的关键问题即武装斗争和土地革命的问题提出来了。中共中央认为五月指示提出的任务是难以实现的，仍然幻想以无原则的让步拉拢汪精卫集团。1927年 7 月中旬，根据共产国际执行委员会的指示，中共中央实行改组，由张国焘、李维汉、周恩来、李立三、张太雷 5 人组成中央临时常务委员会。13 日，中共中央发表宣言，强烈谴责武汉国民党中央和国民政府的反动行为，决定撤回参加国民政府的共产党员；同时声明将继续反帝反封建的革命斗争，愿意同国民党内的革命分子继续合作。这个宣言对振奋党内的革命精神起了积极作用。中共中央还没来得及作出并实行有力的举措，仅隔了一天，"七一五"反革命政变就发生了。国共合作全面破裂，国共合作发动的大革命宣告失败。至此，中国共产党才真正认识到取得革命领导权的重要性，自此开始走上独立领导中国革命的新征程。

（二）反革命政变的发生

"四一二"反革命政变和"七一五"反革命政变先后发生，都不是突然的、没有征兆的偶发事件。国民党内的右派破坏国共合作、争夺领导权的恶劣行径是在 1925 年 3 月孙中山逝世后逐渐显现出来的。1925 年 6 月至 7 月，同蒋介石关系密切的国民党内的新右派戴季陶先后出版《孙文主义之哲学的基础》《国民革命与中国国民党》等小册子，反对马克思主义的阶级斗争学说，要求已加入国民党的中国共产党党员"脱离一切党派，作单纯的国民党员"。戴季陶主义的出现，是以蒋介石为首的新右派势力出现的信号。同年 8 月 20 日，国民党左派领袖廖仲恺在广州被暗杀。11 月，国民党内的老右派邹鲁、谢持等在北京西山碧云寺自行召开所谓"国民党一届四中全会"，非法宣布取消共产党员的国民党党籍，解除鲍罗廷的顾问职务，形成西山会议派。中国共产党人发表了大量文章有力地揭露和批判戴季陶主义和西山会议派，却对以蒋介石为首的新右派势力掉以轻心。蒋介石于是接连发动进攻，在中国共产党的节节退让下，逐个夺取阵地，逐步攫取最高权力。1926 年 1 月在广州召开中国国民党第二次全国代表大会，各地选出的代表中，共产党员和国民党左派占多数。结果，大会选出的国民党中央执行委员会 36 人中，共产党员 7 人，国民党左派 14 人，右派和中立派却有 15 人；在国民党中央监察委员会内，右派占了绝对优势；蒋介石第一次当选为国民党执行委员，随后又被选为常务委员。在国民革命军内，蒋介石原来只是一个军的军长，这时又担任了国民革命军总监。3 月下旬，蒋介石突然采取严重的反共行动，制造了中山舰事件，为在国民党内取得最高权力扫清道路。担任国民政府主席和军事委员会主席的汪精卫被迫称病去职；中共中央妥协退让，撤回国民革命军第一军中的共产党员。5 月中旬，蒋介石又制造了整理党务案事件。担任国民党中央部长的共产党员辞职，共产党在国民党党务方面变得毫无地位；蒋介石却担任了国民党中央组织部长兼军人部长，随后又当上国民党中央常务委员会主席和国民革命军总司令。就这样，在北伐战争开始不到半年的短时间内，蒋介石成为在南方掌握最高权力的人物。革命形势在迅速发展，国民党内的右派势力已经为今后发动政变、取得政权做了重要准备。

在北伐过程中，蒋介石利用手中掌握的军事指挥权，大量收编北洋军阀部队，扩充自己所控制的军事力量。直到这时，中共中央还没有明确对待蒋介石的政治态度是削弱还是帮助，依然忽视对军队的争取，片面着重于民众运动。1926 年 9 月，中央致函湖北省委，强调"此后我们的人力务用在民众方面，万勿参加政府工作"；11 月，又要求在国民联军中担任党代表的共产党员、共青团员"只是注意政治宣传的事，从而不可干涉到军事行政上事"。[1]结果就是客观上帮助了蒋介石，从而助成了蒋介石地位的提高和巩固。

到 1926 年 11 月北伐战争在江西战场上取得决定性胜利之后，蒋介石的羽翼已经丰满。帝国主义列强看到北洋军阀的垮台已难避免，于是开始扶植新的代理人。他们拉拢蒋介石，认为蒋介石等人"是唯一可以使长江以南的区域免于沦入共产党之手的保护力量"。[2]原来属于北洋军阀或者地方军阀的旧军队纷纷接受蒋介石的改编，一批批政客、官僚也从北方来到蒋介石身边。在这种情势下，蒋介石的反共面目越来越公开地暴露出来。他突然提出要把国民党中央和国民政府迁到北伐军总司令部大本营所在地南昌，以便置于其直接控制下。1927 年 2 月 21 日，他在南昌总部的演讲中自称"我是中国革命的领袖"，"所以共产党员有不对的地方，有强横的行动，我有干涉和制裁的责任和权力"。蒋介石的政治实质，在郭沫若于 1927 年 4 月 9 日发表的长篇文章《请看今日之蒋介石》中可见一斑。文章在列举事实后写道："蒋介石已经不是我们国民革命军的总司令，蒋介石是流氓地痞、土豪劣绅、贪官污吏、卖国军阀、所有一切反动派——反革命势力的中心力量了。""他在国民党内比党外的敌人还要危险。"[3]

1927 年 3 月 24 日，国民革命军第六、第二军由安徽东进，占领南京。当

---

〔1〕 中共中央党史研究室：《中国共产党的九十年（新民主主义革命时期）》，中共党史出版社、党建读物出版社 2016 年版，第 75 页。

〔2〕 中共中央党史研究室：《中国共产党的九十年（新民主主义革命时期）》，中共党史出版社、党建读物出版社 2016 年版，第 83 页。

〔3〕 中共中央党史研究室：《中国共产党的九十年（新民主主义革命时期）》，中共党史出版社、党建读物出版社 2016 年版，第 84 页。

天下午，游弋在长江水面的英、美军舰借口保护侨民突然猛烈炮轰南京，中国军民遭到严重伤亡。南京事件加速了蒋介石同帝国主义势力勾结的步伐。第三天，蒋介石从安徽乘军舰赶到上海，随即同帝国主义列强、江浙财阀和帮会头目举行一系列秘密会谈。帝国主义列强鼓励他"迅速而果断地行动起来"，江浙财阀给了他几百万元的巨额财政资助，上海青帮头子黄金荣等则保证用流氓、暴徒组织及武装充当他解除上海工人纠察队武装的打手。4月初，蒋介石在上海约集李宗仁、白崇禧、黄绍竑、李济深、张静江、吴稚晖、李石曾等举行秘密会议，决定用暴力手段实行"清党"。中共中央和上海区委对蒋介石的某些阴谋活动有所察觉，努力加强工人纠察队、力图巩固革命成果。但是，当时共产国际仍对蒋介石抱有幻想，陈独秀在3月下旬致信中共上海区委提出"要缓和反蒋"。4月1日，汪精卫从海外回到上海，他同蒋介石密谈，因担心"分共"会使权力全部由蒋介石独揽，主张召开国民党中央全会讨论蒋介石提议的"分共"事项。4月5日，陈独秀和汪精卫发表联合宣言，声称"立即抛弃相互间的怀疑，不听信任何谣言，相互尊敬，事事开诚协商进行"。这个宣言，表明中国共产党在整体上对革命局势的逆转没有丝毫戒心与准备。

1927年4月12日，蒋介石突然在上海发动了"四一二"反革命政变。接着，江苏、浙江、安徽、福建、广东、广西等省份相继以"清党"为名，大规模搜杀共产党员和革命群众。单广东一地，被杀害的就达2000多人。北方的奉系军阀张作霖也捕杀大批共产党员和革命群众。4月28日，中国共产党主要创始人之一李大钊在北京英勇就义。

武汉国民政府所辖地区的危机也越来越严重。5月17日，原驻宜昌的第十四独立师师长夏斗寅率部进逼武昌附近的纸坊。5月21日，第三十五军第三十三团团长许克祥在长沙制造"马日事变"。6月6日，江西省政府主席、第五方面军总指挥朱培德以"礼送出境"为名把大批党员和国民党左派逐出江西，并查封革命团体、逮捕工农领袖。以汪精卫为首的武汉国民党中央和国民政府迅速走向反动。6月20日，冯玉祥到徐州同蒋介石等举行会议，公开倒向蒋介石一边。7月15日，汪精卫召开国民党中央常务委员会扩大会议，以"分共"的名义正式同共产党决裂；随即对共产党员和革命群众实行大逮捕、大屠杀。至此，国共合作全面破裂。

（三）大革命的意义、失败原因和教训

从 1924 年到 1927 年的中国大革命，是一场以工农群众为主体的、包括民族资产阶级和上层小资产阶级参加的人民革命运动。它以与辛亥革命根本不同的规模和形式，在中国大地上掀起了翻天覆地的斗争，沉重打击了帝国主义在华势力，基本推翻了北洋军阀的反动统治，使民主革命思想在全国范围内得到空前的传播，促进了中国广大民众的觉醒，推动了中国社会的进步。这场大革命，特别是广泛深入的工农运动，教育和锻炼了各革命阶级，也为后来中国共产党领导的土地革命战争的开展，奠定了群众基础。大革命极大地提高了中国共产党的政治威望，壮大了共产党及其领导的革命力量。从建党初期到大革命失败前的短短 6 年，中国共产党由最初 50 多名党员发展成为拥有近 5.8 万党员、领导着 280 余万工人和 970 余万农民的具有群众基础的政党。[1]大革命还促使中国共产党提高了对中国国情的认识，在政治斗争、军事斗争、群众运动和自身建设方面积累了相当的经验，为开展新的革命斗争提供了思想材料。

大革命失败的原因，从客观方面来讲，是反革命的力量过于强大和国民党右派叛变革命造成的后果。革命是在敌强我弱的情况下进行的。帝国主义在华势力、军阀以及大地主大资产阶级的力量，远比新兴的革命力量强大得多；资产阶级发生严重的动摇，统一战线出现剧烈的分化，蒋介石集团和汪精卫集团先后被帝国主义势力、地主阶级、买办资产阶级拉进反革命营垒中。从主观方面来说，是由于中国共产党的领导机关在大革命后期犯了以陈独秀为代表的右倾机会主义的错误，放弃了无产阶级对于农民群众、城市小资产阶级和民族资产阶级的领导权，尤其是武装力量的领导权，无原则地对以蒋介石为首的国民党内新右派的壮大和反共活动妥协退让。当时的中国共产党还不够成熟，缺乏对敌斗争经验，尤其是缺乏在复杂环境下的政治斗争经验，也缺乏对中国社会实际和革命基本问题的正确认识，还不善于把马克思主义的基本原理与中国革命的实践结合起来，使得右倾机会主义在大革命后期的危急紧要关头在中共中央领导机关占据了统治地位。作为共产国际的一个支

---

〔1〕 中共中央党史研究室：《中国共产党的九十年（新民主主义革命时期）》，中共党史出版社、党建读物出版社 2016 年版，第 95 页。

部，中国共产党直接受共产国际的领导。共产国际及其在中国的代表，对中国共产党的建立和发展、对这次大革命都起了积极的指导作用；但是，由于并不真正了解中国的情况，也作出了一些错误的决策，这是酿成以陈独秀为代表的右倾机会主义错误的直接重大因素。

　　大革命失败的教训也是十分深刻的。大革命的失败昭示了在建立统一战线中，中国共产党必须正确认识坚持自身独立性的重要性。在革命运动中，中国共产党必须坚持争取无产阶级的领导地位，尤其是对革命武装的领导权。辛亥革命的失败已经给革命者留下了深刻的教训，黄埔军校的建立正是汲取了这一教训，才主张建立自己的武装。但年幼的中国共产党对这个问题没有获得足够的认识，致使在革命低潮时处于任人宰割的局面。直到八七会议召开前，中国共产党才真正完全认识到了"枪杆子里面出政权"的宝贵经验。

第 10 讲
继续探索中国出路的土地革命

国共合作破裂和大革命失败，迫使中国共产党人不得不武装反抗中国国民党右派的反动统治，继承和发展孙中山通过中国国民党第一次全国代表大会确立的新三民主义革命事业。到 1937 年七七事变之前的这个十年，中国共产党以反抗南京政权黑暗统治及其军事围剿为主的反帝反封建武装斗争，时称"土地革命"，史称"第二次国内革命战争"，又称"第一次国共内战"。土地革命，是中国新生社会力量由旧民主主义转型为新民主主义的第二个阶段。在这个阶段，中国共产党突破反动势力强大的城市和白色恐怖的重围，转移到反动统治薄弱的广阔农村，探索出了符合中国具体实际的农村包围城市、武装夺取政权的革命新道路。土地革命，是中国共产党历经挫折从幼稚走向成熟的经验积累阶段，为今后成长壮大扎下了深厚的根基。

一、国民党政权在全国的建立与中国革命动因的增强

国共合作破裂之后，中国国民党内部也发生了尖锐激烈而又错综复杂的派系斗争。历经宁汉合流、继续北伐、奉系军阀"改旗易帜"和蒋桂阎冯大战等几轮分化组合，形成了以蒋介石为首的南京政权在全国的专制统治。南京政权的形成，丝毫没有改变中国半殖民地半封建的社会性质。反帝反封建的中国民族民主革命的动因，在持续增强。

（一）南京政权在全国专制统治的建立

1927 年 4 月 18 日，南京国民政府宣告成立。这是蒋介石集团发动"四一

二"反革命政变的产物，是南京政权在全国建立专制统治的起始。南京国民政府宣告成立，形成了与武汉国民政府的对立局面。"七一五"反革命政变的发生，开启了宁汉合流的权力争夺。由于东线北伐战事失利，在武汉政权和桂系的联合压力下，蒋介石被迫在 8 月宣布下野，东渡日本，暂避国内政局纷争的矛盾。汪精卫也因"防共过迟"在 9 月被迫下野，宁汉合流加速。9 月 15 日，宁、汉、沪（西山会议派）三方在南京召开联席会议，改组中央党部和国民政府；20 日，新国民政府委员在南京举行就职典礼，宁汉合流至此完结。11 月，蒋介石回国，中国国民党内部各派系再次进行权力重组。1928 年 1 月，蒋介石重任国民革命军总司令，回到权力中心。随后，中国国民党军队继续北伐。4 月，蒋介石、冯玉祥、阎锡山和李宗仁分别率领四个集团军向奉系军阀发起进攻。5 月 1 日，北伐军占领济南后，日本军队以保护日侨为借口悍然出兵，制造了"济南惨案"，中国军民死伤 4700 多人。北伐军绕道北上，张作霖的奉系军阀主力退回山海关外。6 月，北伐军占领北京，北洋军阀统治结束。南京政权开始在全国建立专制统治。

　　在南京政权扩充统治范围的进程中，日本帝国主义势力制造的皇姑屯事件产生了推动奉系军阀改变与南京政权之间关系的作用。日本在奉系势力节节败退之际趁火打劫，实施最终达到把"满蒙"从中国分裂出去的图谋。张作霖没有答应日本的要求。日本决定刺杀张作霖，企图造成东北局势动荡，再乘机扩大在中国东北的权益。6 月 4 日清晨，张作霖在皇姑屯事件中遭受重伤、不治身亡。为了稳住局势，完成张作霖身后的权力交接，奉系密不发丧。时过半个月，张学良自北京秘密到达沈阳，就任奉天军务督办，奉天省长公署才正式公布张作霖死讯。东北局势趋于稳定，日本趁火打劫的阴谋没能得逞。6 月下旬，南京方面与奉系高层就实现"罢兵"和奉系加入国民政府的条件初步交换意见。张学良同意于 7 月中旬在热河和东北三省先后发表"易帜"通电，却因为日本势力作梗、南京未能完全满足要求而延缓兑现。7 月初，张学良就任东三省保安总司令，发表《致奉省各县父老宣言》提出：停止一切军事行动，决不轻言战事；讲求外交亲睦，与友邦共存共荣。张学良还对南京政府的代表表示：对三民主义不但无反对之意，且甘赞同，惟因对外则有某方窥伺，对内则新遭大故，变更太骤，虑生枝节。7 月下旬，张学良致电蒋介石，"弟现在实处两难，不易帜无以对我兄，无以对全国；易帜则祸乱立生，无以对三省父老。数日前探知田中意旨，如我方不听劝告，即用武力"。南京政权以积极争取的态度应对。

新疆易帜，是南京政权扩充统治范围的重大进展。二次北伐的胜利和北洋政权的垮台促进了新疆易帜。1928 年 6 月 16 日，新疆督办杨增新发出易帜通电，宣布"新疆各界服从国民政府，奉行三民主义；并改组新疆省政府，一律悬挂青天白日旗，以后新疆一切善后事宜，均秉承国民政府办理，以归统一"。[1]

统一新疆后，南京政权加快争取奉系易帜的步骤，采取措施以满足奉系提出的条件。在军事方面，停止针对关外热河省的军事压力，与奉方共同解决关内直鲁残军等问题。在政治层面，10 月 10 日，南京政府宣告重组，张学良位居 16 名国民政府委员之列，这一政府人事安排超出了奉系方面的要求。随后，南京方面同意将热河归东北当局管辖。与此同时，东北三省民众和社会各界纷纷以各种形式要求早日实现统一。11 月上旬，吉林市、长春市的工商界发表通电，学生开展游行并发表宣言，都要求立即实行南北统一；哈尔滨还发生了 18 所学校的学生抗议日本在东北扩张铁路的示威，多名学生在同警察的冲突中死伤。南京政府的作为和民众的呼声，形成了东北易帜的社会政治氛围。12 月 29 日，张学良领衔通电全国，"即日起宣布遵守三民主义，服从国民政府，改易旗帜"。[2]至此，北洋军阀不再是独立的政治力量，南京政权在形式上实现了对全国范围的统治。

南京政权在巩固对全国范围的统治时，首先遇到了中国国民党政治军事集团之间的激烈争斗。1929 年 1 月军队编遣会议召开，蒋介石试图削弱冯玉祥、阎锡山和李宗仁的政治军事力量，引发了四大军事集团之间的战争。2 月，蒋桂战争爆发；到 4 月初，以李宗仁、白崇禧为首的第四集团军主力遭到沉重打击，桂系失败。蒋介石立即把矛头指向冯玉祥，多管齐下，迫使冯玉祥在 5 月下旬宣布退隐。1929 年下半年，各路实力派纷纷起兵反对蒋介石。10 月，冯玉祥旧部数十名将领通电拥戴冯玉祥、阎锡山，再次以武力反蒋；11 月，张发

---

〔1〕 韩信夫、姜克夫主编：《中华民国史大事记》第五卷（1928—1930），中华书局 2011 年版，第 3085~3086 页。

〔2〕 秦孝仪：《中华民国重要史料初编——对日抗战时期》绪编（一），中国国民党中央委员会党史委员会 1981 年版，第 234 页。

奎为了避免被蒋消灭与桂系联合反蒋；12 月，在上半年离冯附蒋的唐生智、石友三、韩复榘，也以武力反蒋。这几次反蒋，都在蒋介石的分化瓦解和军事进攻下失败。1930 年初，改组派、西山会议派、桂系、冯系及其他各种反蒋势力，都寄望与阎锡山联合反蒋以自保。到 1930 年 5 月初，阎锡山、冯玉祥和李宗仁联合反蒋的中原大战全面爆发。在东北坐拥重兵的张学良成为大战双方竭力争取的对象。9 月中旬，张学良发表和平通电，公开声明拥护南京国民政府。东北军占领了平津和华北地区，反蒋联盟在军事上腹背受敌、迅速溃败。11 月初，阎锡山、冯玉祥联名通电下野，冯玉祥的西北军主力全部被蒋介石收编。

中原大战结束后，又发生了蒋介石与两广地方实力派的约法之争，出现了宁粤对峙的短暂分裂局势。1931 年 12 月中旬，蒋介石宣布下野和国民政府进行改组，宁粤对峙结束。一个月后，蒋介石又一次东山再起，南京政权在形式上巩固了对全国的统治。

（二）　中国革命动因的增强

南京政权的建立，没有改变中国半殖民地半封建的社会性质，也没有消除中国革命的根由。中国革命的动因，不仅没有减弱反而得到了增强。

大革命失败后，对中国的社会性质和中国革命的性质、动力、前途等重大问题，中国共产党内存在着认识上的分歧和争论。对中国社会性质问题的回答，决定着对中国革命性质、动力、前途等重大问题的判断，也决定着对中国革命的评价。否定中国新民主主义革命的错误观点，主要是对 1928 年南京政权建立后中国社会性质问题认识模糊。中国共产党第六次全国代表大会分析了大革命失败后中国的政治经济状况，明确指出：中国仍然是一个半殖民地半封建的国家，中国革命现阶段的性质是资产阶级民主革命；当前中国的政治形势是处于两个革命高潮之间，第一个革命浪潮已经过去，新的浪潮还没有到来；党的总路线是争取群众，党的中心工作不是千方百计地组织暴动，而是做艰苦的群众工作，积蓄力量。中国共产党对大革命失败后中国社会性质和革命性质的科学分析，引起了其他思想政治派别的攻击。其他思想政治派别，以陈独秀为首的"取消派"、以汪精卫为首的"改组派"、以戴季陶为首的"新生命派"和以胡适为首的"新月派"，都得出了为南京政权辩护的结论。例如，陈独秀认为，大革命使资产阶级取得了胜利，封建势力变成了"残余势力之残余"；由于社会性质变了，因此革命性质也开始转变，开始由民主革命走向社会主义革命阶段；只是，社会主义革命的条件尚未成熟，只有留待将来进行。这种观点的实质是"取消"中国革命，陈独秀因此被称为"取消派"。"中国的封建制度早已崩溃，现阶段的中国社会是资本主义社会。显然，他们并非为研究而研究，为学术而学术，他们的研究目的，是从根本上反对中国共产党关于中国社会性质和革命性质的科学论断，反对进行反帝反封建的民族民主革命，为国民党的专制统治提供理论依据。"〔1〕一场关于中国社会性质和革命性质的大论战由此展开。"这次论战涉及的问题极多，其中主要有：帝国主义对中国经济的影响；资本主义经济与封建经济在中国经济中的地位；中国经济的发展前途和改造途径；中国革命的性质及前途；研究中国社会性质的方法论；等等。其中尤以前两个问题争论得最为激烈。"〔2〕这场论战，更大范围地扩大了中国共产党关于中国半殖民地半封建社会性质和中国革命性质的话语权。

中国半殖民地半封建社会性质没有根本改变，这是由当时南京政权的阶级基础和形成过程决定的。从"四一二"反革命政变开始，中国国民党就不再是工人、农民、城市小资产阶级和民族资产阶级的革命联盟，而成了一个由代表地主阶级、买办性的大资产阶级利益的反动集团所控制的政党。南京政权的阶级基础是中国社会的统治阶级，包括大地主、大买办、大官僚、大资产阶级。从洋务运动开始产生的中国资产阶级到这时已经分化为由部分大地主大官僚和大买办转化而来的大资产阶级（通称"官僚资产阶级"）、中资产阶级（通称"民族资产阶级"）和小资产阶级（城市中小工商业者）。地主阶级和官僚资产阶级，是以蒋介石为代表的中国国民党和南京政权的主要根基。在其形成过程中，南京政权表现出对帝国主义的妥协。南京政府在成立之初就与各国交涉谈判废除旧约、改定新约，主要目的是以改定新约的方式换取帝国主义列强的承认。废约外交持续到1931年九一八事变发生之前，虽然具有一定的积极作用，但其妥协退让性决定了没有从根本上取消帝国主义在华特权，更没有使中国成为完全独立自主的国家。关税主权依然操

---

〔1〕 吴泽："大革命失败后中国社会性质革命性质及社会史问题论战研究"，载《社会科学辑刊》1990年第1期。

〔2〕 饶良伦："第二次国内革命战争时期关于中国社会性质问题的论战"，载《求是学刊》1983年第4期。

纵在外国人手中，外国在中国的治外法权依然存在，英国依然占有在上海、天津、汉口、广州等重要城市的租界和九龙租借地，法国依然占有广州湾租借地，日本依然占有旅大地区租借地。

中国半殖民地半封建社会性质没有根本改变，还表现在南京政府的内政举措上。蒋介石削弱异己的裁军行动引发了与北洋军阀混战本质相同的新军阀混战，迫使广大劳动人民依旧处在水深火热中。为了巩固独裁统治，除军队、警察之外，蒋介石还建立了全国性的特务系统；中统和军统两大特务组织，任意逮捕、绑架、暗杀政治反对者，设置各种惨无人道的囚禁和行刑场所，特务横行令人发指。为了控制人民，从 1934 年 12 月起在全国实施封建主义保甲制度，加强对广大人民的奴役和禁锢。南京政府还竭力查禁进步书刊，逮捕甚至杀害进步作家，解散进步团体，以此来剥夺人民的言论和出版自由。

南京政府的倒行逆施，激起了更多更大的抗争。南京政府的专制统治，不仅没有化解中国半殖民地半封建社会的主要矛盾，而且在帝国主义与中华民族的矛盾、封建主义与人民大众的矛盾这两大主要矛盾的基础上产生了官僚资本主义与中国人民的矛盾。因此，中国革命的动因，不仅没有减弱，反而得到了强化。

二、土地革命兴起与开辟中国革命新道路

南京政权在全国专制统治的形成，是从屠杀中国共产党人和革命群众开始的。中国共产党迫不得已地组织武装力量反抗暴力专制统治。南昌起义和秋收起义先后失败，中国共产党领导的武装力量不得不转移到统治势力薄弱的农村地区。当蒋介石忙乱于削弱内部的异己派系而大动干戈、兵戎相见之时，毛泽东正在井冈山地区发动土地革命，探索中国革命新道路。

（一）八七会议和土地革命开始

南京政权在全国专制统治的形成，伴随着暴力和血腥，白色恐怖从上海蔓延到全国城乡。据中共六大时的不完全统计，从 1927 年 3 月到 1928 年上半年，被杀害的中国共产党党员和革命群众 31 万多人，其中党员 2.6 万多人。[1]汪寿

---

〔1〕　中共中央党史研究室：《中国共产党的九十年（新民主主义革命时期）》，中共党史出版社、党建读物出版社 2016 年版，第 101 页。

华、萧楚女、熊雄、陈延年、赵世炎、夏明翰、郭亮、罗亦农、向警予、陈乔年、周文雍等著名的活动家和领导人，都相继被害。对革命悲观失望的一些人，有的登报声明脱离中国共产党和中国共产主义青年团，有的甚至向敌人自首、出卖组织和同志。中国共产党的组织被迫全部转入秘密状态。据1927 年 11 月统计，中国共产党党员的人数从 1927 年中共五大召开时的 5.8 万人急剧减少到 1 万多人。[1]工会和农民协会到处被查禁、解散，工农运动陷入低沉。中国共产党面临着被敌人瓦解和消灭的严重危险。在这种极端危急的情形下，1927 年 7 月中旬，新组成的中共中央政治局临时常委会毅然作出了三项决策：将所掌握和影响的军队向南昌集中，准备发动武装起义；组织工农运动基础较好的湘、鄂、赣、粤四省农民发动秋收起义；召集中央紧急会议，讨论和决定大革命失败后的新方针。

8 月 1 日凌晨，周恩来、贺龙、叶挺、朱德、刘伯承率领的军队两万多人，在南昌打响了武装反抗蒋介石白色恐怖统治的第一枪。起义军经过 4 个多小时的激烈战斗最终占领了南昌城。随后，按计划撤离南昌，准备到广东再建重新北伐的革命根据地。在南下途中，起义军遭到敌人的围追堵截；10 月初，在广东潮汕地区损失严重。保存下来的力量，一部分转移到广东海陆丰地区，与当地起义的农民武装汇合，坚持斗争；主要部分由朱德、陈毅率领着经江西转移到湘南地区开展游击战争。南昌起义在中国共产党历史上开辟了一个新的时期，标志着中国共产党独立地领导革命战争、创建人民军队和武装夺取政权的开始。

8 月 7 日，中共中央在湖北汉口召开紧急会议，即"八七会议"，着重批评和反思大革命后期以陈独秀为首的中央所犯的右倾机会主义错误。在发言中，毛泽东提出了后来广为流传的名言：须知政权是从枪杆子中取得的。会议确定了实行土地革命和武装起义的方针，产生了新的中共中央临时政治局。在中国革命处于严重危难的情况下，八七会议及时制定出继续推进革命的新方针，实现了中国革命由大革命失败到土地革命战争兴起的历史性转变。

八七会议后，中共中央分派出许多干部到各地去恢复和整顿党组织，发动武装起义。到 1928 年初，比较重要的武装起义有：湘赣边界秋收起义，海

---

[1] 中共中央党史研究室：《中国共产党的九十年（新民主主义革命时期）》，中共党史出版社、党建读物出版社 2016 年版，第 102 页。

陆丰起义，琼崖起义，黄安、麻城起义，东固起义，弋阳横峰起义，万安起义，湘南起义，桑植起义，闽西起义，确山起义，渭南、华县起义，广州起义。其中，湘赣边界秋收起义和广州起义最重大，与南昌起义并称"三大起义"。

8月9日，中共中央决定由毛泽东以中央特派员身份到湖南改组省委、领导秋收起义。以毛泽东为书记的中共湖南省委前敌委员会，把参加起义的各路武装5000多人统一编为工农革命军第一军第一师，于9月9日发动了湘赣边界秋收起义。计划分三路进攻平江、萍乡、醴陵、浏阳，然后会攻长沙。起义军最初曾经占领醴陵、浏阳县城和一些集镇，终因力量对比悬殊损失严重。毛泽东果断改变部署，下令各路停止进攻，退到浏阳文家市。9月19日，毛泽东在文家市主持召开会议，决定放弃攻打长沙、转移到敌人统治力量薄弱的农村山区保存革命力量。9月29日，起义军到达江西永新县三湾村，毛泽东决定改编队伍，即"三湾改编"。起义部队由一个师缩编为一个团，建立党的各级组织和党代表制度，党支部建在连，营、团设党委，连以上设党代表和各级士兵委员会，实行民主制度，在政治上官兵平等。三湾改编从组织上确立了党对军队的绝对领导，是建设无产阶级领导的新型人民军队的重要开端。10月上旬，起义军到达井冈山北麓的宁冈县，先后和当地农民武装袁文才（中国共产党党员）、王佐两部建立联系，派党员军事干部到袁文才部队中帮助进行政治、军事训练，开始了创建井冈山革命根据地的斗争。

12月11日，中共广东省委书记张太雷和叶挺、恽代英、叶剑英、杨殷、周文雍、聂荣臻、陈郁，领导国民革命军第四军教导团全部、警卫团一部和广州工人赤卫队七个联队以及市郊部分农民武装，在广州发动起义。乘国民党军主力外调的机会，起义军一度占领了广州绝大部分市区，成立了苏维埃政府，颁布了维护工农权益的法令。起义总指挥叶挺主张趁敌人主力返回前撤出广州，却遭到共产国际代表诺伊曼反对。终因敌众我寡，在起义的第三天失败，张太雷和许多革命者英勇牺牲。从广州撤出的起义军，一部分转进海陆丰，与东江一带的农民起义武装会合；一部分退往广西，在左、右江一带领导农民开展游击战争；还有一部分撤至韶关，辗转到湘南，与朱德、陈毅率领的南昌起义余部会合。

南昌起义、秋收起义、广州起义和其他一系列起义，最初的目标都是攻占城市，几乎都遭到失败，幸存的力量退往农村、继续革命斗争。这些起义昭告世人：中国革命的火种并没有熄灭。一些革命者开始意识到，革命的出路是先到农村去保存和积蓄力量，再图发展。退往农村的革命武装，已经在行动上兴起了土地革命，开始寻找中国革命的新道路。

(二) 寻找中国革命新道路的求索

毛泽东决定改变向长沙进攻的计划，转而向敌人统治力量薄弱的农村山区寻找落脚点，以保存革命力量，再图发展；这个决定虽然还是一种感性的朴素的认识，却是寻求中国革命新道路的具有决定意义的思想起点。革命工作以城市为中心，这是马克思主义传入中国时的不二选择，是中国共产党的共同认识。八七会议确定的土地革命和武装斗争的方针，以攻占中心城市为指向。中共中央在上海，工作重心在中心城市。但是，所有以占领中心城市为目标的起义都很快失败了。南昌起义的计划，是撤离南昌、进军广州，在广东建立重新北伐的根据地；计划失败，南昌起义的幸存力量就这样辗转到了远离中心城市的敌人统治力量薄弱的农村区域。广州起义在第三天就失败了，幸存力量退出广州，到了农村地区。秋收起义的计划，是攻占长沙；计划改变，毛泽东率领队伍到农村落脚，以保存革命力量，再图发展。以毛泽东为代表的中国共产党人，开始了寻找中国革命新道路的探索。

在领导各地武装起义的过程中，中共中央也初步提出了相继占领某个县或几个县建立革命政权、实行武装割据的思想。1928 年 6 月召开的中共六大，在继续把城市工作的复兴视为革命高潮到来的决定条件的同时，肯定了农村根据地和红军是决定革命新高潮的更大的发展基础和重要力量。1929 年 6 月，中共六届二中全会指出：在中国找不到一个经济力量能够统治全国的大城市，所以中国革命要胜利，必须要有红军，必须要有广大的苏维埃区域的帮助。同年 9 月，中共中央给红四军前委的指示信（史称"九月来信"）中指出：先有农村红军、后有城市政权，这是中国革命的特征，是中国经济基础的产物。1930 年 5 月，中共中央机关刊物《红旗》发表署名信件，明确提出：共产党应当以大部分力量甚至全副力量去发展乡村工作，革命势力占据了广大农村以后即可以联合起来包围城市、封锁城市，用广大的农村革命势力向城市进攻，这样，革命必然可以得着胜利。历经两年多的求索，从中央到基层，中国共产党上下同心地认识到了中国革命的新道路，即农村包围城市、武装夺取政权。这条革命新道路，是集体求索的成果，是集体智慧的结晶。其中，毛泽东的贡献最突出。

毛泽东不仅在实践中首先把革命的进攻方向指向了农村，而且从理论上阐明了武装斗争的极端重要性和农村应当成为中国共产党工作重心所在的思想。1928 年 10 月和 11 月，他撰写的《中国的红色政权为什么能够存在?》和《井冈山的斗争》这两篇著作，以科学分析当时中国社会的特点为依据，系统论证了中国红色政权能够存在和发展的条件，明确阐述了土地革命、武装斗争和根据地建设有机联系的工农武装割据的思想。1929 年 4 月，针对共产国际和中共党内一些人担心农村斗争超过城市斗争将不利于中国革命的观点，他指出：半殖民地中国的革命，只有农民斗争得不到工人的领导而失败，没有农民斗争的发展超过工人的势力而不利于革命本身的。1930 年 1 月，他在党内通信《星星之火，可以燎原》一文中指出：红军、游击队和红色区域的建立和发展，是半殖民地中国在无产阶级领导之下的农民斗争的最高形式和半殖民地农民斗争发展的必然结果，并且无疑义的是促进全国革命高潮的最重要因素。

毛泽东还创造性地解决了在农村并且在共产党组织和军队以农民为主要成分的环境中如何保持中国共产党无产阶级先锋队性质和建设中国共产党领导的新型人民军队的实务性问题。1929 年 12 月下旬，中国共产党红四军第九次代表大会（史称"古田会议"）在福建上杭县古田村召开。会议通过的毛泽东起草的决议案，规定红军是一个执行革命的政治任务的武装集团，必须绝对服从中国共产党的领导，担负打仗、筹款和做群众工作的任务，必须加强思想和政治路线的教育，纠正党内的错误思想。这个决议，对于中国革命新道路的开辟和坚持具有重要的指导作用。

毛泽东还创造性地解答了中国革命新道路的马克思主义哲学根据，开始破除党内盛行的把马克思主义教条化、把共产国际决议和苏联经验神圣化的错误倾向。1930 年 5 月，他在《反对本本主义》（原名《调查工作》）一文中从认识论高度第一次鲜明地提出"没有调查，就没有发言权"，"中国革命斗争的胜利要靠中国同志了解中国情况"的重要思想；阐明了社会调查的重要意义，以及调查的目的、对象、内容、方法和一些技术细节；揭露了教条主义的错误及其对革命事业的危害；批评了红军中一部分人安于现状、墨守成规、迷信"本本"、不愿做实际调查的保守思想。农村包围城市、武装夺取政权的中国革命新道路理论，是马克思主义在中国的创造性运用和发展，标志着中国化的马克思主义即毛泽东思想初步形成。

（三）开辟中国革命新道路的实践

寻找中国革命新道路的求索，是以南昌起义、秋收起义、广州起义和其他各地武装起义失败之后到农村建立根据地的武装斗争和土地革命为实践基础的。农村包围城市、武装夺取政权的中国革命新道路理论的产生，又进一步推动着实行工农武装割据。从 1930 年 10 月到 1931 年 10 月，中央红军连续粉碎了蒋介石的 3 次"围剿"。与此同时，鄂豫皖、洪湖、湘鄂西、闽浙赣等地的红军也取得多次反"围剿"的胜利，从而巩固、扩大了根据地。"当时，全国苏维埃区域拥有 16 万平方公里的面积和 1000 多万人口，红军共发展到 15 万人左右。"[1]重要的根据地，包括赣南、闽西、湘鄂西、鄂豫皖、闽浙赣、湘鄂赣、湘赣、广西左右江、广东东江和琼崖。红军游击战争已经成为中国革命的主要形式，农村根据地已经成为积蓄和锻炼革命力量的主要战略阵地。

红军和根据地的存在和发展，使南京政权感到震惊和恐慌。在 1930 年 10 月中原大战和粤桂边战争收尾之际，蒋介石立即着手回师"围剿"红军。与以往由一省或几省军阀对红军的"进剿""会剿"不同，这时是由蒋介石统一调动全国的反革命军事力量对红军实行"围剿"。红军已经具有了以往作战时不曾有过的有利条件：红军力量 10 万多人，组建了正规兵团，武器装备有所改善，因而有可能实行从游击战转为以运动战为主的军事战略；红军所到之处已普遍建立党组织和工农民主政权，开展土地革命，受到贫苦农民的拥护；大块根据地的建立，使红军有了广阔的战场和回旋余地。当时，毛泽东、朱德领导的赣南、闽西根据地是全国最大的根据地，在 1931 年 1 月六届三中全会后又称中央根据地或中央苏区。蒋介石"围剿"的重点是中央革命根据地和毛泽东、朱德率领的红一方面军。从 1930 年 10 月到 1931 年 7 月，红一方面军在毛泽东、朱德的指挥下，贯彻积极防御的方针，实行"诱敌深入""避敌主力、打敌虚弱"等一整套行之有效的战术，连续粉碎了蒋介石的三次

---

〔1〕　中国近代史编写组：《中国近代史》，高等教育出版社、人民出版社 2016 年版，第 428 页。

"围剿"。1932 年底，又取得了第四次反"围剿"的胜利。鄂豫皖、湘鄂西等根据地的反"围剿"战争也取得重大胜利。

红军武装斗争的胜利和革命根据地的发展，与土地革命的开展密切相关。在农村根据地实行的土地政策，起初受共产国际和党内"左"倾错误思想的影响，出现过"左"的偏向，比如对富农实行过激的政策、实行土地国有。后来这种偏向在实践中逐渐得到纠正。井冈山根据地经过打土豪、发动群众等准备，1928 年 2 月开始分田，6 月龙源口大捷后土地革命全面展开。12 月，毛泽东主持制定井冈山《土地法》，这是中国共产党历史上的第一部土地法，用法律形式否定了地主土地所有制。进军赣南、闽西后，根据中共六大精神，1929 年 4 月，毛泽东制定兴国县《土地法》，把井冈山《土地法》中规定的"没收一切土地"改为"没收一切公共土地和地主阶级的土地"。这是一个原则性的改正。同年 7 月，在毛泽东的指导下，闽西党的第一次代表大会通过的决议中也规定"自耕农的田地不没收"，并提出"抽多补少"的原则。会后，在闽西 300 多里的地区内进行分田，60 多万贫苦农民得到了土地。1931 年 2 月，毛泽东进一步总结了根据地土地革命的经验，要求各地各级工农民主政府发布公告，规定农民已经分得的土地归农民个人私有，可以租赁买卖，田中收获除给政府交土地税外均归农民所有。这样，就又改变了井冈山《土地法》中关于所有权在政府不属农民、农民只有使用权、禁止土地买卖的规定。经过三年多的土地革命实践，基本上形成了一套比较切实可行的土地革命的路线政策和方法：坚定地依靠贫、雇农，联合中农，限制富农，保护中小工商业者，消灭地主阶级；以乡为单位，按人口平分土地，在原耕地的基础上，实行抽多补少，抽肥补瘦。与此同时，在赣东北、湘鄂西、鄂豫皖、广西左右江、广东琼崖等革命根据地，土地革命也轰轰烈烈地开展起来。

红军武装斗争的胜利和土地革命的开展，也离不开根据地的建设。建立政权是革命的核心问题。1927 年 11 月，毛泽东建立了茶陵县工农兵民主政府，这是大革命失败后建立的第一个县级红色政权。在开辟根据地的过程中，各根据地都成立了相应的各级地方政府。到第三次反"围剿"战争胜利时，赣南、闽西根据地连成一片形成了拥有 21 座县城、250 万人口、5 万平方公里土地的中央革命根据地。1931 年 11 月，中华苏维埃第一次全国工农兵代表大会在江西省瑞金县叶坪村举行。大会通过了《中华苏维埃共和国宪法大纲》

以及土地法令、劳动法等法律文件；选举产生了中华苏维埃共和国中央执行委员会；成立了中华苏维埃共和国临时中央政府，毛泽东当选为主席。中华苏维埃共和国实行工农兵代表大会制度，各级苏维埃政府广泛吸收工农群众代表参加政权管理，行使当家作主的权利。其他根据地也相继召开了各级工农兵代表大会，选举产生了各级苏维埃政府。苏维埃政府领导根据地军民积极参加经济建设、发展农业生产，打破了国民党实行的经济封锁；注重文化教育事业的发展，在各根据地普遍建立了夜校、半日制学校、补习学校，中央革命根据地还创建了马克思共产主义学校、列宁师范学校、中央农业学校、高尔基戏剧学校等；重视廉政建设，坚决开展反对贪污腐化等工作，成为中国历史上从未有过的真正廉洁的政府。农村革命根据地呈现出生机勃勃的景象，与南京政权统治区民不聊生的悲惨景象形成鲜明对照。根据地成为新民主主义共和国的雏形，吸引着越来越多的人为之奋斗。

三、土地革命战争的挫折和红军长征的胜利

中国革命在大革命之前的历程充满了山重水复的曲折，在土地革命兴起之后的进程中依然呈现出险象丛生的坎坷局面。从第五次反"围剿"失败到红军长征胜利，是中国革命曲折坎坷的真实影像。

（一）"左"倾错误在中共中央的统治

在1930年10月第一次反"围剿"之前的几年，中国革命出现了从大革命失败到土地革命兴起的转变。中国革命出现走向复兴的局面，根本原因是，南京政府建立后民族危机更加深重、社会矛盾更加激化，即使是原来对南京政权抱有幻想的人们也越来越多地产生了不满；这个因素的发展，虽然不是直线性的却一直持续到南京政权覆灭。具体原因是，自1929年3月蒋桂战争爆发起，蒋介石、李宗仁、冯玉祥、阎锡山和其他地方势力之间的新军阀重新陷入连年不断的混战，许多原来围攻工农红军的军队纷纷调往军阀混战的战场而为红军的发展提供了时间和空间。这是客观方面的原因。在主观方面，中国共产党从八七会议开始确立的土地革命和武装斗争的路线是正确的，在坚持正确路线的同时又坚决地同错误倾向作斗争，比较能从实际出发，进行大量切实有效的工作。从1930年10月蒋介石在全国范围内"围剿"农村革命根据地和工农红军开始，中国共产党面临着更加严峻而复杂的革命形势。

或许是受政治形势复杂的影响，"左"倾错误的滋长更加严重。到第四次反"围剿"时，"左"倾错误思想再次显示出其在中共中央的统治地位。第四次反"围剿"，鄂豫皖、湘鄂西根据地因为"左"倾错误而失守，中央根据地由于周恩来、朱德运用和发展以往反"围剿"的成功经验而胜利。第五次反"围剿"因为"左"倾错误而失败。错误倾向特别是"左"倾错误到底是怎么回事呢？

鉴于大革命的失败，中国共产党注意到了右倾错误。八七会议清理了陈独秀的右倾机会主义错误。到 1929 年 11 月，中共中央政治局开除了陈独秀、彭述之党籍，克服并抑制了其"取消革命"的右倾主张和行为。

然而，八七会议没有注意到"左"倾错误问题。1927 年 11 月，瞿秋白主持召开中共中央临时政治局扩大会议，通过了《中国现状与共产党的任务决议案》，确定了以城市为中心的全国武装暴动计划。这是"左"倾错误第一次在中共中央取得主导地位。随后一些地区盲目暴动带来的惨重损失，使中共中央注意到了"左"倾错误问题。1928 年 4 月，中共中央临时政治局承认存在着"左"倾盲动错误，于是停止了盲目暴动的做法。

在随后的两年，利用蒋介石、李宗仁、冯玉祥、阎锡山和其他地方军阀混战之机，经过艰苦的努力，土地革命蓬勃兴起。就在中国革命形势刚刚好转之时，"左"倾盲动问题又逐渐发展起来。

1930 年 6 月，中共中央政治局召开会议，通过了李立三起草的《目前政治任务的决议》（《新的革命高潮与一省或几省首先胜利》），李立三"左"倾冒险错误在中共中央取得了统治地位。这是"左"倾错误第二次在中共中央取得主导地位，虽然只持续了 3 个月，却造成了惨痛的代价。[1]1930 年 9 月，瞿秋白、周恩来根据共产国际指示召开六届三中全会，停止了李立三的"左"倾冒险错误行径。

1930 年 10 月，共产国际给中共中央来信，提出李立三的路线是反国际的政治路线，扩大的六届三中全会犯了"调和主义"错误。王明立刻打起"反对调和主义"的旗号，散发他写的《两条路线》（以后增订、改名"为中共更加布尔什维克化而奋斗"），引发混乱，造成中共中央难以正常工作。12

---

〔1〕　中共中央党史研究室：《中国共产党的九十年（新民主主义革命时期）》，中共党史出版社、党建读物出版社 2016 年版，第 128 页。

月，共产国际要求召开中共六届四中全会，决定改变中共中央领导，贯彻共产国际路线。1931 年 1 月，在共产国际执行委员会远东书记米夫的直接干预下，中共扩大的六届四中全会召开。原先不是中共中央委员且缺乏实际斗争经验的 26 岁的王明，不仅被补选为中共中央委员，而且成为中央政治局委员。中共中央的领导权实际上由得到米夫全力支持的王明操纵着，以王明为代表的"左"倾教条主义错误由此便开始了在中共中央长达 4 年的统治。这是"左"倾错误第三次在中共中央取得主导地位。

（二）"左"倾教条主义的危害和第五次反"围剿"失利

中共扩大的六届四中全会后，"左"倾教条主义的危害渐次表现出来。

"左"倾教条主义的危害，首先表现为中共中央领导机关在随后的短短半年内接连遭受重创。何孟雄、林育南、李求实等一大批反对"左"倾教条主义的中国共产党的重要干部，由于叛徒告密而被捕牺牲。罗章龙以反对四中全会的名义成立"中央非常委员会"，进行分裂活动，被开除党籍。1931 年下旬，协助分管中共保卫工作、掌握大量中共中央核心机密的中央政治局候补委员顾顺章在武汉被捕，他向国民党政府建议以突然袭击的方式将中共中央领导人一网打尽。幸而这个极端机密的情报，被打入国民党中央组织部调查科当机要秘书的共产党员钱壮飞获悉，遂派人连夜从南京赶到上海报告李克农。李克农千方百计找到陈赓，陈赓报告中共中央。在这千钧一发的危急关头，周恩来在陈云等人的帮助下，沉着果断地采取措施，转移各机关人员，保卫了中共中央的安全。6 月下旬，担任中共中央政治局主席和政治局常委会主席的向忠发不遵守地下工作纪律，自由行动，在上海被捕，随即叛变。到 1931 年 9 月下半月，在上海的中央委员和政治局委员都已不到半数；根据共产国际执行委员会远东局的提议，成立中共临时中央政治局（临时中央）。10 月，王明离开上海前往莫斯科。12 月上旬，周恩来前往中央革命根据地。

"左"倾教条主义对红军和根据地的危害，最终导致第五次反"围剿"失败。

1931 年 11 月，在中央代表团主持下，中共苏区第一次代表大会（史称"赣南会议"）指责毛泽东的正确主张，剥夺了毛泽东对中央根据地和红军的领导权。1932 年 10 月，中共苏区中央局全体会议（史称"宁都会议"）对毛泽东和他在红军中实行的战略战术原则进行指责。1933 年 1 月，在上海无法立足的中共中央领导机关迁往中央根据地，全面推行王明"左"倾教条主义方针。在福建开展反对"罗明路线"的斗争，接着又在江西开展反对邓（小平）、毛（泽覃）、谢（唯俊）、古（柏）的斗争。这些斗争，实际上是在反对以毛泽东为代表的正确主张。

1933 年 9 月下旬，中央根据地开始第五次反"围剿"。临时中央负责人博古不懂军事，把军事指挥大权交给共产国际派来的德国人李德；李德又不熟悉根据地武装斗争的实际情况，囿于正规的阵地战方式。他们放弃前几次反"围剿"行之有效的运动战，实行阵地战，同强大的敌人拼消耗。11 月下旬，曾经在上海坚持抗击日本侵略、被蒋介石调防福州的国民党第十九路军将领蔡廷锴、蒋光鼐，公开宣布抗日反蒋，还派代表同红军谈判合作，双方签订了抗日反蒋的初步协定；这是粉碎"围剿"的有利机遇。毛泽东、周恩来、张闻天、彭德怀提出在军事上同十九路军进行配合，博古却不采取直接支援十九路军的行动。结果，蒋介石很快就打败了孤军作战的十九路军，随即完成了对中央根据地的四面包围。

1934 年 1 月中旬，中共六届五中全会在江西瑞金召开。会议全面肯定了四中全会以来的"左"倾错误路线，并且通过了一系列"左"倾错误理论和政策，此即第三次"左"倾路线发展的顶点。会议改选了中央政治局，选举产生了中央书记处（又称中央政治局常委会），博古仍然负总的责任。

4 月中下旬，蒋介石集中力量进攻广昌，博古、李德命令红军主力坚守。经过 18 天血战，红军遭受重大损失，广昌失守。5 月，中共中央、中央革命军事委员会提出了红军不能打破"围剿"情况下的两个方案：一是留苏区坚持进行游击战争；二是将主力撤到另一个战场。

为了调动和牵制敌人，减轻中央根据地的压力，7 月上旬，红七军团向北开赴闽浙赣边区活动，和方志敏领导的红十军会合；7 月下旬，红六军团向西撤出湘赣根据地，去和贺龙领导的红三军会合。红六军团的西进带有为中央红军战略转移探路的性质。

9 月上旬，各路敌军加紧对中央根据地中心地区发动进攻，中央红军已经没有在原地扭转战局的可能。9 月 17 日，博古致电共产国际，报告红军主力准备实施战略转移。9 月 30 日，共产国际复电同意红军主力实施战略转移。10 月 10 日，中共中央、中央革命军事委员会率中央红军第一、三、五、八、九军团和教导师及中央军委机关、直属部队共 8.6 万人，从江西瑞金、于都和福建长汀、宁化出发，向西突围转移。中央根据地随着第五次反"围剿"的失利而丢失了。

项英、陈毅等率领红二十四师和十多个独立团 1.6 万多人，留下来进行艰苦的游击战争。

"左"倾教条主义给中国革命造成了极其严重的危害，它导致除陕甘以外各主要根据地的丢失和城市工作的严重破坏。这个教训刻骨铭心。

（三）遵义会议与红军长征的胜利

中央红军战略转移的计划，是到湘西同红二、红六军团汇合、建立新的革命根据地。在部署合围中央根据地时，蒋介石就已有防范中央红军西移的准备，在红军西移路线上先后设立了三道封锁线。中共中央领导人在突围前没有充分的思想政治准备，把战略转移变成了大搬家式的行动，带着笨重的机器，8 万多人沿着山间小道行进，拥挤不堪，行动迟缓。

11 月中旬，突围的中央红军突破敌军的三道封锁线，进入湘南的嘉禾、临武一线。这时，蒋介石真正搞清了红军战略转移的目的地。11 月 17 日，发布《湘水以西地域剿匪计划大纲》，妄图阻止中央红军与红二、六军团会师。他任命湘军何键为"追剿军"总司令，调动湘军和桂军，在零陵至兴安之间近 300 里的湘江两岸配置重兵，构筑碉堡，设置了第四道封锁线。蒋介石则亲率国民党中央军周浑元部及部分湘军在后面追击。蒋介石欲将红军全歼于湘江、潇水之间。在突破第四道封锁线湘江时，红军受到湘军和桂军夹击，付出了极大牺牲。12 月 1 日，中共中央、中央革命军事委员会和直属机关渡过湘江。此时，中央红军已经锐减到 3 万多人。残酷的事实，引发了中共和红军内部对错误领导的不满、怀疑和要求改换领导的思想情绪。一些曾经支持过"左"倾错误的领导人，也在改变认识。

渡过湘江后，中央红军的前进方向成了一个激烈争论的问题。12 月 11 日，占领湖南通道县城；12 日，中央革命军事委员会在通道召开紧急会议，李德、博古坚持原定计划，毛泽东建议改向敌人力量薄弱的贵州前进。张闻天、王稼祥、周恩来赞同毛泽东的正确主张，李德、博古仍坚持到湘西与二、六军团会合的原定计划。这次会议，虽然没有就军事战略方针的转变问题达成共识，却作出了转兵贵州西进的决策，开始避免陷入重围的危险。12 月 15

日，红军占领贵州黎平；18 日，中央政治局在贵州黎平召开会议，正式决定，放弃向湘西前进的计划，改向黔北重镇遵义进军。黎平会议后，毛泽东参与最高领导层工作。红军在周恩来、朱德的直接领导下，按毛泽东"避实就虚"的正确主张行动，挥戈西进，所向披靡，连克数城。胜利中，广大指战员逐渐认识到"左"倾军事路线的错误给红军带来的危害，同时认识到毛泽东的正确主张，于是强烈要求尽快结束"左"倾错误领导，让毛泽东回到红军的领导地位上来。掌握红军领导权和指挥权的李德、博古却置黎平会议决议于不顾，仍顽固地坚持北上黔东、再入湘西的计划，提出召开政治局会议重新研究，一路上争吵不休。12 月 31 日，红军到达贵州瓮安县草塘镇（猴场）；1935 年 1 月 1 日，中央政治局在猴场召开会议。猴场会议重申黎平会议的决定，基本结束了"三人团"对红军的军事指挥权，初步形成了以毛泽东为核心的军事指挥中枢。猴场会议决定红军一举突破乌江、直捣遵义，实现了红军处境的根本好转。

1935 年 1 月 7 日，红军攻克黔北重镇遵义，把敌人的几十万追兵抛在乌江以东、以南地区，取得了进行短期休整的机会；15 日至 17 日，中共中央在遵义召开政治局扩大会议，史称"遵义会议"。会议通过了张闻天根据与会多数人特别是毛泽东发言内容起草的《中共中央关于反对敌人五次"围剿"的总结的决议》，充分肯定了毛泽东的战略战术原则，并确定了今后的行动方向；决议决定增选毛泽东为中央政治局常务委员，取消"三人团"军事领导机构，推选张闻天接替博古在中央负总责。3 月中旬，成立由毛泽东、周恩来、王稼祥组成的新"三人团"，以周恩来为首，负责全军的军事行动。遵义会议，是中国共产党第一次独立自主地运用马克思列宁主义基本原理提出解决中国实际问题的路线方针政策，开始确立实际以毛泽东为代表的马克思主义的正确路线在中共中央的领导地位，这次会议挽救了党、挽救了红军、挽救了中国革命，是中国共产党历史上一个生死攸关的转折点，标志着中国共产党从幼稚走向成熟。

遵义会议结束后，中央红军缩编，轻装前进，四渡赤水河，巧渡金沙江，摆脱数十万国民党军的围追堵截。稍加休整，继续前进，穿过大凉山，飞夺泸定桥，翻越夹金山。1935 年 6 月，中央红军到达四川懋功与红四方面军会师。两军会师后，发生了"北上"和"南下"之争。红四方面军领导人张国焘反对中央北上的战略方针，出现了另立中央的分裂行径。10月，中共中央到达陕甘苏区的吴起镇，与陕北红军会师。11月，红二方面军由湘鄂川黔根据地的湖南桑植开始长征。1936年6月，张国焘取消他另立的"中央"。1936年7月，红二方面军与红四方面军在四川甘孜会师，张国焘放弃南下主张，继续北上；10月，红军三大主力在甘肃会宁会师。至此，红军长征结束。

长征的胜利，是中国革命转危为安的关键节点，是中国革命形势好转的主体因素。随后国内时局的演变，促成了以国共两党第二次合作为主导的中华民族抗击日本帝国主义侵略的抗日战争。长征的胜利，表明中国共产党及其领导的中国工农红军是一支不可战胜的力量。在整整两年中，红军转战14个省，冲破了国民党的围追堵截，克服了重重艰难险阻，战胜党内分裂的危机，在沿途播下了中国革命胜利的火种。从此，中国共产党开始掌握中国革命的主动权，中国革命不断走向新的胜利。

第 11 讲
中国共产党与抗战动员

1935 年是中国新民主主义革命发生阶段性变化的重要时间节点，在这一年，中国共产党中央机关和中央红军长征胜利结束，中国国民党和中国共产党都在调整攻防战略及其部署；这一年，先后发生的华北事变和一二·九运动，标志着日本帝国主义和中华民族之间的矛盾逐渐上升为中国社会最主要最尖锐的矛盾。如何应对日本帝国主义侵略，成为中国国民党和中国共产党各自调整政治方略和军事战略不可回避的主要考量因素之一。经西安事变到卢沟桥事变，中国时局演化成了中国共产党战略预期的中华民族全面抗击日本帝国主义侵略的态势。中国共产党的抗战动员，是形成全面抗战局势的主体性因素，是中国新生社会权威由旧民主主义转型为新民主主义的重大步骤。在中华民族面临生死选择的重大关头，新民主主义因素战胜了旧民主主义因素。中国共产党，正从中国工人阶级的先锋队成长为中华民族和中国人民的先锋队。

一、日本灭亡中国的图谋及其暴露

日本侵略中国的图谋，可以追溯到 16 世纪末，那时荷兰人已经登陆日本。荷兰是紧随葡萄牙和西班牙而在全球开拓殖民地的资本—帝国主义先驱，英、法还在其后。日本人慢慢地接受了荷兰的影响。18 世纪时俄国人到达与日本北方非常接近的太平洋西岸地区，日本人又受到了俄国的影响。日本接受西方殖民主义的影响这个趋势，到 19 世纪 50 年代时产生了质的飞跃——"黑船事件"刺激更多的日本人作出历史选择，先后发生了倒幕运动和明治维新。对日本走向侵略扩张道路的解释，最流行的是"岛国情结论"——日本是狭小的岛国并且日本人担心国家沉没，所以日本向外侵略扩张求生存。历史的真相是，日本人对与欧美国家交往的反应，才是其走向侵略扩张道路的根由。这个解释，同时说明了为什么在19世纪50年代日本发生了明治维新。明治维新不是突然发生的，日本走向侵略扩张也不是突然发生的。历史地看，日本侵略、灭亡中国的图谋，是随着其接受西方殖民主义的影响而产生、膨胀起来的。《日本发现欧洲（1720—1830）》的作者，把从1720年到1868年的近150年视为酝酿日本近代化的漫长的准备期——这个时期，也是日本人接受西方殖民主义并且思考如何对外侵略扩张的思想躁动期。

（一）日本帝国主义图谋的产生

日本对外侵略扩张的图谋，统称"大陆政策"，是作为岛国的日本向朝鲜、中国等大陆国家进行武力扩张、妄想称霸亚洲进而征服世界的侵略总方针。这个图谋的萌芽，可以追溯到日本对朝鲜的侵略。丰臣秀吉初步统一日本后，先后两次发动侵略朝鲜的战争，一次是1592年，另一次是1597年。与此同时，日本开始染指、侵占琉球。"天皇居北京，秀吉居留宁波府，占领天竺"[1]，这是丰臣秀吉的狂言。此后，宣扬类似思想的言论层出不穷。例如，1716年并河天民呈献《开疆录》，声称："大日本国之威光，应及于唐土、朝鲜、琉球、南蛮诸国。"[2]1798年本多利明献上《经世秘策》，提出占领中国东北和库页岛。1803年他又献上《贸易论》，主张以战争形式掠夺财富应成为日本的国策。1823年左藤信渊内阁制定《宇内混同秘策》，提出要使"世界悉为皇国之郡县。万国君主皆为天皇之臣民……凡此先以吞中国始"。[3]

需要指出的是，从丰臣秀吉开始产生的日本人图谋对外侵略扩张，不是封建君主势力扩大统治疆域的侵略扩张，而是殖民主义的侵略扩张。因为，这一连串图谋发生在西方殖民主义已经在日本社会内部产生影响，并且越来越多的日本人接受这个影响的时代背景下。例如，本多利明在《经世秘策》中把"殖民""殖民统治"列为"四大当务之急"之一。[4]殖民统治的关键

---

[1] http://www.jnocnews.jp/news/show.aspx? id＝69202.

[2] http://www.jnocnews.jp/news/show.aspx? id＝69202.

[3] http://blog.sina.com.cn/s/blog_ 6b99108a0100pxbm.html.

[4] 转引自［日］唐纳德·金著，孙建军译：《日本发现欧洲（1720—1830）》，江苏人民出版社2018年版，第186页。

是要建立一个能够长远判断未来得失的体系……在进行殖民统治时，本该要求原住民永远牢记日本统治者之宽大胸怀，但日本却一直留有效仿中国的恶习。[1]此处"却一直留有效仿中国的恶习"，是指在当时认为"效仿中国"是恶习，要效仿西方殖民主义。随后，他就提到了俄国，既赞叹俄国人的殖民举措，又深深感到了俄国人对日本的威胁。"自 1765 年起，俄国官员开始强行进入阿伊努人居住的岛屿，这着实令人感到悲哀。俄国人在努力实现殖民统治上表现出了非凡的智慧，至今已占领了千岛群岛中的十八九座岛屿和堪察加半岛的广袤土地。他们在许多地方都修建了堡垒，中央行政机构也随之成立（其职员经常更换），并对原住民实行怀柔政策。据我耳闻，当地住民对俄国人的信任与亲生父母别无二致。"[2]"如果蝦夷及其周边诸岛皆为日本所属，则其供给之物产可为现今日本之数倍以上，实为大有裨益。东西方向另有必夺之岛，但此处暂按下不表。当下蝦夷（今北海道）及其周边诸岛渐入俄国之手，日本直接面临万分火急之势。如果日本仍旧对其所属诸岛置之不理，则恐将皆为外国所占。此时决不可等闲视之。外国势力一旦蜂拥而至，我国防卫必措手不及。"[3]本多利明提出，要效仿俄国，与俄国进行殖民争夺。"库页岛实乃重要之防线。俄国以殖民为主要国策，其结果导致世界上大半领土近年已似乎不可抗拒地被俄国人收入囊中。因此，库页岛更显其重要。日本应先从库页岛现有的贸易站着手，并对其进行逐次改良，或增加站点数量。如此一来，库页岛上的日本人数量亦会稳步增加。"[4]他对西方殖民主义的认识，远远超出了他对俄国殖民活动的认识。他似乎已经深刻地看清了世界历史趋势，通过对欧洲、亚洲、非洲和美洲的几大文明进行比较，他批评日本人还以效仿中国为荣，并提出要废弃汉字。他甚至认为，丰臣秀吉"如果再长寿一些，其势必可令中国等国皆为属国，然其却不幸于 1598 年 9 月 18

---

〔1〕 转引自［日］唐纳德·金著，孙建军译：《日本发现欧洲（1720—1830）》，江苏人民出版社 2018 年版，第 190 页。

〔2〕 转引自［日］唐纳德·金著，孙建军译：《日本发现欧洲（1720—1830）》，江苏人民出版社 2018 年版，第 190~191 页。

〔3〕 转引自［日］唐纳德·金著，孙建军译：《日本发现欧洲（1720—1830）》，江苏人民出版社 2018 年版，第 196 页。

〔4〕 转引自［日］唐纳德·金著，孙建军译：《日本发现欧洲（1720—1830）》，江苏人民出版社 2018 年版，第 193 页。

日殡天，享年 63 岁"。[1]。另外，丰臣秀吉的死亡日期与九一八事变的日期相同，可能并非巧合。1868 年 3 月，日本明治天皇颁布"继承列祖列宗伟业……宣布国威于四方"的"御笔信"；这意味着：一些日本人对外进行殖民主义侵略扩张的图谋，已经上升成了政府意志、国家决策。

（二）日本帝国主义图谋的暴露

日本对外侵略扩张的图谋，与其他任何主观动机一样，是在外化成行动时暴露出来的。1871 年发生的琉球事件，是日本近代对外侵略扩张图谋开始外显的历史节点。1871 年，一艘遭遇飓风的琉球贡船在台湾靠岸时被劫杀，逃出者得到了地方官府的救助。这件事完全是中国内政，日本却借口保护"属国居民"，出兵攻打台湾。为息事宁人，清朝廷与日本签订了《北京专约》，承认日本出兵是"保民义举"。琉球脱离了与清朝廷的朝贡关系，日本控制了琉球，第二年，日本以琉球为藩，琉球国灭亡。琉球事件的结果，完全实现了日本一石二鸟的祸心：试探中国虚实，控制琉球。对外侵略扩张的历史图谋，变成了现实野心；现实野心，因其逐步得逞而更加膨胀起来。

琉球灭亡，接着就是朝鲜。朝鲜与琉球一样，也是清朝廷的藩属国；不同的是，琉球与中国隔着海，朝鲜与中国山水相连，朝鲜与清朝廷的政治军事联系更加紧密。从 1875 年《江华条约》到 1882 年《仁川条约》，日本侵略势力渗透进了朝鲜，取得了在汉城的驻兵权。日本不断在朝鲜渗透，到 1885 年中日《天津条约》签署时日本已经达到了与清朝廷在朝鲜拥有同等影响——例如同等地向朝鲜派兵的权利——的地步。《中日天津条约》中关于同等地向朝鲜派兵的权利这个条款，为后来日本发动甲午战争埋下了伏笔。日本对外侵略扩张的图谋之深思远虑，由此可见一斑。

"从 1885 年起，日本加紧了发动大规模侵华战争的准备。"[2]在扩军备战的同时，日本参谋部不断地派遣间谍潜入中国搜集情报并据此提出军事行动方案，日本政府也为入侵中国制造舆论。"到 1893 年夏，明治天皇批准了《战时大本营条例》，标志着日本已经完成了大陆作战的准备，只等挑起战端的时

---

〔1〕 转引自［日］唐纳德·金著，孙建军译：《日本发现欧洲（1720—1830）》，江苏人民出版社 2018 年版，第 207 页。

〔2〕《中国近代史》编写组：《中国近代史》，高等教育出版社、人民出版社 2016 年版，第 152 页。

机了。"〔1〕

甲午战争就是在这样处心积虑的计划下发动的。当然，日本侵略者的处心积虑是以日本随着资本主义工商业的发展而不断增强的国力为基础的，扩军备战本身就是物质力量的扩备。与鸦片战争相似，甲午战争也以清朝廷割地、赔款告终。通过对中国的侵略，日本一跃而起，与西方列强同台舞翩跹。

20 年后，日本利用西方列强忙于第一次世界大战而无力东顾之机，试图把中国变为由它完全控制的殖民地。1915 年 5 月，日本诱使袁世凯政府签订了"二十一条"密约。这个灭亡中国的祸心，是在 1919 年巴黎和会时才为世人所知。

又 10 年后，日本利用欧美列强深陷经济危机而无力东顾、同时中国内战正酣之机，开始酝酿侵占中国的新行动。1931 年九一八事变，是这次新行动的起点。历经 4 个多月，到 1932 年 2 月初，日本占领了东北三省 128 万平方公里的领土（相当于日本国土的 3.5 倍）。

至此，日本灭亡中国的图谋，已经完全暴露了。随着此后日本继续向华北扩张态势的加剧，华北危机，平津危机，越来越多的中华儿女汇聚起反抗日本帝国主义侵略的抗日民族统一战线，掀起了争取国家独立、民族尊严的抗日战争。

二、中国共产党动员抗战的重大事迹

以九一八事变为起点的抗日战争，长达 14 年，以七七事变为标志分成局部抗战和全民族抗战两个历史阶段。以蒋介石为首的国民党采取不抵抗的政策和"攘外必先安内"的错误方针，〔2〕是局部抗战的显著特征。以国共两党合作为基础的抗日民族统一战线，是全民族抗战的根本特征。从局部抗战到全民族抗战的转变，就其内容而言，是从"攘外必先安内"到"停止内战，一致对外"的转变。中国共产党的抗战动员，是这个转变的重要因素。中国共产党动员抗战的重大事迹，主要表现在思想舆论和武装斗争两个方面。

---

〔1〕《中国近代史》编写组：《中国近代史》，高等教育出版社、人民出版社 2016 年版，第 153 页。

〔2〕《中国近代史》编写组：《中国近代史》，高等教育出版社、人民出版社 2016 年版，第 447 页。

（一）思想舆论动员

思想舆论和宣传动员，是提出和实施国家战略所必须的一项极端重要的工作。中国共产党历来重视思想舆论和宣传动员的重要性。没有思想舆论和宣传动员，就不可能组织起革命队伍，也就不可能掀起中华民族反对日本帝国主义侵略的抗日战争。九一八事变发生时，正当第三次反"围剿"取得胜利、准备迎接国民党军队发起更大进攻之际，在这样艰难的处境中，中共中央密切地关注到了日本侵略中国的动向。九一八事变发生的第三天，1931年9月20日，中共中央发表《中国共产党为日本强暴占领东三省事件宣言》，揭露日本帝国主义侵占东北的目的是使中国完全变成它的殖民地。"中共中央发布一系列文告，号召全国工农武装起来，进行民族的自卫战争。"[1]当时，中国共产党还在探索中国革命新道路——1927年大革命失败，中国共产党不得不武装反抗国民党的残暴统治而走向敌人统治薄弱的农村地区去开辟农村革命根据地、开展土地革命斗争——总结开辟农村革命根据地和开展土地革命的经验，毛泽东提出并且论证了农村包围城市、武装夺取政权的中国革命新道路。对这条中国革命新道路的论证，离不开笔杆子，更离不开枪杆子；离不开中国的具体实际，更离不开世界无产阶级革命的时代背景。"中国共产党以及当时党的主要领导人对日本帝国主义的认识和世界局势的了解，仍然拘泥于共产国际的判断和认识。"[2]尽管如此，中共临时中央政治局揭露九一八事变的宣言和一系列文告首先发出了警惕日本帝国主义侵华新动向的思想号角，这是毋庸置疑的。

中国共产党发起的警惕日本帝国主义侵华新动向的思想舆论和宣传动员，在内容上渐次发生了两个重大变化：由反对一切帝国主义到主要反对日本帝国主义的转变，由反蒋抗日到逼蒋抗日的转变。为了更鲜明地表达主张，1931年9月30日，中共中央又发表了《中国共产党为日本强占东三省事件第二次宣言》，"这次宣言的精神和第一次宣言基本上是相符合的，把反对日本帝国主义和其他帝国主义相提并论"。"该宣言在揭露日本帝国主义对中国侵略，反对日本帝国主义的同时，强调的重点放在反蒋抗日上。"1931年12月

[1] 本书编写组：《中国近现代史纲要》，高等教育出版社2018年版，第152页。
[2] 许屹山："青年毛泽东的日本观研究"，载《湖南师范大学社会科学学报》2011年第5期。

11 日，《中华苏维埃共和国中央临时革命政府为国民党反动派政府出卖中华民族利益告全国民众书》，进一步揭露日本帝国主义侵略中国的险恶目的，同时也揭露了国民政府采取不抵抗政策而导致大片领土丧失、出卖中华民族利益的卖国行径；号召全国劳苦群众团结起来、组织起来、武装起来，反对蒋介石国民党的反动统治，反抗日本帝国主义侵略。随着日本侵华动向的加剧，中国共产党针对日本帝国主义制造的侵略事件，每每发出宣言、公告。"1932 年 1 月 15 日，发表了《中国共产党为反对日本帝国主义占领锦州号召民族的革命战争宣言》。上海'一·二八'事变以后，中共中央为此于 1932 年 2 月发表了《中央关于上海事变的斗争纲领》《中共中央致上海反帝大同盟党团的一封信》及《中央为上海事变给各地党部的信》三个重要文件；同年 4 月，又陆续发表了《中华苏维埃共和国临时中央政府宣布对日战争宣言》和《中华苏维埃共和国临时中央政府对日宣战告世界无产阶级及被压迫民族通电》。"[1]这些宣言、文告的立足点都是反蒋抗日，1933 年初，日本军队向热河、察哈尔进犯，日本帝国主义与中华民族之间的矛盾更加尖锐和突显出来。在这种形势下，1933 年 1 月，中华苏维埃临时中央政府和工农红军革命军事委员会发表了《为反对日本帝国主义侵入华北愿在三条件下与全国各军队共同抗日宣言》。"这是中国共产党及其武装力量，从抗日救国大局出发，不计前嫌，希望与国民党军队'停止内战，一致抗日'愿望的最初表示。"也就是说，中国共产党的思想舆论和宣传动员，在内容上开始发生变化，"停止内战，一致抗日"的主张开始产生。这个主张，是建立抗日民族统一战线的认识前提，也是从"反蒋抗日"转为"逼蒋抗日"的认识起点。到 1934 年，国内外形势发生更大的变化。由于德国法西斯势力的猖獗，共产国际准备提出建立国际反法西斯统一战线。随着国际形势以及共产国际的决策发生变化，中国共产党也由反对一切帝国主义向主要反对日本帝国主义转变。"1935 年 8 月 1 日，中共驻共产国际代表团起草了《为抗日救国告全体同胞书》（即"八一宣言"），同年 10 月 1 日以中华苏维埃政府、中国共产党中央的名义在巴黎出版的《救国报》发表，呼吁全国各党派、各界同胞、各军队都应有'兄弟阋于墙，外御其侮'的真诚觉悟，捐弃前嫌，停止内战，集中一切国力，为抗日救国的神圣事

〔 1 〕　曾宪林："爱国主义与抗日民族统一战线策略的形成"，载《江汉论坛》1996 年第 1 期。

业而奋斗。"[1]同年 12 月中共中央政治局会议（"瓦窑堡会议"），提出了在抗日的条件下与民族资产阶级重建统一战线的新政策。与此同时，美国人和英国人感受到了日本对其在华利益的严重威胁，蒋介石也认识到了日本对其统治地位的严重威胁，蒋介石的对日态度和内外政策开始发生变化，对中国共产党也开始尝试"政治解决"的途径。国共两党通过国内、国外的不同渠道开始接触。1936 年 5 月，毛泽东、朱德联名发布《停战议和一致抗日通电》，公开放弃了反蒋的口号。9 月 1 日，中共中央发出党内指示，明确提出党的总方针是"逼蒋抗日"。

（二）武装斗争动员

蒋介石国民党政府对日本帝国主义侵略奉行不交涉、不抵抗政策，对"围剿"中国共产党和红军却不遗余力；与之形成鲜明对比的是，中国共产党在进行反"围剿"作战和长征的危难处境中发动了反击日本侵略的武装斗争。九一八事变是中国抗日战争的起点，这个起点不是蒋介石国民党政府抗击日本侵略的起点，这个起点是爱国将领在九一八事变时打响了 14 年抗战的第一枪。[2]1931 年 9 月 20 日，这个重大消息才通过报纸在全国传播开来。[3]处于国破家亡境地的东北爱国军民，首当其冲，他们以身犯难，在白山黑水之间点燃了民族自卫战争的烽火。然而，这些自发的斗争，没有统一领导，甚至还遭到了蒋介石国民党政府的打压和迫害。正是在这一危急关头，中国共产党举起了武装抗日的旗帜。

中共中央第一时间就发表了《中国共产党为日本强暴占领东三省事件宣言》。"中共中央发出一系列指示，要求中共满洲省委深入到民众中间去，加紧组织民众自卫队，建立游击队，特别注意游击队在政治上、军事上的巩固，要把游击队与群众斗争结合起来。中共满洲省委根据中共中央的指示，于 11 月中旬提出了建立党直接领导的抗日游击队的任务，号召党团员到农村去，

---

〔1〕 本书编写组：《中国近现代史纲要》，高等教育出版社 2018 年版，第 154 页。

〔2〕 胡卓然、赵云峰：《魂兮归来：不该忘记的十四年东北抗战》，山东画报出版社 2017 年版，第 60 页。

〔3〕 胡卓然、赵云峰：《魂兮归来：不该忘记的十四年东北抗战》，山东画报出版社 2017 年版，第 3 页。

发动农民斗争，进行游击战争。"[1]"中共满洲省委和各地党组织经过一段时间的努力，先后在南满、东满、吉东和北满创建了十多支抗日游击队。"[2]"中国共产党直接创建的东北抗日游击队，尽管开始人数很少，武器装备很差，又处于日军频繁'讨伐'的极端困难环境中，但由于有中国共产党的集中统一领导，有明确的政治纲领和严明的纪律，有同人民群众的血肉联系及英勇无畏的牺牲精神，因而从诞生的那天起，就表现出了一般群众武装不具备的组织性和坚韧性，并紧紧依靠广大民众，同日军展开了英勇的战斗。"[3]

与此同时，"中共中央和中共满洲省委对抗日义勇军的兴起和发展，给予了领导和援助"。[4]东北抗日义勇军是九一八事变后东北各族各阶层人民、部分爱国官兵和绿林武装等自发组织起来的各种抗日武装的通称。"九一八事变的第二天，东北地区就开始有义勇军的活动。"[5]中共中央和中共满洲省委在发起思想舆论动员工作的同时，先后派出 200 多名党团员到各地义勇军队伍中工作。"这些党团员主要通过两种方式开展活动：一是直接组织和创建义勇军队伍；二是协助进行组建工作，参与其反日斗争的领导，并发挥骨干作用。"还动员大批青年学生、知识分子参加义勇军，动员社会各界人士募捐，支持抗日义勇军的斗争。东北抗日义勇军主要有：黄显声、熊飞组织的辽宁抗日义勇军，邓铁梅、苗可秀组织的东北民众自卫军，唐聚伍组织的辽宁抗日义勇军，李杜等率领的吉林自卫军，冯占海统率的吉林省抗日义勇军，王德林等指挥的吉林国民救国军，马占山领导的黑龙江省抗日救国军，苏炳文、张殿九领导的东北民众救国军，等等。"据不完全统计，到 1932 年 4 月，东北三省义勇军总数已发展到 30 万人以上。"[6]"到 1933 年春，在日军重兵进攻下，缺乏集中统一领导、没有明确政治纲领和严格组织纪律的东北抗日义勇军严重受挫，其中伤亡 13 万人左右，溃散 7 万余人，退入苏联和热河各 3 万余人，尚有 4 万余人仍分散在东北各地坚持抗日斗争，其中一部分加入了

〔1〕《中国抗日战争史》编写组：《中国抗日战争史》，人民出版社 2011 年版，第 61 页。

〔2〕《中国抗日战争史》编写组：《中国抗日战争史》，人民出版社 2011 年版，第 62 页。

〔3〕《中国抗日战争史》编写组：《中国抗日战争史》，人民出版社 2011 年版，第 63 页。

〔4〕军事科学院军事历史研究部：《中国抗日战争史》（上卷），解放军出版社 2015 年版，第 112 页。

〔5〕《中国抗日战争史》编写组：《中国抗日战争史》，人民出版社 2011 年版，第 59 页。

〔6〕《中国抗日战争史》编写组：《中国抗日战争史》，人民出版社 2011 年版，第 61 页。

中国共产党领导的抗日游击队。"[1]中国共产党党员田汉、聂耳创作并于1935年5月发表的《义勇军进行曲》,就产生于东北抗日义勇军的斗争。

正当东北抗日义勇军的斗争遭受严重挫折时,1933年1月26日,中共驻共产国际代表团以中共中央的名义发出《给满洲各级党部及全体党员的信》,首次提出在东北组织反日民族统一战线的策略方针。经过半年多的酝酿,中共满洲省委根据这封指示信的精神作出部署,主动团结各种抗日力量,收编和改造各地义勇军,在抗日游击队的基础上开始组建东北人民革命军。从1933年9月到1936年1月,先后组建成东北人民革命军6个军,军长分别是杨靖宇、王德泰、赵尚志、李延禄、周保中和夏云杰。"东北人民革命军在组建过程中和组建后,注重以自己为核心,争取和团结各种抗日武装共同抗日。"[2]在中国共产党的领导下,东北人民的抗日武装斗争,从抗日义勇军失败的形势转向了抗日游击战争蓬勃发展的态势。

根据抗日斗争发展形势的需要,1936年2月10日,中共驻共产国际代表团提出《为建立全东北抗日联军总司令部决议草案》,决定将东北人民革命军改为东北抗日联军。改编时,组成东北抗日联军总司令部,杨靖宇为总司令,赵尚志为副总司令,李红光为参谋长。东北抗日联军,由原来东北人民革命军的6个军扩编为7个军,接着又先后增加了3个军。新增加的3个军,是由抗日义勇军的几支武装力量改编而成的。"从1936年2月到1937年7月,东北抗日联军已编成10个军、1个独立师,共约3万人,这是中国共产党实行抗日民族统一战线政策的重要成果。"东北抗日联军广泛开展游击战争,开辟了南满、吉东、北满三大抗日游击区,遍及东北70余个县,牵制了大量日、伪军,严重威胁着日本侵略者在东北的殖民统治。

三、中国共产党动员抗战的政治效果

中国共产党的抗战动员,是抗日战争从局部抗战转变成全民族抗战的主导因素。蒋介石国民党政府的不抵抗政策是局部抗战之所以是局部抗战的唯一原因,与之形成鲜明对照的是,中国共产党不仅从一开始就坚定地进行反抗日本帝国主义侵略的斗争,是局部抗战的中坚力量,而且推动蒋介石国民

---

〔1〕《中国抗日战争史》编写组:《中国抗日战争史》,人民出版社2011年版,第61页。
〔2〕《中国抗日战争史》编写组:《中国抗日战争史》,人民出版社2011年版,第105页。

党政府接受了"停止内战，一致抗日"的政治主张，从而实现了从局部抗战到全民族抗战的转变。

（一）抗日救亡运动兴起

抗日救亡运动的兴起，与中国共产党的抗战动员密切相关。九一八事变后，东北地区的爱国将领和士兵、全国各地的工人、农民、青年学生以及其他社会阶层的爱国人士，以不同的形式反抗日本帝国主义侵略。显而易见，如此广泛的民众抗日救亡运动，特别是工人、农民和青年学生的抗日救亡活动，离不开中国共产党的抗战动员。是否依靠人民、动员民众，是国共两党的显著不同。中国共产党依靠人民、动员民众，蒋介石国民党害怕人民觉醒、压制民众运动。

"东北的广大工人，直接处于国破家亡的境地，战斗在抗日救国斗争的最前线。"[1]九一八事变的第二天，沈阳兵工厂的工人，砸开工厂粮栈，动手分粮，还有 3 万多名工人拒绝为日本侵略者生产武器而先后离厂出走。抚顺、本溪、鞍山等地区的矿山工人，辽宁的纺织工人，安东丝厂的工人，南满铁路的工人，纷纷举行罢工，反抗日本侵略军。1931 年 9 月 21 日，哈尔滨成立了各界联合会，积极进行抗日活动。

9 月 24 日，上海 3.5 万名码头工人举行大罢工，抗议日本对中国的侵略。接着 23 家日商纱厂工人，举行反日大罢工。[2]9 月 26 日，上海 100 多个工会和各界群众数万人，举行抗日救亡大会。10 月 2 日，上海 150 多个工会举行代表大会，讨论抗日救国纲领，通过了多项决议案：要求国民党政府"立即出兵抗日"，给义勇军颁发军械，等等。其他各大城市，如北平、南京、天津、汉口、青岛、太原、长沙、广州和香港等地，也都出现了抗日救国的工人运动。

在蓬勃兴起的抗日救亡运动中，青年学生是思想最活跃的社会力量。九一八事变后，上海、北平、南京、天津、杭州、太原、长沙、西安、开封、广州、福州、武汉、南昌等城市的大中学生，纷纷集会游行，罢课请愿，组

---

〔1〕　军事科学院军事历史研究部：《中国抗日战争史》（上卷），解放军出版社 2015 年版，第 136 页。

〔2〕　军事科学院军事历史研究部：《中国抗日战争史》（上卷），解放军出版社 2015 年版，第 135 页。

织抗日团体，进行抗日宣传，要求南京政府停止内战、一致对外、武装民众、出兵抗日。[1]

民族资产阶级的团体，加入了抗日救亡运动的行列。九一八事变的第四天，即1931年9月21日，北平各界反日救国大会通电全国，提出"对日实行不合作主义"的倡议，上海、天津、汉口、南昌等城市的工商业者组织，相继表示对日经济绝交，掀起了抵制日货的抗日救亡运动。10月2日，全国商会联合会发出《告世界各国书》，接着全国各地商会纷纷通电，揭露或谴责日本的侵略行径，希望世界各国支持中国人民。

国民党左派及部分基层组织和军政人员，以不同的形式表达抗日救亡诉求。[2]九一八事变发生后，国民党左派人士宋庆龄、何香凝、冯玉祥等，明确反对"攘外必先安内"的错误行径。宋庆龄发表宣言称："中国国民党早丧失其革命集团之地位，至今日已成为不可掩蔽之事实。"[3]冯玉祥说，我们要抗日，我们要收复失地，谁要阻止抗日，谁就是卖国贼。国民党部分基层组织、国民党驻东京直属支部执行委员会、国民党驻巴黎总部执委会、国民党驻美总支部、国民党驻暹罗万磅支部和国民党长沙市支部，等等，都以致电形式表达抗日救国诉求。国民党中央军校的一些学生激愤于蒋介石不抵抗日本侵略政策，自动离校，到热河参加抗战。

海外侨胞不仅进行声援，而且捐赠资金和物资，甚至组织华侨义勇军直接参加抗日斗争。在日本的中国留学生当此国家危亡之时联合集会，发出号召，举行请愿，7000多人在两个月内相继返回国内，进行抗日救亡活动。马来西亚、菲律宾、缅甸、印度尼西亚、印度、澳洲、欧美各国的华人华侨组织，都出现了不同形式的抗日爱国活动，或政治抗议，或组织武装自卫队回国参战，或捐款支援抗日。

"日本帝国主义的侵略和蒋介石国民党政府'攘外必先安内'的政策，激起了全国各界人民的强烈反对，在中国共产党的领导和推动下，掀起了轰轰

---

〔1〕 军事科学院军事历史研究部：《中国抗日战争史》（上卷），解放军出版社2015年版，第133页。

〔2〕 军事科学院军事历史研究部：《中国抗日战争史》（上卷），解放军出版社2015年版，第141页。

〔3〕 军事科学院军事历史研究部：《中国抗日战争史》（上卷），解放军出版社2015年版，第141页。

烈烈的抗日救亡运动。"[1]抗日救亡运动逐渐深入，越来越多的国民党人士和其他各界爱国人士开始打破"攘外必先安内"的政策。国共两党内战、日本帝国主义侵略、抗日救亡运动这三大动向，相互交错，牵制着蒋介石国民党政府。蒋介石国民党政府若不能破除牵制，势必陷入困境。蒋介石国民党政府能突破困境吗？

（二）　和平解决西安事变

中国共产党的抗战动员，对于以国共两党内战、日本帝国主义侵略和抗日救亡运动这三大动向为主要内容的中国时势的变化，产生了至关重要的影响。历史时势的转变，不是神秘力量促成的，也不是自然发生的。从九一八事变到华北事变，日本灭亡中国的狼子野心已经是路人皆知，中国共产党的抗战动员顺应并且推动了抗日救亡运动，而蒋介石国民党政府"攘外必先安内"的行径却压制并且违逆着抗日救亡运动。民心向背的历史机理，也不是悄无声息地、没有迹象地起作用。抗日救亡运动，是民心向背的生动体现。以中国共产党为代表的中华民族的历史意志，推动着蒋介石国民党政府无可奈何地放弃了"攘外必先安内"，而转向了"停止内战，一致抗日"。和平解决西安事变，是这个转向的关键节点。

西安事变，也就是张学良、杨虎城拘捕蒋介石的兵谏，看似突然，不仅出乎世人意料，也出乎蒋介石意料，却并非偶然。国共两党在内战的同时，都面临着如何应对日本帝国主义侵略这个重大问题，内战关系着双方各自的生死，然而如何应对日本帝国主义侵略不仅关系着各自的生死，而且关系着包括国共两党在内的整个中华民族的生死。九一八事变后，两党都不约而同地把内战问题和应对日本侵略问题联系起来作决策，袖手旁观国共两党内战的中国各社会势力也纷纷发声、行动进行抗争。中国共产党的抗战动员顺应了中华民族争生存、争自由的时代心声，成为抗日救亡运动发生、发展的主导力量；国民党蒋介石却幻想以不抵抗换取日本帝国主义势力暂时停止侵略而压制抗日救亡运动。国共两党决策不同，一个顺应民心、与中国人民同道而行，一个违逆民心、与中国人民背道而行。民心虽然抽象，却真切地起着

---

[1]　军事科学院军事历史研究部：《中国抗日战争史》（上卷），解放军出版社 2015 年版，第 145 页。

作用、充满威力。张学良晚年特别强调[1]，他发动西安事变是因为与蒋介石政见不同；这个解释，与他发动西安事变时的动员训词给出的理由完全一致。在如何应对日本侵略这个重大问题上，张学良、杨虎城政见一致，他们赞同中国共产党的"停止内战，一致抗日"的政见，反对蒋介石"攘外必先安内"的政见。这种行动，不是张学良、杨虎城所独有的。他们的行动只是抗日救亡运动潮流的一个巨大浪花。以宋庆龄为代表的国民党左派，坚决反对蒋介石集团的独裁统治和不抵抗政策。1932年12月，宋庆龄和蔡元培、杨杏佛等在上海发起组织中国民权保障同盟。这个进步团体一面积极营救被国民党政府逮捕的爱国革命人士，包括共产党人如罗登贤、廖承志、陈赓等；一面揭露和抨击国民党统治集团的法西斯恐怖统治，争取人民的各项民主自由权利。中国民权保障同盟还同上海20多个进步团体一起，组织国民御侮自救会。1933年5月24日，宋庆龄在自救会筹备大会上发表演说，号召团结全国抗日力量，反对国民党的妥协投降政策。她要求国民党政府派遣军队并组织义勇军抵抗日本侵略，立即恢复人民的民主自由权利，停止向苏维埃区域进攻。她还介绍了中华苏维埃政府在1月17日宣言中提出的愿在三个条件下同任何军队合作抗日的主张。1933年5月26日，冯玉祥在张家口成立察哈尔民众抗日同盟军。他曾多次发出通电，呼吁团结抗日，反对蒋介石的不抵抗政策；他总结北伐战争后期同中国共产党分裂的教训，重新谋求同共产党合作，并同共产党的北方组织建立了联系。察哈尔民众抗日同盟军的抗战斗争，开创了中国共产党与部分国民党人士局部合作的新局面。1933年11月20日，李济深、陈铭枢、蒋光鼐、蔡廷锴等人以国民党第十九路军为主力在福建福州发动了抗日反蒋事件，史称"福建事变"，还建立了反蒋政权。他们主动与中央革命根据地和红军联系，谋求建立合作关系。当中共中央和红军辗转到陕北后，张学良与杨虎城处在与中国共产党直接对敌的前沿，也就是说，他们处在由国共内战和抗日救亡运动构成的中国政治军事时局的漩涡中心。杨虎城与张学良不是同一派系，却分别接受了中国共产党提出的建立抗日民族统一战线的主张；不仅如此，原本存在派系芥蒂的两人还精诚团结，达成了

---

　　[1]　1991年，张学良同意哥伦比亚大学张之丙、张之宇给他做口述历史。1996年1月12日，张学良口授、赵一荻抄录的关于做口述历史的动机的说明，其中指出，"有很多的人都想知道西安事变的内幕。西安事变的主要原因就是政见不同。"

"逼蒋抗日"的共识，合作发起了西安事变。若非合作，他们谁也不敢有类似西安事变的举动，甚至连想也不敢想。若非蒋介石亲临西安督战，他们也不可能有类似西安事变的机会。这些因素，都是偶然的吗？显然没有一个是偶然的，没有一个是心血来潮的冲动之举。

蒋介石在华北事变后开始放弃对日本暂时停止或延迟侵略的幻想，华北事变是日本侵略进入中国腹地的非常态势，已经严重地侵蚀了蒋介石国民党政权的正当性和安全性；还有，欧美国家也感到了日本对其在华利益的严重危害，与英美关系密切的蒋介石国民党政权也开始调整对外策略。从 1936 年春天开始，蒋介石开始派人与中国共产党接触，寻求政治解决途径。张学良打听到了国共两党关系的这一动向。1936 年 4 月 10 日，张学良与中共代表周恩来于肤施进行谈判，确定了双方合作的路径。其中，张学良提出，"蒋介石是在歧路上，他错在'安内攘外'，若把这个错误扭过来就可以一致抗日。你们在外面逼，我在里面劝，内外夹攻，定能扭转过来"，又说，"除非蒋介石投降日本，否则我不能反蒋"。[1]可以说，肤施谈判的内容是后来中国时局整体态势的脚本草稿——定稿是历史性发生的西安事变。西安事变和平解决，实现了肤施谈判的主要议题。由此可知，蒋介石对于国共两党停止内战的想法并非从西安事变才有的，而是有一定的心理准备；张学良、杨虎城发动西安事变的目的是逼蒋抗日，这个动机最初是劝蒋抗日——至于怎么劝、又为什么从"劝"变成了"逼"是不可能在肤施谈判时就能设想的——他们是经过长时间思考、准备的。和平解决是发动西安事变时的预期，正如预期的那样，西安事变产生了逼蒋抗日的结果。

西安事变和平解决，是中国近现代历史的重大节点，开启了中华民族全面抗击日本帝国主义侵略的新篇章。这是中国之幸，中国人民之幸，中华民族之幸！

---

〔1〕 "周恩来张学良肤施相会记"，载 http://www.sohu.com/a/321115771_114731，最后访问时间：2019 年 12 月 10 日。

第 12 讲
中华民族抗击帝国主义侵略的伟大胜利

西安事变和平解决，中国共产党与中国国民党初步达成了停止内战、一致抗日的共识。中国时局正在向由中国共产党主导的中华民族全面抗战的态势演化。1937 年 7 月 7 日发生的卢沟桥事变，是抗日战争进入中华民族全面抗战的显著标志。1945 年 9 月 3 日，日本在无条件投降书上签字，抗日战争胜利结束。这是鸦片战争以来中国第一次取得完全胜利的反侵略战争。

一、日本扩大侵华的罪行

地缘因素决定了日本妄图把中国视为其推行殖民主义战略的主要对象。日本殖民主义战略的决策和实施，显著地表现为吞并琉球、侵蚀朝鲜、割占中国台湾、鲸吞中国东北、蚕食中国华北和以卢沟桥事变为开端的全面侵华战争。在卢沟桥事变发生之前，日本侵华表现为逐步扩大的态势。14 年抗日战争不是缘于日本侵华，而是因为日本扩大侵华。日本扩大侵华的罪恶行径，给中国造成了深重的灾难。

（一）日本在中国台湾和东北地区的残暴统治

1895 年清朝廷将台湾割让给日本后，日本殖民统治者在台湾建立了总督专制统治，构筑严密的警察网络，复活封建保甲制度，控制台湾经济命脉，压制中华文化，引入日本文化，企图将台湾人民同化成为"畸形的日本人"。台湾人民虽然是法律上的"日本人"，但是深受民族歧视，政治上没有参政权，经济上备受压榨，处于二等公民的地位。日本占领台湾，是为了把它作为残酷剥削和疯狂掠夺的对象。1895 年通过实施 "官有林野取缔规则"，强占全台 94.15% 的山林原野，1898 年设置 "临时土地调查局"，颁布 "台湾地籍令""土地调查规划"，1901 年实施 "土地征收规则"，1905 年实施 "土地登记规则"，根据这些法令，日本总督府强占民田 2700 万亩，日本财团强占 200 多万亩，日本殖民者控制了台湾土地的四分之三。土地向日本殖民者手中高度集中，致使许多台湾农民破产、逃亡。日本占领台湾后，除搜刮和掠夺之外，就是图谋永久统治台湾，把台湾从中国分裂出去。从侵占台湾的第一天起，日本殖民当局就开始做起永久霸占台湾的美梦，大力推行殖民强制同化政策。殖民同化政策之一是推行奴化教育。一是推行差别教育和普及日语。在初级教育阶段，重视日本籍学童，轻视中国儿童，日本籍儿童就读的是 "小学校"，中国儿童就读的则是 "公学校" 和 "国（日）语传习所" 及 "教育所"，无论在什么学校，都把日语当作基本语言。二是防止中国人接受高等教育。从中等教育开始，限制中国学生所学专业；高等教育基本上由日本人独占。殖民同化政策之二是推行 "皇民化"。为压制台湾民众的爱国热潮，"培养忠良帝国臣民的素质"，把台湾建成进攻华东、华南和发动太平洋战争的基地，日本第 17 任总督小林跻造在 1936 年 9 月到任不久，即开始推行 "皇民化运动"。主要内容是，进行亲日思想宣传和精神动员，极力消除台湾民众的祖国观念，灌输大日本臣民思想。禁止汉语，强制推行日语是 "皇民化" 的主要内容。就在七七事变前后，日本总督府下达了撤销全台学校汉文科、废止各种报刊中文版的命令，同时颁布相应的惩罚措施，强迫台湾民众学习、使用日语。"皇民化运动" 不仅从语言、文字上宣扬 "日式文明"，还强迫中国人从生活习俗、宗教信仰、文化艺术、时令节气等方面向日本方式看齐。为使台湾民众生活日本化，严禁其信仰民间的各种传统宗教、神灵，下令烧毁台湾民间的诸家神灵，专设日本的天照大神。在社会习俗方面，日本殖民当局下令撤销春节等传统节日；台湾家庭必须使用日本的风吕（澡盆）、便所、榻榻米，妇女必须穿和服；吃饭要吃日本料理；行礼要行日本九十度的弯腰礼；结婚要在日本花嫁神前结婚；葬礼要采用大和安葬式，等等。

　　东北地区沦陷后，日本侵略者在 "开发""建设" 的幌子下，干着侵占、掠夺、榨取和奴役的勾当。他们侵吞东北地区的财富，掠夺东北地区的资源，奴役东北的人民，榨取东北人民的血汗，将一个富庶的地区变成人间地狱。日本在东北地区的经济活动，可以概括为两个词，即"统制"与"掠夺"。后者，被日本御用文人美化为"开发"。经济统制是日伪军自始至终坚持的一种制度。统制的范围不断扩大，统制程度不断加深，从生产到流通，从工业到农业，从金融到外贸，从产品到劳动力，无所不包。可以说已经达到了在资本主义制度下可能达到的极限。由于日寇为了最大限度地保证殖民主义物资掠夺而必须最大限度地压缩东北人民的消费水平。1935 年以后，日寇先后对重要的战略物资和人民生活必需品，实行全面的配售统制。在这种配售统制政策下，东北人民的生活陷入了极端贫困与痛苦之中。日本在中国东北地区的 14 年殖民统治中，奴化教育贯穿始终，对东北的青少年进行严厉的精神摧残，降低其文化素质。更能看出日本殖民统治的残暴，产生极其严重危害的是：日本侵略者极力向东北青少年灌输奴化教育思想，教师也只能按照日本侵略者的意图授课。日本侵略者曾大规模向中国东北进行移民侵略活动，并在移民过程中掠夺土地和各类资源，欺压中国东北地区百姓，企图达到永久统治中国东北的目的。从 1905 年到 1945 年的 40 年间，日本在对中国进行军事侵略的同时，还有计划、有组织、有步骤地向中国东北地区移民，强行占用中国农民土地和私有财产的行为屡屡发生。掠夺土地是殖民活动开展的基础。日本侵略者曾在中国东北成立"日满土地开拓公司"，通过验收、抢夺并销毁地契等方式，大量掠夺东北农民土地。这些行为暴露出日本企图通过移民改变我国东北地区人口构成，从而将东北地区变成其后方基地的险恶用心。

（二）日本深入侵华的反人道罪行

1894 年 11 月 21 日，日军侵占旅顺口后，进行了长达 4 天 3 夜的大屠杀。据英国法学家胡兰德的《关于中日战争的国际公法》引用维利尔斯的记载："当时日本官员的行动，确已越出常轨。他们从战后第二天起，一连四天，野蛮地屠杀非战斗人员和妇女儿童。在这次屠杀中，能够幸免于难的中国人，全市中只剩 36 人（后考察生还者 800 余人）。

1928 年 5 月 3 日至 11 日，第二次出兵山东的日军在济南疯狂屠杀了中国外交官员和军民。据世界红十字会济南分会查明：济南惨案死亡 6123 人，伤 1700 人，财产损失 2957 万元。

1932 年 9 月 16 日，侵华日军以对抗日队伍进行报复为由，对抚顺煤矿附近平顶山村的平民进行了集体大屠杀，造成 3000 多人当场罹难。

1937 年 12 月 13 日，侵华日军攻占南京城，在华中方面军司令官松井石根和第六师团师团长谷寿夫等人指挥下，对中国平民和放下武器的军人进行了长达 6 周的大规模屠杀。南京大屠杀死难者多达 30 万人，与德国法西斯的奥斯维辛集中营大屠杀相比，有过之而无不及。

日军在侵华战争中实行野蛮的"三光政策"，即"烧光、杀光、抢光"，制造了难以计数的惨案。1942 年 5 月，日军对河北省中部的北疃村进行了大扫荡，向村民躲藏的地道施放毒气，造成 1000 多名村民和民兵死亡。这样的惨案，数不胜数。

日军还实施了灭绝人性的生化战争。731 部队是侵华日军设在中国的规模最大的细菌战部队。这支部队在长达 12 年的时间里，疯狂研制鼠疫、伤寒、赤痢、霍乱、炭疽、结核等各种病菌，并在 5000 名以上战俘和平民的健康人体上进行过包括活体解剖和各种生物菌培养在内的大量惨无人道的实验。侵华日军先后在哈尔滨、长春、北京、南京、广州以及南洋的新加坡、马来西亚设立了大型细菌战基地和工厂，又在中国 63 个大中城市设立了分部和工厂。从 1931 年到 1945 年，侵华日军在中国 20 多个省、区成规模地使用细菌武器至少 36 次。日军不仅大规模地投放鼠疫菌，而且还投放了霍乱、炭疽、伤寒、副伤寒、痢疾、白喉、回归热等多种病菌，造成了中国民众十分惨重的伤亡。仅有据可查的统计就有 27 万无辜中国人死于细菌战，另外还有中国军方的死亡人数，而由日军散布的细菌引起的疫病蔓延而造成的死亡人数更是不计其数。

日军还设立了"慰安所"，以强制和欺骗的手段征集了数十万来自亚洲及其他洲国家的女性充当"随军慰安妇"，犯下了惨无人道的罪行。

二、国共合作与持久抗战

中华民族的抗日战争，是以中国共产党倡导的抗日民族统一战线为纽带、以国共合作为主体的持久抗战。中国共产党是维持国共合作、维护抗日民族统一战线的中坚和主导，多次击退了蒋介石国民党破坏国共合作、破坏抗日民族统一战线的进攻。为维护国共合作抗战的大局，中国共产党曾经付出过皖南事变的沉重代价。国共合作抗战，形成了两个战场相互配合的战略态势。这个战略态势，产生了中华民族持久抗战的伟大胜利，还显现出了国共两党各自发展的不同情形。

（一）维护国共合作抗战的重大举措

国共合作抗战，随着抗战形势的演变而出现了国共合作的不同情状。在1938年10月武汉、广州陷落之前，蒋介石国民党积极抗战，是国共合作的蜜月期。接下来，抗战进入相持期，特别是1940年8月百团大战后，国民党对国共合作抗战的态度发生了显著的变化，出现了消极抗战、积极反共的动向。1939年冬至1940年春，国民党顽固派发动第一次反共高潮。国民党军队侵犯陕甘宁边区，在山西、河北进攻中国共产党领导的军队和根据地时，遭到坚决的还击。1941年1月，他们发动了第二次反共高潮，在皖南以北以8万兵力包围、袭击新四军9000多人。新四军除约2000人突围外，一部分被打散，大部分牺牲或被俘，军长叶挺与对方交涉被扣押，政委项英被杀害。蒋介石诬蔑新四军"反叛"，宣布取消新四军番号。这就是在第二次反共高潮时国民党制造的皖南事变。面对蒋介石国民党破坏国共合作、破坏抗日民族统一战线的恶劣行径，中国共产党采取军事上严守自卫、政治上坚决反击的方针，赢得了国内外舆论的同情和支持。1943年春，国民党顽固派再次策划反共高潮，因中国共产党的及时揭露和斗争而停止了。

除了与蒋介石国民党的倒行逆施进行正面斗争外，中国共产党还从自身建设上提出了保持国共合作、维护抗日民族统一战线的政治原则、策略方针。国共合作抗战一开始，中国共产党就已指出，必须坚持统一战线中的独立自主原则，即在统一战线中，实行独立自主原则，既统一，又独立，对国民党采取有团结有斗争、以斗争求团结的方针；保持共产党在思想上、政治上和组织上的独立性，实行自己的政治路线；坚持共产党对八路军、新四军和其他人民军队的绝对领导，冲破国民党的束缚和限制，努力发展人民武装力量。[1]只有这样，才能保持中国共产党领导的革命力量和阵地，才能动员千百万群众进入抗日民族统一战线，才能继续发展革命力量和扩大阵地。如果历史的经

[1] 中共中央党史研究室：《中国共产党的九十年（新民主主义革命时期）》，中共党史出版社、党建读物出版社2016年版，第201页。

验可以借鉴，毫无疑问，中国共产党没有忘记 10 年前大革命时期国共合作破裂的教训。作为那场浩劫的幸存者，能不警惕悲剧可能重演吗？可是，却也未必尽然。在 1937 年 12 月召开的中共中央政治局会议上，王明提出"一切经过统一战线""一切服从抗日"的主张，其实质是否认中国共产党在抗战中争取领导权的重要意义，否认中国共产党在抗日民族统一战线中的独立自主原则，把自己的行动限制在国民党蒋介石所允许的范围内。中共中央对王明的这一右倾错误进行了坚决的抵制和斗争。1938 年 9 月 29 日到 11 月 6 日，中共中央六届六中全会召开。会议正确地分析了抗日战争的形势，规定了在抗战相持阶段的任务，为实现对抗日战争的领导进行了全面的战略规划。其中，11 月 5 日和 6 日，毛泽东作会议总结，着重讲统一战线及战争和战略问题。他批评王明"一切经过统一战线"的口号，是"自己把自己的手脚束缚起来，是完全不应该的"；强调"我们的方针是统一战线中的独立自主，既统一，又独立"。[1] 独立自主原则的实质，是力争中国共产党对全民族抗战的领导权，使中国共产党成为团结全民族抗战的中坚力量。这是中国共产党抵制蒋介石破坏国共合作的思想政治基础，是内功。

当抗战进入相持阶段时，蒋介石国民党开始表现出消极抗日、积极反共的倾向，国共合作、团结抗战的局面逐渐发生扭转，显现出中途妥协和内部分裂两大危险。中国共产党针锋相对地进行了有理、有利、有节的斗争。1939 年 7 月，中国共产党明确提出"坚持抗战到底，反对中途妥协""巩固国内团结，反对内部分裂""力求全国进步，反对向后倒退"三大口号，揭露汪精卫集团的叛国投降活动，保持同蒋介石集团合作抗战。

为了保持、扩大和巩固以国共合作为基础的抗日民族统一战线，中国共产党总结反"摩擦"斗争的经验，制定了"发展进步势力，争取中间势力，孤立顽固势力"的策略总方针。这是马克思主义阶级斗争分析法的创造性运用。

这些政治原则、策略方针的提出和实施，是保持国共合作、坚持全民族抗战到底的主导因素。

---

〔1〕　中共中央党史研究室：《中国共产党的九十年（新民主主义革命时期）》，中共党史出版社、党建读物出版社 2016 年版，第 204 页。

（二）正面战场和敌后战场在持久抗战中的战略配合

国共合作抗战的战略态势，表现为两个纲领、两个战场的事实上的相互配合。两个纲领，一个是《中国国民党抗战建国纲领》，一个是《中国共产党抗日救国十大纲领》；两个战场，一个是正面战场，一个是敌后战场。两个战场相互配合的战略态势，并不是国共两党协商分工的产物，而是两党各显其能的结果。两个纲领，是两党各显其能的抗战路线。

国共两党阶级立场、政治原则的不同，决定了它们的战略选择不同。坚决抗战，是全国人民的共同心愿。[1] 蒋介石集团掌握着全国政权，从大地主大资产阶级的利益出发，不敢发动和依靠人民大众，只依靠政府和军队抗战，还总是把抗战胜利的希望寄托在国际支持和援助上。1938 年三四月，国民党召开临时全国代表大会，通过了《中国国民党抗战建国纲领》。中国共产党相信人民是历史的创造者，从中国人民、中华民族的根本利益出发，动员和依靠人民群众共同抗战，确信只有这样才能坚持抗战和争取抗战胜利，使抗战的胜利成为人民的胜利。"与国民党实行的片面抗战路线不同，中国共产党一开始就主张实行全面抗战的路线，即人民战争路线。"[2] 1937 年 8 月下旬，召开的中共中央政治局扩大会议（洛川会议），通过了《中共中央关于目前形势与党的任务的决定》《中国共产党抗日救国十大纲领》和毛泽东起草的宣传鼓动提纲《为动员一切力量争取抗战胜利而斗争》及一系列相关决策。为了回应"亡国论"和"速胜论"的错误观点，1938 年五六月，毛泽东以讲演的方式公开了《论持久战》。《论持久战》似乎是抗日战争的行动蓝图，产生了指引抗日战争发展趋势的社会历史效应。国共两党合作抗战，却各自为政。合作抗战是应对非常形势的非常之举，包括国共两党在内的整个中华民族面临因日本侵略而发生的亡国灭种危险，这是非常形势；国共两党，社会底色不同，一个是资本主义底色，一个是共产主义底色。俗话说：道不同，不相为谋。所以，虽合作，却各自为政。在随后长达 8 年的抗日战争中，越来越多的人看清了国共两党的真实区别，作出投奔中国共产党的历史选择。蒋介

---

〔1〕 中共中央党史研究室：《中国共产党的九十年（新民主主义革命时期）》，中共党史出版社、党建读物出版社 2016 年版，第 188 页。

〔2〕 中共中央党史研究室：《中国共产党的九十年（新民主主义革命时期）》，中共党史出版社、党建读物出版社 2016 年版，第 189 页。

石不敢发动群众，毛泽东充分动员和依靠群众，得民心者得天下，国共两党的力量对比开始反转。

两个战场相互配合的战略态势，与国共两党各自施行其抗战路线密切相关。掌握全国政权的蒋介石国民党，依靠政府和军队的力量正面抗击日本侵略军。敌强我弱，处于弱势的国民党军队且战且退，正面战场渐次沦陷。沦陷区成为日本军队继续进攻的后方。中国共产党领导的军队进入敌后区，建立根据地，抗击日本侵略者。由此，中国抗战形成了正面战场和敌后战场相互配合的战略态势。不敢动员群众的蒋介石国民党政权，实行片面抗战路线，退缩到了大西南，在沦陷区无能为力。国民党汪精卫集团成为日本统治沦陷区的傀儡。在沦陷区进行抗战，离不开人民群众的力量。中国共产党实行全面抗战路线，在敌后开辟战场，建立根据地，动员和依靠人民群众的力量逐步扩大敌后根据地，扩大敌后战场。国民党正面战场渐次退缩，共产党敌后战场却逐步扩大。中国共产党的力量，在抗战前偏居陕北，到抗战结束时已经遍及沦陷区。中国共产党在抗战时期得到壮大，是在开辟和扩大敌后战场抗击日本侵略中而壮大的。中国共产党的壮大，与敌后战场和抗日根据地的扩大是一致的。

正面战场与敌后战场，一个退缩，一个扩大，历史地形成了相互配合的战略态势。若无正面战场，日本侵略者将闪电式地以军事力量占领中国，敌后战场的开辟将异常困难。若无敌后战场，沦陷区就是亡国之地，敌后战场和抗日根据地的扩大向世人昭告沦陷区并没有完全沦陷。敌后战场还牵制了日本侵略者在正面战场的进攻力量，敌后战场和抗日根据地的扩大是中国坚持抗战到底的能力显示，是保障中国大后方安全的重要因素。对立统一是世界的本质。对立的国共两党，实行对立的抗战路线，在面对外敌入侵，民族存亡之际，却产生了两个战场相互配合的战略统一性。这是历史之妙，也是中国之幸！

（三）国民党在持久抗战中的退缩与共产党在持久抗战中的进取

敌强我弱、敌小我大、敌退步我进步、敌寡助我多助，是抗日战争的基本特征。《论持久战》完全把握了抗日战争的这四个基本特征，并由此预见了抗日战争的发展趋势和一般结果。日本妄图凭借强大的军事实力速战速决，竭力避免持久消耗战。持久消耗战，利于中国，不利于日本，这与敌小我大直接相关，也与敌退步我进步、敌寡助我多助密切相关。以卢沟桥事变为起点，日军很快占领平津，战事急剧扩大。侵华日军分两部，一部是占领平津的日军，沿平绥、平汉、津浦三大铁路发动战略进攻；一部是从日本新派的日军，从上海进攻，兵锋直指南京。1937年8月初，国民政府制定了持久消耗战的基本战略，把全国划分为五个战区，作出了战略防御的战略部署。淞沪会战，坚守上海90多天，粉碎了日本"三个月灭亡中国"的妄想。还有忻口会战、台儿庄战役、武汉会战，直到1938年10月广州、武汉失守，正面战场成了战略防御阶段的主战场。除了台儿庄战役取得局部胜利外，其他战役都以失败、退却告终。国民政府迁都到了重庆。敌强我弱，正面战场的败退似乎无可非议。可是，若对照敌后战场的开辟和扩大，正面战场的收缩败退就不是无可非议的了。

在国民党军队正面迎击日军的同时，共产党领导的军队挺进敌后，发动和依靠人民群众，建立抗日根据地，开辟敌后战场。[1]敌后战场不断扩大，与正面战场迅速收缩形成了鲜明的对比。正面战场退缩使国土大片沦陷，敌后战场扩大使沦陷的国土又部分地被收复。到抗战结束时，国民党整体性地退缩到了大西南，而共产党扩大到了几乎整个沦陷区——日本军队控制着铁路沿线城市，共产党收复了城市周边广大的农村。

1938年10月武汉、广州陷落后，敌小我大的因素开始显现作用，抗日战争进入战略相持阶段。日本"速战速决"的战略计划破产，不得不调整侵华战略。11月3日，日本首相近卫文麿发表《东亚新秩序》，声明"不以国民政府为对手"，开始政治诱降；随即调整军事战略，把进攻重点转向敌后战场，加紧消灭敌后抗日力量，扶植汉奸政权，企图"以华制华""以战养战"。12月，汪精卫集团公开叛国。国民党正面战场压力减轻，在限制共产党及其领导的人民军队问题上开始积极起来。这也是一种退缩。如果不以国土得失论正面战场退缩的是非，国民党在国共合作抗战的立场上表现出消极倾向[2]，却是一种毫无疑问的政治退缩。这一政治退缩，与中国共产党敌后战场的政治进取也形成了鲜明的对照。

中国共产党成为抗战的中流砥柱，是不可否认的历史事实，是历史地显

---

〔1〕 本书编写组：《中国近现代史纲要》，高等教育出版社2018年版，第206页。

〔2〕《中国革命史》编写组：《中国革命史》，高等教育出版社2016年版，第163页。

现出来的客观事实。民族存亡与它的国家状况直接统一，决定国家状况的因素首先并且主要是政治，政治是国家的灵魂，军队只是政治的暴力工具，军事战略取决于政治决策。面对九一八事变后国家危亡的险恶形势，蒋介石国民党奉行不抵抗政策，把东北数倍于日本的大片领土拱手让给敌人；与之不同的是，中国共产党率先举起了号召全国抗战的政治旗帜，顺应形势发展提出建立抗日民族统一战线的政治主张，得到了全国人民的认同、拥护。西安事变是建立抗日民族统一战线的最重大事件，逼迫蒋介石接受了以停止内战、坚持国共合作抗战的政治主张。拥有全国政权的蒋介石施行片面抗战路线，只靠政权和军队，不敢恢复扶助农工的政策，再一次暴露出他的政治短板。军队力量不足，可以政治解决，发动和依靠人民，实行毛泽东主张的兵民思想。人民觉醒，却是蒋介石最担心的事情。尽管在战略相持阶段的1938年11月至1943年1月，国民党军队在正面战场相继进行了南昌会战、随枣会战、长沙会战、桂南会战、枣宜会战、中条山会战等一系列军事行动，却无法掩盖正面战场继续退缩的事实。与此同时，敌后战场却在显著扩大。中国共产党领导的武装力量和敌后战场，成了抗战的钢铁长城。日本侵略者都不再"以国民政府为敌"，而把敌后战场作为军事进攻重点，谁是抗战的中流砥柱不是显而易见的吗？

敌后战场扩大与中国共产党政治进取是表里一体的，政治进取是敌后战场扩大的根本动因。中国共产党实行全面抗战路线，政治进取表现为全面抗战路线的贯彻、落实。在抗日民主根据地，实行民主政权三三制，实行"减租减息"土地政策、发展生产，还兴办文化教育事业。"抗日根据地政治民主、政府廉洁、民族团结、经济发展，同国民党统治区政治专制、吏治腐败，形成鲜明的对照。"[1]中国共产党还推进大后方的抗日民主运动和进步文化事业，加强自身建设，为取得抗战的最后胜利而勇于进取。

三、抗日战争的胜利与中国国际地位的提高

从1943年夏秋之际开始，敌后军民开始了局部反攻。1945年8月9日，毛泽东发表《对日寇的最后一战》的声明，其中指出："对日战争已处在最后

---

〔1〕　本书编写组：《中国近现代史纲要》，高等教育出版社2018年版，第206页。

阶段，最后地战胜日本侵略者及其一切走狗的时间已经到来了。在这种情况下，中国人民的一切抗日力量应举行全国规模的反攻。八路军、新四军及其他人民军队，应在一切可能条件下，对于一切不愿投降的侵略者及其走狗实行广泛的进攻，歼灭这些敌人的力量，猛烈地扩大解放区，缩小沦陷区。"8月10日，敌后战场发起了全面大反攻。8月14日、15日，日本接受并宣布无条件投降。9月2日，在东京湾美军军舰密苏里号上举行日本向同盟国投降签字仪式。至此，中国人民抗日战争胜利结束，世界反法西斯战争也胜利结束。9月3日，抗战胜利的喜悦在全国沸腾。这一天，是中国人民永恒的抗战胜利纪念日。

（一）抗日战争在世界反法西斯战争中的地位、作用

世界反法西斯战争，是20世纪人类正义与邪恶、光明与黑暗、自由与奴役的殊死战斗。中国的抗日战争是世界反法西斯战争的重要组成部分。中国战场始终是反抗法西斯邪恶势力的亚洲主战场。中国人民团结在中国共产党倡导的抗日民族统一战线伟大旗帜下，为最终战胜日本法西斯，作出了不可磨灭的历史性贡献。中华民族为世界反法西斯战争的胜利承受了巨大的牺牲，中国抗日战争在世界反法西斯战争中占有十分重要的地位。

占世界人口总数四分之一的中国人民最早抗击日本法西斯侵略，开辟了人类正义力量抗击法西斯邪恶势力的战场，揭开了世界反法西斯战争的序幕。在20世纪30年代，德国、日本、意大利组成法西斯"轴心国"，妄图以侵略战争为手段，把法西斯黑暗制度推行于全世界。在整个世界面临危难、人类面临法西斯暴政统治的时候，任何一个国家只要为反抗法西斯侵略而战，就具有了双重的历史涵义：既是为国家主权、民族解放而战，也是为人类避免法西斯暴政统治而战。从1931年到1937年上半年，中国抗击日本法西斯的侵略，是在极其艰苦的环境中进行的。在国际上，面对法西斯的侵略扩张，英、法、美等西方大国从本国利益出发，采取短视的"中立"或"不干涉"政策。这在客观上姑息纵容了德、日、意法西斯，致使法西斯集团侵略气焰更加嚣张。中国人民在极为艰苦的环境下，奋起抗击日本法西斯的武装侵略，用自己的血肉筑起新的长城，试图粉碎日本法西斯灭亡中国、征服亚洲、控制世界的图谋。这固然是为挽救中国危亡而战，但同时更是为人类的进步事业而战。中国人民最早担当起反抗法西斯的重任，中国抗日战争开辟了人类

正义力量抗击法西斯邪恶势力的战场，揭开了世界反法西斯战争的序幕。

中国抗日战争从九一八事变开始，到 1945 年 9 月中国胜利结束，历时 14 年之久。特别是 1937 年七七事变爆发后，日本法西斯向中国发起全面进攻，把战火扩大到华北、华东、华中和华南，中日战争在长达 5000 公里的正面战场和 130 余万平方公里的敌后战场进行。中国与日本法西斯交战的兵力最高时达 1000 余万，其中中国军队近 500 万，民兵 200 万，日军近 200 万，伪军 100 多万。在旷日持久的战争期间，中国军队进行会战 20 多次，重要战役 200 余次，其中仅八路军、新四军歼敌千人以上的战役就 70 余次，大小战斗近 20 万次，毙伤俘日军 150 余万、伪军 118 万。战争结束时，接受日军 128 万余人、伪军 146 万人投降。事实表明，中国抗日战争是打败日本法西斯的主战场，也是世界反法西斯战争的亚洲主战场。中国抗日战争牵制打击了日本陆军的主力精锐兵团，同时也为国际反法西斯战争胜利做出了巨大贡献。

中国是世界反法西斯战争的五大同盟国之一，这是鸦片战争以来中国第一次与世界强国比肩为伍，共同决定全球政治、军事格局的较量，也是对中国抗日战争在世界反法西斯战争中的地位和贡献的承认。这一历史性贡献也促成了以后中国成为联合国创始国之一，成为联合国安理会五大常任理事国之一。

（二）抗日战争胜利是中华民族抗击帝国主义侵略和统治的第一次完全胜利

回望屈辱和悲壮的中国近代史，从鸦片战争到抗日战争前的近百年间，世界列强几乎都参与了对中国的侵略和掠夺。尽管中国人民对其进行过一次又一次抵抗，但无不以中国失败而告终。而中国人民的抗日战争，是中国人民抵抗日本帝国主义侵略的正义战争，是世界反法西斯战争的重要组成部分，也是近代以来中国反抗外敌入侵第一次取得完全胜利的民族解放战争。中国人民抗日战争的胜利，成为中华民族由衰败走向复兴的重大转折点，为实现民族独立和人民解放、建立新中国奠定了重要基础，为世界各国人民夺取反法西斯战争的胜利、争取世界和平的伟大事业做出了巨大贡献，中国人民抗日战争的胜利是中国近现代史上的大事件。

中国人民抗日战争的胜利极大地促进了民族觉醒和民族团结。毛泽东说：抗日战争促进中国人民的觉悟和团结的程度，是近百年来中国人民的一切伟大的斗争中没有一次比得上的。这场战争，使中华民族有史以来空前觉醒、空前团结，为民族前途和命运而抗争的意识空前增强。这种巨大的民族觉醒和空前的民族团结，从根本上决定着战争的进程和结局，决定了民族的前途和命运。中国人民抗日战争的胜利极大地提高了中国的国际地位。从 1840 年鸦片战争开始，中国屡遭帝国主义列强的侵略和蹂躏，国家主权和领土完整不断受到侵蚀，逐渐陷入半殖民地半封建社会的深渊。中国的抗日战争为世界反法西斯战争作出了巨大贡献，获得了国际社会的尊重，中国的国际地位也随着抗战的展开和胜利而得以提高。中国政府充分利用参加世界反法西斯同盟这一历史契机和有利的国际环境，积极开展外交活动，初步废除了各国由对华不平等条约所赋予的许多特权，使一个世纪以来世界列强强加给中国的不平等条约体系开始崩溃。中国积极参与国际事务，并成为联合国的主要创始国和安理会常任理事国，中国在世界反法西斯战争中形成的大国地位得以初步确立，在国际社会的影响力也显著提高。中国人民抗日战争的胜利极大地加快了民族独立和人民解放的步伐。近代以来中国人民为民族复兴而奋斗，最重要的政治前提，就是实现民族独立和人民解放。中国共产党在抗日战争中自觉地把反对日本帝国主义与反对专制统治结合起来，把积极抗日与推进民主进步运动结合起来，把为中国人民谋民族解放与谋社会解放结合起来。政治力量的消长和人心的向背，直接影响了战后中国的政治格局和历史走向，进而决定了中国的前途和命运。抗日战争胜利后只用了 4 年时间，中国共产党便领导中国人民取得了民主革命的胜利，开启了中华民族伟大复兴的新征程，为抗日战争的胜利争取到了最光明的前途。

（三）抗日战争胜利的原因、启示

抗日战争中，中国共产党作为全民族团结抗战的中流砥柱，是抗日战争取得胜利的首要条件。在民族矛盾日益成为中国社会主要矛盾的形势下，中国共产党明确提出并坚持实行全民族的全面抗战路线和持久战的战略总方针，实行了以弱胜强的战争指导策略；开辟和发展敌后战场，广泛开展游击战争，创造了有利于全国抗战的战略格局；创建抗日民主根据地，打造了争取抗战最后胜利的战略基地。斗争过程中，中国共产党牢记历史使命，全面加强党的建设，形成了正确而坚强的中央领导集体，建立了密切联系群众的党的组织系统，发展了党的优良作风，树立了党在人民群众中的良好形象。广大共产党员始终把号召、带领和团结全国人民共同抗战视为崇高使命，身体力行，身先士卒，充分发挥了先锋和模范作用，强有力地感染和激励着全国人民的抗战热情和斗争，从而赢得了人民群众的衷心信赖和拥护，成为中国人民革命事业的领导核心。

抗日战争中，以爱国主义为核心的抗战精神成为鼓舞中国人民夺取胜利的强大精神支柱和力量源泉。抗日战争不仅是一场军事实力和经济实力的较量，而且是一场精神和意志的较量。面对日本帝国主义的侵略，生存还是毁灭，是每一个中国人都不得不回答的严峻问题。国难当头，全国各族各界人民紧紧团结在爱国主义的旗帜下，扶大厦于将倾，挽狂澜于既倒，整个民族的生命力、凝聚力和战斗力被空前唤醒了。在爱国主义的感召下，在艰苦卓绝的战斗中，民族精神得到了极大的丰富和升华。全国各族、各界、各阶层人民坚持国家和民族利益至上、誓死不当亡国奴的民族自尊品格，万众一心、共赴国难的民族团结意识，不畏强暴、敢于同敌人血战到底的民族英雄气概，百折不挠、勇于依靠自己的力量战胜侵略者的民族自强信念，坚持正义、自觉为人类和平进步事业贡献力量的民族奉献精神，这些以爱国主义为核心，以深刻的民族觉醒、空前的民族团结和英勇的民族抗争为主要特征的伟大民族精神，就是中国人民在抗日战争中形成和塑造的抗战精神。

抗日战争中，以国共合作为基础的抗日民族统一战线掀起全民族大团结大联合的浪潮，是抗日战争取得胜利的根本保证。九一八事变后，中国共产党首先倡导建立抗日民族统一战线。此后，为建立抗日民族统一战线进行了艰辛的努力，积极促成西安事变的和平解决，推动了国共两党的第二次合作，抗日民族统一战线最终形成。在抗日民族统一战线的推动下，国共两党实行了比较密切的军事合作和政治合作，使中华民族精神为之一振，抗战的气势大为改观。为了不断巩固和扩大抗日民族统一战线，中国共产党正确处理了民族矛盾和阶级矛盾，提出了一系列正确的统一战线策略和政策。历史表明，抗日民族统一战线始终以中华民族利益为重，始终把救亡图存作为共同的奋斗目标，最大限度地凝聚了共识，最大限度地动员起了千千万万的民众，组织起了浩浩荡荡的大军，形成了陷敌人于灭顶之灾的汪洋大海，从根本上保证了抗日战争的胜利。

抗日战争中，中国人民在为世界反法西斯战争做出突出贡献的同时，也积极倡导和推进建立国际反法西斯统一战线，为抗日战争取得胜利营造了良好的外部环境。中国人民的抗日战争从一开始就具有拯救人类文明、保卫世界和平的重大国际意义。在整个世界反法西斯战争中，中国的抗日战争开始时间最早，持续时间最长，抗击日军最多，付出代价最重。中国人民坚强不屈的战斗，赢得了世界上一切爱好和平和正义事业的国家和人民的尊重、支援和帮助。在世界反法西斯战争胜利的丰碑上，镌刻着中国人民的卓著功勋；在中国人民抗日战争胜利的史册上，也记载着世界人民的光辉业绩。中国作为世界反法西斯战争的主要大国之一，积极参加同盟国的战略行动，把反对侵略战争、维护世界和平这一人类共同事业与争取中华民族独立解放的伟大事业有机结合起来，开辟了抗日战争新局面。

第 13 讲
解放战争与中国出路的大抉择

在抗日战争胜利之际，中国时局恢复了抗日战争之前国共两党逐鹿中原的态势。从 1945 年 8 月 29 日重庆谈判到 1949 年 10 月 1 日中华人民共和国成立这段中国革命进程，时称"解放战争"，史称"第三次国内革命战争"，又称"第二次国共内战"。解放战争，终结了中国半殖民地半封建社会的状态，建立了中华人民共和国，是中国新生社会权威由旧民主主义转型为新民主主义、战胜并且取代中国传统社会权威的阶段。在这个过程中，以国共两党为对弈双方的中国三种社会势力之间展开了三种建国方案、两个前途的激烈较量。国共两党对弈，是决定中国出路的大抉择。

一、中国的两个前途之是否和平民主

抗战胜利之际，是中国选择走向的非常时节。选择中国走向的较量，主要是在中国共产党和中国国民党之间展开。较量的焦点在于是否恢复抗战之前的南京政权专制统治秩序。废除中国国民党专制统治、改组南京政府，是民主党派和中国共产党的共同选择。中国走向的选择之争，开始了以是否和平民主为起点的中国的两个命运之较量。

（一）战后形势与国共对弈的崭新布局

抗日战争胜利后，中国广大人民热切希望实现和平、民主，为建设新中国而奋斗。战后国际国内形势，总的来说，对中国人民实现建设新中国的目标是有利的。

国际上，经过第二次世界大战，在主要的帝国主义国家中，德、意、日三个法西斯国家被彻底打败，战胜国英、法等国受到很大削弱，美国成为资本主义世界的霸主；苏联经过战争考验，成为足以与美国抗衡的世界一流强国。欧洲东部、中南部和亚洲东部、东南部出现了一系列由工人阶级政党领导的人民民主国家。社会主义冲破一国范围在多国赢得胜利；占世界陆地面积2/3、人口3/4的亚洲、非洲、拉丁美洲及南太平洋地区，民族解放运动蓬勃兴起，许多原殖民地、附属国取得了或正在争取政治上的独立，殖民主义体系急剧瓦解。

在国内，经过抗战，中国人民经受了极大的锻炼，觉悟程度和组织程度空前提高，中国共产党领导的人民革命力量得到前所未有的发展壮大。中国共产党提出的通过民主联合政府的途径，建立一个独立、自由、民主、统一和富强的新中国的主张，在全国得到广泛的响应。各民主党派和人民团体，纷纷发出结束一党专政、成立联合政府、反对内战独裁的呼吁。

但是，通向新中国的道路仍然是崎岖、曲折的。国民党统治集团作为大地主、大资产阶级的政治代表，其根本目标是使战后的中国回复到战前的状态，即坚持蒋介石的独裁统治，继续走半殖民地半封建社会的老路。以武力消灭共产党及其领导的人民军队和解放区政权，是蒋介石集团的既定方针。

抗战胜利后，一些民主党派的领导人物和若干无党派人士更是抓住时机大力鼓吹"中间路线"或"第三条道路"，企图在国民党坚持的地主阶级与买办性的大资产阶级专政和共产党主张的无产阶级领导的各革命阶级联合专政的政权之外，另找一条道路，实际上就是资产阶级共和国的道路。

工人、农民和城市小资产阶级是中国民主革命的基本动力和主要依靠。它们的政治代表中国共产党的主张，中国人民应当在工人阶级及其政党的领导下，首先进行一场彻底的反帝反封建的新式资产阶级民主革命，即新民主主义革命，以便建立一个由工人阶级领导的人民共和国，即人民民主专政的国家；并经过这个人民共和国，进行大规模的经济建设，逐步达到社会主义和共产主义。

三种政治力量分别提出了三种不同的建国方案，但由于当时中国所处的时代条件和国内阶级关系的状况决定了资产阶级共和国的方案并不具备现实性。这样一来，抗战胜利后实际上可供中国人民选择的方案主要是两个：一是继续半殖民地半封建的旧中国，二是创建新民主主义的新中国。此时国内的政治格局已经十分明朗：以美国支持的蒋介石集团为代表的大地主、大资产阶级同以中国共产党为代表的人民大众之间的矛盾，取代日本帝国主义同中华民族之间的矛盾而成为中国社会的主要矛盾。

国共力量的对比较抗战前也发生了显著变化：虽然国民党统治集团控制着全国政权，并拥有一支 400 多万人的庞大军队，但是共产党的力量经过抗战也有了长足的发展，人民解放军的总兵力达到 120 万人，解放区扩大到 1 亿人口。经过整风学习，中国共产党在毛泽东思想的基础上达到了高度的团结。国共对弈的崭新布局主导了抗战胜利后中国政治发展的走向。

（二）重庆谈判与政治协商会议的和平民主曙光

在抗战胜利后的重要历史转折关头，中国共产党贯彻执行党的七大制定的政治路线，力争实现和平建国，并于 1945 年 8 月 25 日发表《对目前时局的宣言》，明确提出"和平、民主、团结"三大口号，阐明中国共产党关于"在和平民主团结的基础上，实现全国的统一，建设独立自由与富强的新中国"的主张。应蒋介石的三次电邀，8 月 28 日，毛泽东、周恩来、王若飞在张治中、赫尔利陪同下乘专机抵达重庆。毛泽东不顾个人安危亲赴重庆这一行动，有力地宣告：中国共产党是真诚地谋求和平的，是真正地代表全国人民的利益和愿望的。

在重庆谈判期间，毛泽东直接同蒋介石就国共两党关系的重大问题进行多次商谈，同时中共代表团广泛地进行争取团结各方面和平民主力量的工作。为了使谈判能够获得进展，中共代表就解放区政权和军队问题先后作过多次让步。通过这些努力，使得中国共产党的立场得到各民主党派和各界民主人士的普遍同情和支持。

10 月 10 日，国共双方代表签订《政府与中共代表会谈纪要》，即"双十协定"，确认和平建国的基本方针，同意"长期合作，坚决避免内战"。双方还确定召开各党派代表及无党派人士参加的政治协商会议，共商和平建国大计。这些是国共会谈取得的主要成果。重庆谈判的举行和会谈纪要的发表，表明国民党方面"承认了中共的地位""承认了各党派的会议"，同时使中国共产党关于和平建设新中国的政治主张被全国人民了解，从而推动了全国和平民主运动的发展。对于重庆谈判的意义，毛泽东指出："谈判的结果，国民党承认了和平团结的方针。这样很好。国民党再发动内战，他们就在全国和全世界面前输了理，我们就更有理由采取自卫战争，粉碎他们的进攻。"

1946 年 1 月 10 日，政治协商会议在重庆召开。出席会议的有国民党、共产党、民主同盟、青年党和无党派人士的代表 38 人。政协会议的中心议题，是关于政治民主化和军队国家化的问题。

政治协商会议历时 22 天，于 1946 年 1 月 31 日闭幕。会议通过了政府组织案、国民大会案、和平建国纲领、军事问题案、宪法草案等五项协议。政协协议虽然不同于中国共产党所主张的新民主主义革命纲领，但对国民党的一党专政、个人独裁的政治制度和反人民的内战政策，具有明显的限制作用，基本上符合全国人民的和平民主愿望。政协协议的通过，是中国共产党同各民主党派、民主人士亲密合作，并同国民党中坚持民主进步的人士共同努力的结果，是中国人民在政治上的胜利。中国共产党准备在这个基础上继续同各民主党派、民主人士密切合作，经过长期奋斗，通过政治方式，使中国走上民主建设的康庄大道。

值得一提的是，在重庆谈判期间，开始于 1945 年 9 月 10 日的上党战役，是抗日战争结束之后国共两党发生的首次军事冲突，成为第二次国共内战的序曲。

(三) 维护和破坏中国和平、民主、团结态势的较量

对于 1946 年 1 月达成的停战协定和政协协议，中国共产党是决心严格遵守和履行的。政协会议刚结束，中共中央即于 2 月 1 日向党内发出《关于目前形势与任务的指示》，指出"从此中国即走上了和平民主建设的新阶段"，"中国革命的主要斗争形式，目前已由武装斗争转变到非武装的群众与议会的斗争，国内问题由政治方式来解决。党的全部工作，必须适应这一新形势"。指示同时指出，英美和中国大资产阶级中还有许多阴谋，中国民主化的道路依然是曲折的、长期的。因此，必须提高警惕，注意"阵地的取得和保持"，作好进行自卫战争的准备，而"练兵、减租与生产是目前解放区的三件中心工作"。而"我党对于新的斗争形式与组织形式，采用得愈迅速愈熟练，便愈能夺取主动权"。

以民主党派和无党派人士为代表的中间力量也是政协协议的坚定维护者，他们和中国共产党一样也是反对一党专政、个人独裁，要求改组南京政府的。

这样一来，由中国共产党和第三方势力组成的阵营代表了当时中国"和平民主团结"的力量，反映了亿万人民的共同心声。

而国民党政权所代表的是大地主、大资产阶级的利益，其统治的社会基础极其狭隘，它们主张继续实行地主阶级、买办性的大资产阶级的军事独裁统治，使中国继续走半殖民地半封建社会的老路。这就决定了它既不能容忍、也经受不住任何的民主改革。后来担任美国国务卿的艾奇逊在其回忆录中也承认，国民党存在着维护特殊利益的集团，它"愈来愈流露这样一种信念：追求统一和民主的中国，他们将丧失一切"。正因为如此，国民党统治集团从来没有准备去履行政协协议。在 1946 年 3 月召开的国民党六届二中全会上，蒋介石命令他的追随者对政协协议"就其荦荦大端，妥筹补救"。这次会议作出了旨在从根本上推翻政协关于宪法草案中规定的各项民主原则的多项决议，以扩大内战的行动，使政协协议成为一纸空文。

此时的局面已经十分清楚，以蒋介石为首的国民党政权是政协协议的破坏者，代表了当时中国"内战专制分裂"的势力。事实表明，国民党统治集团不仅从根本上反对中国人民关于建立新民主主义国家的要求，就是欧美资本主义国家所实行的民主制度也不能容忍。

邯郸战役充分体现了当时维护和破坏中国和平民主团结态势的较量。邯郸战役是继上党战役之后的又一次大规模歼灭战，是对进犯的国民党军队采取的自卫反击，再次粉碎了蒋介石的内战阴谋，对于争取国内和平的斗争起到了重大作用。

中国共产党针对国民党统治集团倒行逆施、肆意破坏政协协议的行为，进行了针锋相对的斗争。尽管最终未能阻止全面内战的爆发，但是，它使得各界群众增强了对中国共产党的了解，使人们逐步认清了国民党统治集团坚持独裁统治和内战政策的真实面目，懂得了什么人应当对这场战争承担责任。这在政治上是一个重大的胜利。

政协协议的通过，曾经激起中国人民对实现和平、民主、团结、统一的热烈期望。国民党统治集团既然扼杀了全国人民关于和平建国的热切愿望，它也就把自己放到了全国人民的对立面，注定了最终失败的结局。

二、中国的两个前途之巅峰对决

1946 年 6 月底，中国国民党军队进攻中原解放区，挑起了全国性内战。

中国时局呈现出国共两党逐鹿中原的态势。这场角逐，是第三方势力无能参与的巅峰对决，是以军事为主的经济、政治和思想文化的全方位较量。在这场角逐中，中国传统社会权威的国家建制陷入衰亡，中国新生社会权威的国家机体正在生成。

（一）解放战争的战略转换

从 1946 年 6 月内战爆发到 1947 年 6 月，短短一年时间，中国共产党领导的人民军队经历了从"自卫战争"到"解放战争"、从战略防御到战略进攻的迅速转换，从根本上粉碎了国民党统治集团的速战速决计划。

1946 年 6 月底，国民党军队以进攻中原解放区为起点，挑起了全国性的内战。在全面内战爆发之际，中共中央清醒地估计国际国内形势，及时地确定了用自卫战争粉碎国民党军队的进攻，以期恢复国内和平的方针。"武装自卫"这个口号表明，这场战争是国民党强加于中国人民的，中国共产党是被迫应战的，其目的仍然是制止战争、恢复和平。为了能够以劣势兵力挫败国民党军队的进攻，争取自卫战争的胜利，实现国内和平，中共中央在军事上、政治上、经济上确定了一系列正确的、富有远见的方针和政策。在军事方面，中共中央军委要求人民解放军实行"以歼灭敌军有生力量为主要目标，不以保守或夺取地方为主要目标""以集中兵力打运动战为主，以分散兵力打游击战为辅"的作战方法，求得在总的敌强我弱的条件下，最有效地打击敌人，逐渐削弱敌人的有生力量，不断壮大自己的力量，使国民党军队愈战愈弱，人民武装愈战愈强，并取得最后胜利。在政治方面，中共中央确定了放手发动群众，团结一切可以团结的力量，建立最广泛的民族民主统一战线，彻底孤立国民党反动集团的原则。在经济方面，中共中央指出：必须一切依靠自力更生，作持久打算。为了应付长期战争，解放区应有计划地发展生产和整理财政，既要满足自卫战争的物质需要，又要使人民生活有所改善。同时，必须提倡节约，力戒浪费。在上述正确方针和政策的指引下，解放区军民奋起反击国民党的军事进攻，在自卫作战中不断地赢得了胜利。

经过人民解放军一年的作战，战争形势发生了重大变化。1947 年 7 月，国民党军队的总兵力由 430 万人下降为 373 万人，其中正规军由 200 万人下降为 150 万人。由于战线延长，大部分兵力用于守备，战略性的机动兵力大为减少，而且士气低落，官兵中充满失败情绪。人民解放军的总兵力则由 127

万人增加为 195 万人，其中正规军 100 万人。部队的武器装备也因大量缴获而得到很大改善。由于不需分兵守卫后方供给线和城市，机动兵力则大大增强。

战争初期的实践证明，人民解放军只要在战争中坚持正确的战略方针和作战方法，不断歼灭国民党军队的有生力量，就完全有把握赢得这场战争的最后胜利。面对新的形势，中国共产党逐步作出以革命战争方式最后解决国内问题的抉择。1946 年 11 月 18 日，中共中央在致电各中央局、中央分局的电报中第一次用"人民解放战争"这个概念，取代在此之前一直使用的"自卫战争"的概念，并把它同"建立民主的中国"和蒋介石"自取灭亡"联系在一起。

为了彻底粉碎国民党将战争继续引向解放区、进一步破坏和消耗解放区的人力物力、使之不能持久的方针，中共中央作出了出人意料的决定：不待完全粉碎敌人的战略进攻，不等解放军在数量上占有优势，立刻将主力打到外线去，举行全国性的反攻，将战争引向国民党区域。

1947 年 6 月底，根据中共中央的决策和部署，刘伯承、邓小平率领的晋冀鲁豫野战军主力，实施中央突破，千里跃进大别山；陈毅、粟裕指挥的华东野战军主力为东路，挺进苏鲁豫皖地区；陈赓、谢富治指挥的晋冀鲁豫野战军一部为西路，挺进豫西。三路大军相互策应，机动歼敌。人民解放战争战略进攻的序幕由此揭开。而仍在内线作战的人民解放军，包括彭德怀率领的西北野战军，谭震林、许世友率领的华东野战军山东兵团，聂荣臻率领的晋察冀野战军，徐向前率领的晋冀鲁豫野战军太岳兵团等，也在同时加紧发起攻击，渐次转入反攻。同年夏季，东北民主联军发动反攻，从根本上改变了东北战局。各个战场上的攻势作战，构成了人民解放军开展全国规模战略进攻的总形势。

1947 年 10 月 10 日，中国人民解放军总部发表宣言，提出"打倒蒋介石，解放全中国"的口号。因为这时，不仅老百姓反对蒋介石，就连上层分子（除了少数反动集团外）、中产阶级也不想支持、拥护蒋介石了，也要推翻他了。这个口号的提出，极大地鼓舞了解放军全体指战员和全国人民的斗志。由"自卫战争"到"解放战争"，由"制止内战，恢复国内和平"到"打倒蒋介石"，这是中国革命发展进程中党的战略指导思想的一个根本性的转变。

（二）国统区的危机和解放区的兴盛

随着解放战争的持续推进，国民党政府不但在军事上连遭挫败，而且其统治区的经济、政治、思想甚至外交状况也急剧恶化，危机不断加深。

为了适应扩大内战规模的需求，国民党政府的军费开支猛增，造成整个财政入不敷出，陷入危机。为了筹措内战经费，国民党政府除了对人民征收苛重的捐税以外，更无限制地发行纸币，导致恶性通货膨胀，物价飞涨。1948 年 8 月，法币发行额已比 1937 年抗战前增发 47 万多倍，而物价跃至抗战前的 725 倍。人民一次又一次地遭到洗劫，民族工商业大批倒闭，失业人数陡增。广大工人、市民乃至中下层小资产阶级濒临无法生存的境地。农村经济急剧衰退，广大农村中饥民遍地，饿殍载道。公教人员和学生群众的生活也陷入极度的困境。

国民党政府由于其专制独裁统治和官员们的贪污腐败，抗战胜利时派出官员到原沦陷区接收，结果把接收变成"劫收"，大发胜利财。巨额敌伪资产转归官僚资本集团控制的部门占有，其中很大部分被官员个人侵吞、隐匿、变卖，导致国民党迅速失去民心。一名国民党接收官员也向蒋介石进言："像这样下去，我们虽已收复了国土，但我们将丧失人心。"

全面内战爆发后，在国民党统治区，以学生运动为先导的人民民主运动也迅速地发展起来。爱国学生一次又一次地掀起"反饥饿、反内战、反迫害"的爱国民主运动，影响到全国许多城市。学生运动的高涨促进了整个人民民主运动的高涨，促使各地的人民斗争发展到一个新阶段。国民党统治集团为了维护其专制统治，稳定后方，在其统治区内大力加强特务活动，加紧迫害和镇压爱国民主力量。国民党统治区成为特务横行的世界，引起了广大人民的强烈不满。

为了取得美国的支持，国民党政府还实施了一系列卖国政策。全面内战爆发后，国民党政府同美国签订许多条约、协定。美国依靠在中国取得的种种特权，使其商品像潮水般地涌入中国市场。大量的美国商品和资本流入中国，对已经处于危殆境地的中国民族资本主义，无疑是一种摧毁性的打击。

国民党统治集团自身的贪污腐化，对人民的横征暴敛和镇压迫害，以及内战卖国政策，给广大人民带来深重灾难的同时，也使自己陷入了全面危机之中。

　　与国统区陷入全面危机形成鲜明对比的是解放区呈现出的一片欣欣向荣的局面。全面内战爆发时的解放区，与抗日战争时期相比发生了较大变化。抗战胜利后，八路军、新四军根据中共中央关于积极收复日伪占领区，扩大解放区的指示，不仅在晋察冀、晋绥、晋冀鲁豫、山东、华中收复了大批城市和广大乡村，而且还开辟了东北解放区，使解放区的面积和人口都有了较大的发展。解放区政府采取各种措施，医治抗战遗留的战争创伤，工农业生产得到恢复和发展，人民生活有所改善，从而使解放区日趋巩固，为人民解放军进行防御作战提供了一定的物质基础。这是解放战争第一年取得重大胜利的重要保证。

　　这时解放区建设的内容主要有政权建设、财经工作和民兵建设，在此基础上共产党紧紧抓住加强解放区建设的中心问题，即实行土地制度改革。1947 年制定和通过的《中国土地法大纲》指引着在封建制度压迫下的亿万农民群众，将自己的力量汇入民主革命的洪流。

　　所有新解放区，在人民解放军的帮助下，都迅速建立了人民政权，并依靠在斗争中涌现出的积极分子，建立了工会、农会、妇女会等群众团体。一些老解放区，进一步加强基层政权和各种群众组织的建设，调整干部配备，健全领导机构。

　　为了适应战争需要，解放区各级人民政府根据中共中央关于"发展经济，保障供给，统一领导，分散经营，军民兼顾，公私兼顾"的财经工作方针，对财经工作实行由和平建设体制到战时经济体制的转变，做到既满足战争的物资需求，又尽可能地减轻人民的负担，使人民生活有所改善。

　　各解放区还把民兵工作作为根据地建设的一项重要内容。地方各级党委均以一名委员兼任同级人民政府的武装部部长，并以县为单位编成民兵团，以区为单位编成民兵大队，以乡或自然村为单位编成民兵中队或分队，在不误农时的前提下，担负维护社会治安的任务，并加强军政训练，随时准备参军参战和开展支前工作。

　　加强解放区建设的中心问题，是实行土地制度改革。从《五四指示》到《中国土地法大纲》，显示了中国共产党对解决农民土地问题的重视。《中国土地法大纲》明确规定"废除封建性及半封建性的土地制度，实现耕者有其田的制度"，"乡村中一切地主的土地及公田，由乡村农会接收"，分配给无地或少地的农民。土改运动，使农民摆脱了几千年来遭受的封建压迫和剥削，提高了广大农民的政治觉悟，激发了他们发展生产和支援革命战争的热情。

总之，根据地建设工作的开展，使人民解放军有了巩固的后方，得到源源不断的人力、物力支援，从而获得了战胜国民党反动派的基本保障。

（三）民主党派的生死抉择

抗日战争胜利后，民主党派在中国的政治舞台上比较活跃。

中国各民主党派形成时的社会基础，主要是民族资产阶级、城市小资产阶级以及同这些阶级相联系的知识分子和其他爱国分子。他们所联系和代表的不是单一阶级，而是这些阶级、阶层的人们在反帝爱国和争取民主的共同要求基础上的联合，是阶级联盟性质的政党。

民主党派作为"第三方"，在抗日战争胜利后曾经鼓吹"中间路线"。他们认为，当时的形势是，国民党不能用武力消灭共产党，共产党也不能用武力推翻国民党，这似乎为实行"中间路线"提供了千载难逢的机会。"中间路线"的许多领导人物代表着中产阶级的想法，企图在国共对立的纲领之外，寻找第三条道路。

"中间路线"的鼓吹者主张：在政治上"必须实现英美式的民主政治"，但不准地主官僚资本家操纵；在经济上，"应当实行改良的资本主义"，但不容官僚买办资本横行。而实行的方法，则是走和平的、改良的道路。他们所提倡的，是资产阶级共和国的方案；他们所主张的，实质上是旧民主主义的道路。

但是，中国在战后面临的是两种命运、两个前途的尖锐斗争。客观形势决定了人们没有走"中间路线"的余地。持有"中间路线"想法的人们一接触到实际斗争，尤其是内战重起，就使得他们只能在靠近共产党或靠近国民党中选择道路，而不能有其他道路。

国民党统治者不仅仇视中国共产党，而且对民主党派、民主人士也充满敌意。尽管民盟等一向主张"以民主的方式争取民主，以合法的行动争取合法的地位"，但国民党统治者还是不断对他们施行暴力迫害。一批著名的领导人和积极活动的成员被殴打、监视，甚至遭到逮捕、杀害，所办的多家报社也被捣毁或遭袭击。1947年10月，国民党统治者宣布民盟为"非法团体"，明令对该组织及其成员的一切活动"严加取缔"。同年11月6日，民盟总部被迫在上海发表公告，"通告盟员自即日起一律停止政治活动，本盟总部同人即日起总辞职，总部亦即日解散"。蒋介石不允许民盟这样的组织存在，这就"使在蒋介石统治下进行任何和平运动、合法运动、改良运动的最后幻想归于破灭"。

与之相反，中国共产党以极大的努力团结各民主党派和民主人士。中国各民主党派的政纲尽管不尽相同，但都主张爱国、反对卖国，主张民主、反对独裁。在这些方面，同中国共产党领导的新民主主义革命政纲基本上是一致的。因此，它们从成立的时候起，大多同中国共产党建立了不同程度的合作关系，并在斗争实践中逐步地发展了这种关系。毛泽东、周恩来等中共领导人和党的组织同各民主党派的领导人保持着密切的联系。无论是在举行国共谈判、召开政协会议期间，还是在解放战争的进行过程中，中国共产党都及时向各民主党派通报情况，认真听取它们的意见，并就一些重大问题同它们进行协商，以便采取一致行动。中共一贯鼓励和支持各民主党派反对国民党独裁统治的斗争。同时，又十分注意尊重和维护其应有的政治地位和合理的利益。对于它们的某些不妥当的意见，则善意地提出批评，诚恳地帮助其进步。中国共产党与民主党派的合作，对于中国人民解放事业的发展起到了积极的作用。

随着革命形势的发展，在中国共产党的团结和争取下，各民主党派和许多无党派民主人士日益走上接受共产党领导、参加人民革命的道路。

1949 年 1 月 22 日，李济深、沈钧儒等民主党派的领导人和著名的无党派民主人士共 55 人联合发表《对时局的意见》，一致认定中共提出的关于召开政治协商会议、成立联合政府的主张"符合全国人民大众的要求"，恳切表示"愿在中共领导下，献其绵薄，共策进行，以期中国人民民主革命之迅速成功，独立、和平、自由、幸福的新中国早日实现"。这个政治声明表明，中国各民主党派和无党派民主人士自愿地接受了中国共产党的领导，决心走人民革命的道路，拥护建立人民民主的新中国。

历史经验表明，资产阶级共和国的方案在中国是行不通的。中国各民主党派和无党派民主人士的绝大多数人，经过实践的教育，确认了中国共产党关于通过建立人民共和国、走向社会主义的政治主张的正确性；认识到只有接受中国共产党的领导，才能在中国政治生活中有效地发挥积极作用，才有光明的前途。中国共产党领导的多党合作和政治协商制度，是在这个基础上形成的。这种崭新的政党制度的确立，符合历史发展的规律和中国人民的根本利益，也符合各民主党派和无党派民主人士的意愿。

三、中国的两个前途之中华人民共和国成立

1948 年秋季，国共两党的巅峰对决进入了最后阶段。中国共产党发起的辽沈、淮海、平津三大战役，摧毁了南京政权赖以存在的根基。蒋介石的大溃退与毛泽东的大进军，展现了南京政权覆灭与中华人民共和国诞生的宏大景象。中国摆脱了半殖民地半封建的、分裂的、贫弱的命运，走上了独立、自由、民主、统一、富强的道路。

（一）南京政权覆灭

1948 年秋，人民解放战争进入夺取全国胜利的决定性的阶段。

此时中国的军事、政治和经济形势发生了更加有利于人民，而不利于国民党统治集团的重大变化。人民解放军已由战争开始时的 127 万人发展到 280 万人，解放区面积达到 235.5 万平方公里、拥有 1.68 亿人口，并且基本完成了土地制度改革，广大农民的革命和生产积极性空前高涨，解放军的后方进一步得到巩固。与此相反，国民党军队则由 430 万人下降为 365 万人，其中可用于第一线的兵力仅 174 万人，而且士气低落，战斗力不强，加上遭到各阶层人民的强烈反对，处境十分孤立。于是它在军事上不得不放弃"全面防御"而实行"重点防御"。至此国民党政权濒临崩溃，人民解放军同国民党军队进行战略决战的时机已经成熟。在毛泽东和中共中央军委的指挥下，在人民群众的热烈支援下，中国人民解放军先后发动了辽沈、淮海、平津三大战役。

辽沈战役自 1948 年 9 月 12 日开始至 11 月 2 日结束，历时 52 天。东北野战军主力 70 万人在林彪、罗荣桓领导下，共歼敌 47.2 万人。淮海战役自 1948 年 11 月 6 日开始至 1949 年 1 月 10 日结束，历时 66 天。华东野战军、中原野战军以及地方武装共 60 万人，在由刘伯承、陈毅、邓小平、粟裕、谭震林组成的总前委（邓小平为书记）领导下，歼敌 55.5 万人。平津战役自 1948 年 11 月 29 日开始至 1949 年 1 月 31 日结束，历时 64 天。入关作战的东北野战军、华北解放军主力与地方武装共 100 万人，在由林彪、罗荣桓、聂荣臻

组成的平津前线总前委领导下，歼灭和改编国民党军队 52 万余人。

三大战役从 1948 年 9 月 12 日开始至 1949 年 1 月 31 日结束，历时 4 个月零 19 天，共歼灭国民党军队的有生力量 154 万余人，加上 1948 年 7 月至 1949 年 1 月期间在济南战役和其他战役中的损失，国民党军队共丧失兵力 230 余万人。国民党赖以维持其反动统治的主要军事力量基本上被摧毁，三大战役的胜利，为全国的解放奠定了坚实的基础。

1949 年元旦，蒋介石发表"求和"声明，企图借"和平谈判"之机争取喘息时间，布置长江防线，以便卷土重来。1 月 14 日，毛泽东以中共中央主席的名义发表关于时局的声明，严正指出：虽然中国人民解放军具有充足的力量和充分的理由，确有把握，在不要很久的时间内，将全部地消灭国民党反动政府的残余军事力量；但是，为了迅速结束战争，实现真正的和平，减少人民的痛苦，中国共产党愿意在惩办战争罪犯、废除伪宪法和伪法统、改编一切反动军队等八项条件的基础上，同南京国民党政府及国民党地方政府和军事集团进行和平谈判。谈判从 4 月 1 日开始。由于国民党政府拒绝在《国内和平协定》上签字，1949 年 4 月 21 日，毛泽东、朱德发布《向全国进军的命令》。人民解放军第二、第三野战军在东起江阴，西至湖口，长达 1000 多里的战线上强渡长江天险，一举摧毁国民党苦心经营了 3 个半月的长江防线。4 月 23 日，人民解放军占领南京，宣告延续了 22 年之久的国民党反动统治的覆灭。随后，解放军各路大军继续向中南、西北、西南各省举行胜利的大进军，分别以战斗方式或和平方式，迅速解决残余敌人，解放广大国土。国民党蒋介石集团最终被人民赶出中国大陆。

（二）中华人民共和国成立

随着解放战争的胜利发展，建立新中国的任务被提上了历史日程。

在 1948 年 9 月召开的中共中央政治局会议上，毛泽东论述了即将成立的新中国的国体，即国家政权的阶级性。他说："我们政权的阶级性是这样：无产阶级领导的，以工农联盟为基础，但不仅仅是工农，还有资产阶级民主分子参加的人民民主专政。"关于新中国的政体，即国家政权的组织形式，他说，"我们不必搞资产阶级的议会制和三权鼎立等，这套东西袁世凯、曹锟都搞过，已经臭了，我们应当建立民主集中制的各级人民代表会议制度"。

1949 年 3 月召开的中共七届二中全会，规定了战争胜利后党在政治、经济、外交方面应当采取的基本政策，指出了中国由农业国转变为工业国、由新民主主义社会转变为社会主义社会的发展方向。在这次会议上，毛泽东告诫全党，夺取全国胜利，这只是万里长征走完了第一步，中国的革命是伟大的，但革命以后的路更长，工作更伟大，更艰苦。据此，他提出了"两个务必"的思想，即"务必使同志们继续地保持谦虚谨慎、不骄不躁的作风，务必使同志们继续地保持艰苦奋斗的作风"。在胜利面前，毛泽东始终保持着清醒的头脑。他告诫全党，必须警惕敌人糖衣炮弹的攻击，不要在这种攻击面前打败仗。在中共中央离开西柏坡时，毛泽东说，我们进北平，可不是李自成进北京，他们进了北京就变了。我们共产党人进北平，是要继续革命，建设社会主义，直到实现共产主义。他把进北平比作"进京赶考"，说"我们决不当李自成，我们都希望考个好成绩"。

在中国革命胜利关头召开的中共七届二中全会，具有重大的历史意义。会议所作出的各项政策规定，不仅对迎接中国革命在全国的胜利，而且对新中国的建设事业，都具有巨大的指导作用。

为了向全国人民公开阐明中国共产党在建立新中国问题上的主张，在中国共产党成立28周年的前夕，1949年6月30日，毛泽东发表了《论人民民主专政》一文。在这篇文章中，毛泽东总结中国近百年革命的历史经验，并阐明资产阶级的民主主义让位给工人阶级领导的人民民主主义、资产阶级共和国让位给人民共和国的历史必然性，提出了人民民主专政这一科学概念。他明确指出，人民民主专政需要工人阶级的领导。因为只有工人阶级最有远见，大公无私，最富于革命的彻底性。人民民主专政的基础是工人阶级、农民阶级和城市小资产阶级的联盟，而主要是工人和农民的联盟，因为这两个阶级占了中国人口的80%～90%。推翻帝国主义和国民党反动派，主要是依靠这两个阶级的力量，由新民主主义到社会主义，主要是依靠这两个阶级的联盟。他还指出，我们必须利用一切于国计民生有利而不是有害的城乡资本主义因素，团结民族资产阶级。但是民族资产阶级不能充当革命的领导者，也不应当在国家政权中占主要地位。毛泽东关于人民民主专政的理论，是对马克思列宁主义国家学说的丰富和发展。它为新中国的建立，奠定了理论和政策的基础。

在中国革命战争迅速取得胜利的形势下，召集新政治协商会议的一切条件已经成熟。1949 年 9 月 21 日，中国人民政治协商会议第一届全体会议在北平中南海怀仁堂隆重开幕，参加会议的代表共 662 人。新政协筹备会主任、中共中央主席毛泽东在开幕词中向全世界豪迈地宣告："我们的工作将写在人类的历史上，它将表明：占人类总数四分之一的中国人从此站立起来了。""我们的民族将从此列入爱好和平自由的世界各民族的大家庭，以勇敢而勤劳的姿态工作着，创造自己的文明和幸福，同时也促进世界的和平和自由。我们的民族将再也不是一个被人侮辱的民族了，我们已经站起来了。"会议讨论通过了《中国人民政治协商会议共同纲领》（以下简称《共同纲领》）。

《共同纲领》作为全国人民的大宪章，起着临时宪法的作用。它是在马克思列宁主义、毛泽东思想指导下，总结中国人民 100 多年来，特别是近 20 多年来反对帝国主义、封建主义、官僚资本主义的革命斗争经验，从中国政治、经济、社会的实际情况出发，制定出来的一部新中国的建国纲领。这是一部真正立足于中国实际、切合人民需要的行动纲领。

《共同纲领》规定了新中国的国体、政体、政党制度、国家的结构形式，即中华人民共和国的国体是工人阶级领导的、以工农联盟为基础的人民民主专政，它的政体是实行民主集中制的人民代表大会制度，它的政党制度是中国共产党领导的多党合作和政治协商制度，它的国家结构形式是统一的多民族国家和在单一制国家中的民族区域自治制度。这些制度完整、系统地构成了中华人民共和国的基本政治制度。

《共同纲领》规定："中华人民共和国境内各民族一律平等。""各少数民族聚居的地区，应实行民族区域自治""各少数民族均有发展其语言文字、保持或变革其风俗习惯及宗教信仰的自由，人民政府应帮助少数民族的人民大众发展其政治、经济、文化、教育的建设事业""使中华人民共和国成为各民族友爱合作的大家庭"。

《共同纲领》规定，在经济工作中，"以公私兼顾、劳资两利、城乡互助、内外交流的政策，达到发展生产、繁荣经济之目的"。国家应调剂国营经济、个体经济、私人资本主义经济等，"使各种社会经济成分在国营经济领导之下，分工合作，各得其所，以促进整个社会经济的发展"。

《共同纲领》规定，新中国外交工作的原则是"保障本国独立、自由和领土主权的完整，维护国际的持久和平和各国人民间的友好合作，反对帝国主义的侵略政策和战争政策"。

会议通过了中央人民政府组织法，一致选举毛泽东为中央人民政府主席，朱德、刘少奇、宋庆龄、李济深、张澜、高岗为副主席，陈毅等56人为中央人民政府委员。随后，中央人民政府委员会任命周恩来为政务院总理兼外交部长。

1949年9月30日，全国政协第一次全体会议闭幕。创建中华人民共和国的筹备工作胜利完成。

1949年10月1日是新中国成立的日子。这一天，中央人民政府委员会举行第一次会议，一致决议，宣布中华人民共和国中央人民政府成立，接受《中国人民政治协商会议共同纲领》为中央人民政府的施政方针。在天安门广场隆重举行的庆祝中华人民共和国中央人民政府成立的盛典上，毛泽东庄严宣告：中华人民共和国中央人民政府成立了。

中华人民共和国的成立，标志着中国新民主主义革命已经取得伟大胜利，标志着中国人民受奴役受压迫的半殖民地半封建时代已经过去，中国已成为一个新民主主义的国家。

第 14 讲
新民主主义革命的伟大胜利

任何一个政权，在建立之初都面临着比宣告政权成立更加困难、更加复杂的严峻任务。中华人民共和国成立之初的三年，是新民主主义革命在中国的完成阶段。在这个阶段，消灭了中国传统社会权威的建制性武装力量，铲除了中国传统社会权威的经济根基封建土地所有制，完成了中国新生社会权威的各级地方建制和恢复国民经济的任务，抵制了朝鲜战争对国家安全的危害。新民主主义革命的伟大胜利，产生了中国革命由新民主主义向社会主义转变的动因。

一、基本完成民主革命任务

新中国成立后，民主革命的任务尚没有彻底完成。中国传统社会权威的基本武装力量虽已被消灭，但仍存在大量残余武装、土匪势力；广大新解放区还没有进行封建土地制度的改革。中国新生社会权威的确立需要一个过程，并且面临严峻的考验。

（一）解放中国大陆全境

中华人民共和国成立的时候，人民解放战争后期作战还在继续。国民党尚有以白崇禧、胡宗南两股武装力量为主的 100 多万军队，占据着以广州为中心的华南地区、以重庆为中心的西南地区和一些沿海岛屿，负隅顽抗，妄图卷土重来。党和人民政府面临的一项紧迫任务，就是迅速肃清国民党反动军队的残余，解放一切尚未解放的国土，在全国建立起自上而下统一的人民政府，肃清土匪和一切反革命武装，巩固新生的人民政权。

随着人民解放军向全国的胜利进军，很多地方次第得到解放。

在华中、华南战场，第四野战军与第二野战军第四兵团分东、中、西三路挺进广东、湖南，1949 年 10 月 14 日，华南最大的城市广州获得解放。11 月 6 日，第四野战军发起广西战役，歼灭国民党军基干部队白崇禧集团，解放了广西全境。

在华东战场，第三野战军于 9 月 19 日发起漳厦战役，解放了厦门全岛及鼓浪屿，漳州、泉州等闽南地区随之全部得到解放。

在西北战场，解放陕、甘、宁、青的战役在新中国成立前夕已告结束，新疆宣布和平解放。为接管新疆防务和改编起义部队，第一野战军第一兵团在西北各族人民和苏联方面的支援下，以空运、车运和徒步行军三种方式，穿越戈壁沙漠，行程 1000 多公里，于 10 月 20 日进驻新疆首府迪化（今乌鲁木齐），完成了挺进西北边陲的艰巨任务。

在西南战场，第二野战军于 11 月 1 日起进军大西南，30 日，人民解放军渡过嘉陵江，解放了西南最大的中心城市重庆。在人民解放军的军事打击和政治瓦解工作的推动下，12 月 9 日，国民党云南省政府主席卢汉，西康省政府主席刘文辉，西南军政长官公署副长官邓锡侯、潘文华分别在昆明、雅安等地发动起义。随着国民党军在大陆的最后一支基干部队胡宗南集团被歼灭，西南地区除西藏以外全部获得解放。

随着解放全国大陆的战斗基本结束，中央军委部署了解放海南岛和东南沿海诸岛屿的战役。第四野战军组织渡海作战兵团共 10 余万人于 1950 年 4 月 16 日晚发起大规模渡海战役，5 月 1 日，海南全岛解放。从 5 月下旬到 8 月初，人民解放军经过两个多月的作战，全部解放了位于广东珠江口外香港、澳门之间的万山群岛，拔除了国民党军队在华南沿海的最后立足点。

西藏地区自古就是中国版图的组成部分，是全国大陆最后一个待解放的地区。为完成对全国大陆的彻底解放，1950 年 1 月初，中共中央作出进军西藏的决策，在积极准备进军西藏的同时，为避免伤害藏民族感情，更有利于民族团结，党中央根据西藏的历史和现实情况，并分析国内外的有利形势，确定了争取和平解放西藏的方针。1951 年 4 月 29 日，随着《中央人民政府和西藏地方政府关于和平解放西藏办法的协议》正式签署，标志着西藏的和平解放。

香港和澳门自古就是中国的领土，因属殖民主义侵略中国而造成的历史遗留问题，情况很复杂，因此需要采取另外的方式解决。中共中央于是确定了"暂时维持现状"和"长期打算，充分利用"的政策，其基本点在于利用两地尤其是香港原有的地位，发展海外关系和对外贸易，以利于新中国的经济恢复与工业化建设。至此，除中国台湾地区外，中国其他地区全部获得解放。

在中国获得解放之后，为巩固新生人民政权，稳定社会秩序，还进行了大规模的剿匪斗争。1950年3月，中央军委先后从人民解放军的六个兵团抽调140多个师的主力部队约150余万人，分别在土匪活动区域，展开大规模的剿匪斗争，同时帮助当地建立和巩固人民政权、发展生产和进行土地改革。

经过大举进剿、重点清剿和肃清残匪几个阶段，到1951年上半年，各地清剿的股匪已逾百万，大陆上的匪患基本上得以平息。根据中央"除恶务尽，不留后患"的方针，一些地方肃清残散土匪的斗争持续进行到1953年，共歼灭土匪特务武装和争取匪特投降自新260余万人，结束了中国匪患久远、为害甚烈的历史，有力地维护了人民的安居乐业，稳定了社会秩序。

（二）完成土地改革

封建土地制度是造成农民贫穷和农业生产落后的总根源。把封建剥削的土地所有制改变为农民的土地所有制，是中国新民主主义革命的历史任务和基本纲领之一。中华人民共和国成立时，全国还有2/3的地区存在着封建土地制度，严重束缚了社会生产力的发展。这表明，新民主主义革命虽然取得了基本胜利，但它的经济纲领尚未彻底实现。

1950年6月14~23日，全国政协一届二次会议在北京召开，讨论由中共中央建议的《中华人民共和国土地改革法（草案）》。会上，刘少奇代表中共中央作《关于土地改革问题的报告》，对新解放区土地改革的重要意义、《土地改革法（草案）》中有关政策的提出依据以及进行土地改革时应该注意的事项等作了说明。报告指出：中国土地制度极不合理，是我们民族被侵略、被压迫、穷困及落后的根源，是我们国家走向民主化、工业化、独立、统一及富强的根本障碍。这种情况如果不加改变，中国人民革命的胜利就不能巩固，农村生产力就不能解放，新中国的工业化就不可能实现，人民就不能享受革命胜利的果实。而要改变这种情况，就必须废除地主阶级封建剥削的土地所有制，实行农民的土地所有制，借以解放农村生产力，发展农业生产，为新中国的工业化开辟道路。这就是我们要实行土地改革的基本理由和基本目的。这个基本理由与基本目的可以驳倒一切反对土地改革、对土地改革抱有怀疑以及为地主阶级辩护等所根据的各种理由。

经过全国政协一届二次会议审议，并对《土地改革法（草案）》作了若干修改和补充之后，1950 年 6 月 28 日，中央人民政府委员会第八次会议通过了《土地改革法（草案）》。1950 年 6 月 30 日，毛泽东主席签署命令，正式颁布《中华人民共和国土地改革法》，作为在全国新解放区实行土地改革的法律依据。

为加强对土地改革的统一领导，中央人民政府成立了以刘少奇为主任的中央土地改革委员会，负责指导全国的土地改革工作。各大区、省、专区、县人民政府分别成立土地改革委员会。《土地改革法》公布以后，党和人民政府采取各种形式，在农村和城市各界人民中广泛宣传土地改革的合理性、必要性和目的性，解释土改法令和方针政策，使之家喻户晓，深入人心。

在经过了明确政策思想、制定法律法令、动员组织群众等一系列充分准备的基础上，从 1950 年冬季起，一场历史上空前规模的土地改革运动，在新解放区有领导、有步骤、分阶段地展开。首先是发动群众，划分阶级，然后是没收、征收和分配土地财产，最后进行复查和动员生产。为了不影响农业生产的正常进行，各地的土改运动一般在冬春的农闲时节进行。

到 1952 年底，除一部分少数民族地区及台湾地区外，广大新解放区的土地改革基本完成。连同老解放区，完成土地改革地区的农业人口已占全国农业人口总数的 90% 以上。在整个土地改革中，共没收征收约 7 亿亩土地，并将这些土地分给约 3 亿无地和少地的农民，免除了土地改革以前农民每年给地主交纳的高达 3000 万吨以上粮食的地租。

土地改革的基本完成，使我国农村的土地占有关系发生了根本变化。占农村人口 92.1% 的贫农、中农，占有全部耕地的 91.4%；原来占农村人口 7.9% 的地主富农，只占有全部耕地的 8.6%。至此在中国延续两千多年的封建土地所有制终于被彻底废除，"耕者有其田"的理想在共产党的领导下变成了现实，长期被束缚的农村生产力获得了历史性的大解放。

土地改革在全国的基本完成，从根本上铲除了中国传统社会权威的经济根基——封建土地所有制，消灭了封建剥削制度的总根源，使中国新生社会权威的确立有了更加坚实的经济基础和更广泛的群众基础，促进了农村生产力的大解放、农村经济的大发展、农民生产积极性的大提高。这是中国共产党领导中国人民进行反对封建主义斗争的历史性胜利，为新中国的经济恢复与社会进步奠定了基础。

（三）取得抗美援朝战争的胜利

1950 年 6 月，朝鲜战争爆发。美国宣布武装援助南朝鲜，很快把朝鲜战争的战火烧到了鸭绿江边。同时派遣其驻菲律宾的海军第七舰队侵入台湾海峡，"阻止对台湾的任何进攻"，公然干涉中国内政。这对于刚刚执政的中国共产党来说，是一场极其严峻的考验。应朝鲜民主主义人民共和国政府的请求，在反复权衡利弊之后，中共中央作出了"抗美援朝，保家卫国"的决策，毅然派遣中国人民志愿军赴朝作战。

从 1950 年 10 月至 1951 年 6 月，中国人民志愿军与朝鲜人民军紧密配合，历时 7 个多月，连续进行五次大规模的战役，共歼敌 23 万余人，将以美国为首的"联合国军"从鸭绿江边打回到三八线，并将战线稳定在三八线附近地区。

朝鲜战争因其复杂的国际背景而具有长期性、艰苦性。随着战局的发展，中共中央、毛泽东对抗美援朝战争的长期性、艰苦性有了更清醒的认识。使美国知难而退，通过谈判结束朝鲜战争，这是中共中央在出兵参战时即有所设想的。当战争长期化的趋势日益明显的时候，交战双方的谈判问题便被提了出来。此后，朝鲜战争转入战争与谈判交互进行阶段。

朝鲜停战谈判从 1951 年 7 月 10 日开始，中间作战与谈判交替进行，直至 1953 年 7 月才结束。7 月 27 日，《朝鲜停战协定》终于由双方签字。担任美国远东军和"联合国军"总司令的克拉克在回忆录中沮丧地写道："我获得了一个不值得羡慕的名声：我是美国历史上第一个在没有取得胜利的停战协定上签字的司令官。"

抗美援朝战争是一场抗击美国侵略者的正义战争，打出了新中国的国威和人民军队的军威，创造了以弱胜强的范例。这场战争的胜利，不仅支援了朝鲜人民、保卫了中国的国家安全，而且为维护亚洲和世界的和平作出了重要贡献。这一胜利，有力地打破了美国军队不可战胜的神话，而且雄辩地证明：西方侵略者几百年来只要在东方一个海岸上架起几尊大炮就可霸占一个国家的时代是一去不复返了。

抗美援朝战争的胜利，一方面极大地提高了中国共产党在全国人民心目中的威信，极大地增强了中国人民的民族自信心和自豪感，使一部分曾经对美帝国主义抱着恐惧和幻想的人们受到深刻教育而开始醒悟。另一方面，表明中国共产党及其领导的人民军队在过去长期革命战争年代形成的以弱胜强的人民战争思想仍然适用于现代战争。此外，也使新中国的国际威望空前提高，国家的经济建设和社会改革获得了一个相对稳定的和平环境。

二、恢复国民经济和重建社会秩序

新中国在成立初期，面临着许多严重的困难和一些紧迫的问题。这对于刚刚执掌全国政权的中国共产党来说，是新的严峻考验。"三反""五反"运动的开展对于加强中国共产党自身建设、成功应对执政考验，发挥了重要的作用。

（一）稳定物价和实现国家财政状况的根本好转

新中国成立的时候，许多新解放城市承受着旧秩序被破坏、新秩序尚未建立起来的经济震荡。国民党统治时期恶性通货膨胀的影响仍在延续，一大批不法投机商趁机兴风作浪，致使黄金、银元、外币充斥市场，物价猛烈上涨，经济秩序极其混乱。由中国共产党领导的人民政府有没有能力制止恶性的通货膨胀和物价上涨，把经济形势稳定下来，把生产恢复起来，使新生政权在经济上取得发展，从而在政治上站住脚跟，这是广大人民群众，尤其是爱国民主人士、民族资本家十分关注和期待的。为了制止投机资本操纵市场加剧经济混乱，党和政府依靠国营经济的力量和广大工人、农民的支持，采取有力的经济措施和必要的行政手段，在新解放城市进行了打击不法投机资本的斗争。

进城初始，各大城市军管会和人民政府均发布以人民币为唯一合法货币的法令，限期收兑国民党政府发行的金圆券，明令禁止金条、银元、外币在市场上自由流通，一律由人民银行挂牌收兑。但不法投机商对政府法令置若罔闻，他们乘人民币在市场上立足未稳之机，大肆炒卖银元外币，使银元价格轮番暴涨，从而带动物价指数成倍上涨，严重影响人民币的流通，造成人心浮动，给正当工商业的经营带来了很大冲击。在全国最大的工商业城市上海，不法金融投机势力尤为猖獗。

1949 年 6 月 10 日，经中央批准，上海市军管会经过周密部署，一举查封了证券大楼，将投机商 200 余人予以逮捕并依法处理。这一行动在社会上引起了很大震动，银元价格立即大幅下跌，全国粮油市场价格随之回落。武汉、广州等城市也相继缉获破坏金融的首要分子，查封专事投机的地下钱庄和街头兑换店。这场斗争严厉打击了非法金融投机行为，使人民币迅速进入市场流通。同时，人民政府还加强对私营金融机构和市场的管理，引导私营银行和钱庄将资金主要投向生产事业，取缔专放高利贷的钱庄；普遍进行工商登记，严格监管市场交易和大宗物资采购，禁止囤积居奇的商业投机活动。这些措施对于稳定物价，打击不法投机资本起了重要作用。

通货膨胀的根源在于货币与物资供应的不平衡，单凭行政手段是不能从根本上解决问题的。1949 年夏收之后，政府需要大量投放货币收购粮棉。不法资本家乘机囤积粮食，哄抬粮价，并抢购纱布、五金、化工原料和煤炭，于 10 月份再次掀起全国物价暴涨风潮，持续达 40 余天，物价上涨 3.26 倍。一些国民党特务叫嚣：只要控制了两白（米、棉）一黑（煤），就能置上海于死地。为此，党和政府精心部署了一场集中调运物资、适时抛售的"经济战"。这场"经济战"，使不法投机资本遭到沉重打击，从此一蹶不振。到 1950 年底，全国物价基本趋于稳定。

打击不法投机资本，只解决了解放之初城市物价波动中一方面的问题，而要从根本上稳定物价，还需要做到国家财政收支平衡和市场物资供求平衡。1950 年 3 月 3 日，政务院作出《关于统一国家财政经济工作的决定》，主要内容是：统一全国财政收入，使国家收入的主要部分集中到中央，用于国家的必要开支；统一全国物资调度，使国家掌握的重要物资从分散状态集中起来，合理使用，以调剂余缺；统一全国现金管理，一切军政机关和国营企业的现金，除留若干近期使用外，一律存入国家银行，资金的往来使用转账支票经人民银行结算。

在各级政府机关和人民群众的共同努力下，统一财经工作很快取得了明显成效。统一财经和稳定物价，是新中国成立后党和人民政府在财政经济战线上第一个具有重大意义的胜利。它从此结束了国民党统治时期长期的恶性通货膨胀和物价飞涨的局面，也结束了旧中国几十年来财政收支严重不平衡的局面，为安定人民生活、恢复和发展工农业生产创造了必要条件。

1950 年 6 月 6 日至 9 日，中国共产党第七届中央委员会第三次全体会议在北京举行。全会的主要议程是讨论毛泽东提交的《为争取国家财政经济状况的基本好转而斗争》的书面报告。这个报告全面分析了当时的国际国内形势，总结了中共七届二中全会以来即新中国成立前后一年多的工作，提出用三年左右的时间，实现国家财政经济状况的根本好转。

七届三中全会是中国共产党在新中国成立后召开的第一次中央全会。这次会议制定的稳健的发展战略，对于统一全党思想，团结一切可以团结的社会力量，争取国家财经状况的根本好转，进而实现国民经济的全面恢复和发展，具有重要的意义。

（二）扫除社会丑恶现象

新中国成立后，党和政府采取坚决措施，彻底扫除旧社会遗留的各种丑恶现象，使社会风气大为好转。封建主义婚姻制度压迫妇女并剥夺男女婚姻自由，束缚和摧残人性、人权，酿成无数人生悲剧。同时，它还牵涉社会观念、伦理道德、宗法习俗等许多方面的问题，对整个社会的影响根深蒂固。中国共产党历来重视婚姻制度改革及连带的社会问题。在民主革命时期，中央苏区就制定过《中华苏维埃共和国婚姻法》、闽西根据地颁布过《保护妇女青年条例》等。1950 年 4 月 13 日，中央人民政府委员会举行第七次会议，审议通过了《中华人民共和国婚姻法（草案）》。4 月 30 日，毛泽东主席签发命令公布《中华人民共和国婚姻法》（以下简称《婚姻法》），自 5 月 1 日起施行。这是新中国成立后制定的第一部基本法律。

《婚姻法》开宗明义地规定了两条基本原则：第一条，废除包办强迫、男尊女卑、漠视子女利益的封建主义婚姻制度。实行男女婚姻自由、一夫一妻、男女权利平等、保护妇女和子女合法利益的新民主主义婚姻制度。第二条，禁止重婚、纳妾，禁止童养媳，禁止干涉寡妇婚姻自由，禁止任何人借婚姻关系问题索取财物。这是对旧中国盛行的包办婚姻和干涉婚姻自主的旧制度的彻底否定。依据上述原则，《婚姻法》对有关婚姻关系的建立、夫妻的权利和义务、父母子女之间的关系、离婚、离婚后子女的抚养和教育、离婚后的财产和生活等内容，均作了具体的规定。

《婚姻法》以调整婚姻关系为主，同时也涉及作为社会细胞的家庭关系的调整，十分贴近人民群众的生活，因而为社会各界所关注。它的颁布实行，是在土地改革基础上进一步肃清封建残余和建立新的社会生活的一项重大社会改革，并为广大妇女从封建婚姻制度的压迫束缚下解放出来，投入革命和生产建设事业，提供了法律上的保障。

新中国成立后，为了改变旧中国不卫生状况和传染病严重流行的现实，在全国普遍开展了群众性卫生运动，以预防和减少疾病，保护人民健康，人民群众把这项伟大的运动称为"爱国卫生运动"。在抗美援朝，粉碎美帝细菌战争期间，在中央防疫委员会的领导下，各地迅速掀起了群众性卫生运动的新高潮，即"除四害运动"。运动规模之大，参加人数之多，收效之显著，都是空前的。仅半年里，全国就清除垃圾 1500 多万吨，疏通渠道 28 万公里，新建改建厕所 490 万个，改建水井 130 万眼，共扑鼠 4400 多万只，消灭蚊、蝇、蚤共 200 多万斤，还填平了一大批污水坑塘，广大城乡的卫生面貌有了很大程度的改善。

反动"会道门"是旧中国遗留下来的反动封建迷信组织。"会道门"是"会门"与"道门"的合称。"会道门"形成于明朝中晚期，清朝获得发展，中华民国时期兴盛，组织名目达到数百种。新中国成立初期，"会道门"中的少数自行瓦解，多数继续活动，其中有的成为反对政府的组织，如一贯道、先天道、九宫道等。他们以烧香、拜佛、念咒、传经等封建迷信方式，诈骗钱财、毒害人民、奸污妇女、欺压百姓、扰乱治安。新中国成立前，这些组织的首领多是地主、恶霸、特务、土匪、汉奸，为反动统治集团和帝国主义分子所掌握和利用。新中国成立后，多数道首继续从事反革命破坏活动，人民政府对此明令予以取缔。在 1950 年镇压反革命运动中，反动"会道门"被定为五个方面反革命组织之一，受到毁灭性打击。

除此之外，针对城市解放初期卖淫嫖娼、贩毒吸毒、设庄赌博等痼疾严重毒化社会环境和人们的身心的现实情况，党和人民政府迅速开展了扫除各种社会弊病的斗争。经过三年的努力，曾在旧中国屡禁不绝、被视为不治之症的娼、毒、赌等社会痼疾就被基本禁绝了，这不能不说是一个奇迹，社会各界包括许多国际人士都为之惊叹和赞许。扫除旧社会痼疾的民主改革运动，明显改善了社会风气，净化了社会环境，巩固了人民政权，振奋了民族精神，促进了国民健康发展和社会的进步。

（三）建立地方各级政权机关

新中国成立的时候，在约占全国面积1/3的老解放区已建立了人民政权。随着中央人民政府的建立，新解放区的地方各级人民政权也逐步建立起来。由于当时尚不具备召开人民代表大会选举人民政府的条件，地方各级人民政府的产生采取了逐步过渡的办法：第一步，在新解放地区一律实行军事管制，由上级人民政府或军事管制委员会从上至下委任人员组成军事管制委员会和地方人民政府，接管原国民党政府的一切公共机关、产业和物资，镇压反革命活动，建立和维护社会秩序，组织恢复生产；第二步，军管会或地方人民政府在条件许可时，组织召集地方各界人民代表会议，作为人民参政议政的初期形式及地方人民代表大会的过渡形式；第三步，由各界人民代表会议逐步代行人民代表大会的职权，用民主选举的方式产生地方人民政府。这种逐步过渡的民主建政方式，既适应了当时特定环境的需要，又按照民主集中制原则妥善解决了建立人民政府所需遵行的民主程序问题。

新中国成立初期，为保证中央政令的统一和有力贯彻执行，在国家行政层次上实行大行政区制度，即在中央与省之间设立东北、华东、中南、西南、西北五个大行政区。1949年12月，中央人民政府委员会第四次会议，任命负责人员组成大区行政机构，即东北人民政府委员会，华东、中南、西南、西北四个军政委员会。

除增设大行政区外，在一些政治、历史情况比较特殊的地区，采取了中央直辖或自治的方式。1950年1月，政务院发布省、市、县人民政府组织通则，对各级地方政权的隶属关系、组成、职权、机构等作了明确规定，使地方各级政权的建立有了初步的法规依据。到1951年，全国共建立29个省、1个自治区、8个省级行署、13个直辖市人民政府、140个市人民政府及2283个县级（包括县、旗、宗、自治区等）人民政府，形成了从中央到地方的一整套政权机构。地方各级行政机关有效地运转起来，使得新中国成立初期纷繁复杂的政府工作局面迅速打开。

新中国从中央到地方的各级政府机构，是在全新的基础上建立起来的。政府的工作人员大都来自人民解放军和老解放区有相当经验的干部和新参加革命的知识分子。在领导层，是以共产党员为主体，同时包括相当数量的各方面爱国民主人士。共产党十分重视各级政府领导人员中民主人士所占比例的问题，在地方人民政府的组成上，毛泽东强调"共产党要永远与非党人士合作""政府的名单中，共产党人和进步人士还是一半一半好，要搞五湖四海"。根据中央的精神，中央人民政府委员会在各大行政区都任命了爱国民主人士为军政委员会副主席，有的民主人士还被任命为省人民政府主席。

新解放区在经过军事管制建立必要的社会秩序之后，开始对城乡基层政权进行系统的改造。1950 年 12 月，政务院颁布《乡（行政村）人民政府组织通则》，乡被确定为我国最基层的政权。农村基层政权的组织形式和工作制度逐渐趋于规范。

经过地方各级人民政权的建立和对全国城乡旧的基层政权进行彻底改造，人民政府的组织系统从中央、大行政区、省、县（市）、区、乡一直延伸到社会的最基层，初步形成上下贯通、集中高效、便于发挥高度组织动员能力的国家行政体系。国家政权组织有效地深入到城乡基层社会，是新中国政权建设的一个特点。这不仅为党在全国执政奠定了坚实的群众基础与组织基础，也是中国社会政治结构的一次重大变革。

三、开始实行社会主义革命举措

新中国成立后，在迅速恢复国民经济的同时，进行了社会主义革命的初步探索，主要包括没收官僚资本、开始将私有工商业纳入国家资本主义轨道、引导个体农民走上互助合作道路。这些举措的实施为新民主主义革命胜利后向社会主义转变创造了必要的条件。在彻底清除传统社会权威经济根基的同时，为新生社会权威的确立奠定了坚实的经济基础。

（一）没收官僚资本

随着新的国家政权的建立，迅速组建社会主义性质的国营经济，使之成为整个国民经济的领导成分，是从半殖民地半封建经济转变到新民主主义经济的重要步骤和关键所在。新中国国营经济的建立，主要是从接管城市过程中没收官僚资本企业入手的。根据官僚资本企业的经济属性，党在总结东北、华北接管城市经验的基础上，确定对官僚资本企业采取与对待旧政权不同的办法，即不打碎它们的机构，而是保持其原来的组织机构和生产系统，"原职、原薪、原制度"不变，先完整地接收下来，实行监督生产，然后逐步进行民主改革和生产改革，把官僚资本企业改造成为社会主义性质的国营企业。

根据上述方针，人民解放军每解放一座城市，即由军管会派出代表，按照官僚资本企业原属系统，自上而下，原封不动，整套接收。对企业的管理人员和技术人员，除个别反动破坏分子以外，一律按原薪原职留用，让他们继续履行生产经营管理职责。在接收过程中，党和政府着重强调：对接收的企业，只有机器照常运转，人员照常工作，生产正常进行，才算真正完成接收任务，才有可能开始必要的改革和建设工作。这一套符合企业生产规律的接管方针和接收办法，有效地避免了新旧交替中可能发生的损失和混乱，保证了接收工作的顺利进行和企业内部的稳定，促进了生产的尽快恢复，一大批来自解放区和人民解放军的干部，逐步学习和掌握了过去不熟悉的组织和管理工业生产的本领。

在党的正确方针指导下，没收官僚资本企业的工作进行得有条不紊。在新解放的城市，一般两三个月内即完成接收工作，将原企业转变为全民所有的国营企业，绝大多数企业很快就恢复了生产。收归国家所有的官僚资本企业，属于金融系统的，有原中央银行、中国银行、交通银行、中国农民银行及各省地方银行，共计2400多家银行（不涉及其中少量民族资本股份）；属于工矿系统的，有控制着全国资源和重工业生产的前国民党政府资源委员会，垄断全国纺织业的中国纺织建设公司，兵工、军事后勤、政府系统的官办企业，国民党的"党营"企业等，合计2858个工矿企业，职工总数为129万人，其中产业工人75万人。此外，还有交通运输、招商局系统所属企业和十多家垄断性的大型内外贸易公司。1951年初，根据政务院颁布的《企业中公股公产清理办法》等政策法规，又在全国范围内对隐藏在私人资本主义企业中的官僚资本股份进行了清理。至此，没收官僚资本建立国营经济的工作全部完成。

由于官僚资本在旧中国控制了全国的经济命脉，它一经收归人民共和国所有，国营经济便由此掌握了国民经济中大部分社会化的生产力。1949年的国营工业（包括合作社工业），固定资产占全部工业（包括工场手工业）固定资产的80.7%；拥有全国电力产量的58%、原煤产量的68%、生铁产量的92%、钢产量的97%、机器及机器零件生产的48%，棉纱的49%；还掌握了全国的铁路和其他大部分近代化交通运输事业，以及大部分银行业务和对外贸易。国民经济中凡关系全国经济命脉和足以操纵国计民生的部分，已通过没收官僚资本基本掌握在国家手里。社会主义性质的国营经济作为人民共和国发展生产、繁荣经济的主要物质技术基础和整个社会经济的领导力量，为国家调节各种私有制经济成分，组织恢复生产事业提供了有力的物质手段，并决定着全社会经济的性质和发展方向。

（二）开始将私有工商业纳入国家资本主义轨道

在新中国建立之初，私人资本主义经济在全国经济中占有很重要的地位。1949 年，资本主义工业产值占全国工业总产值的 63%。1950 年，私营商业在社会商品批发总额中占 76.1%，在零售总额中占 85%。可见，私营工商业在为社会提供产品，实现商品流通，增加社会就业，促进国民经济尽早恢复和发展等方面起着重要作用。

为此，党的七届三中全会提出，合理调整城市工商业，是争取财政经济状况基本好转的重要条件之一。中央确定，调整工商业工作必须在"公私兼顾、劳资两利"的基本方针下，抓好三个主要环节，即调整公私关系、劳资关系和产销关系，重点是调整公私关系，即人民政府、国营经济同私人资本主义经济之间的关系。调整采取的主要措施，一是加强对私营工业的加工订货；二是投放货币，收购农副土产品，扩大城乡交流。

国营经济委托私营企业加工订货、收购产品。政府要求国营经济机构根据需要和可能，对私营工业企业实行有组织的加工订货和收购产品。加工订货的方针，是重点扶植那些为人民生活和国家建设所急需的行业或企业；对某些不适应国家建设需要的企业，帮助其转产；对某些无益于国计民生的行业，则不予扶持。因此，加工订货实际上促进了私营工业的合理改组。由于抗美援朝战争的进行，国家为供应前线需要，对私营工厂的加工订货迅速扩大。到 1951 年，全国私营工业总产值中，加工订货、收购包销所占比重已增加到 27.3%，这对于恢复私营工业的生产起到了直接推动作用。

商业方面，着重调整公私商业的营业范围。国营商业在逐步扩大批发范围的前提下，以能够稳定物价、制止投机商扰乱市场为限度设置零售网点。对农副土产品的收购，国营贸易公司只经营主要的大宗农产品和外销农产品的一部分，其余则鼓励供销合作社和私商收购、贩运。在适当调整公私经营范围的同时，政府根据照顾产、运、销三方面的原则，在批发与零售、产区与销区、原料与成品以及不同季节之间，规定合理的差价，使私商有利可图，鼓励私商长途贩运，活跃城乡交流。

金融政策的调整，主要是国家银行加强对私营工商业发放贷款，并连续两次降低贷款利率，帮助私营企业解决资金周转的困难。税收方面，在保证满足国家财政需要的前提下，适当减轻私营企业的税收负担；税率的确定，实行工业轻于商业、日用工业品轻于奢侈品的原则；在所得税的征收上，也作了一些有利于中小企业的调整，并对部分工业品实行减免税优惠，鼓励私营企业为满足社会需要而生产。

以上这些措施，体现了各种经济成分都要在国营经济领导下统筹兼顾的精神，有效地调节了国营经济与私营经济之间的关系，为私营工业提供了较稳定的生产订单及所需原料，同时给私营商业让出一部分市场和销售利润，并通过调整价格、利率和税率等经济手段，促进了有益于国计民生的私营工商业的恢复和发展。

在调整公私关系的同时，政府还着力调整私营企业内部的劳资关系。中央关于调整劳资关系的基本原则是，必须确认工人阶级的民主权利；必须有利于发展生产；劳资间的纠纷问题，用协商方式解决，协商不成，由政府仲裁。在各级工会的推动下，私营企业普遍建立了劳资协商会议制度。此外，政府大力救济失业工人，以工代赈。经过上述调整，私营企业内部逐步建立起劳资协商会议制度等新型的劳资关系制度。

对产销关系的调整，主要是帮助私营工业根据市场的需要进行生产，克服生产的盲目性。1950 年 6~9 月，中央财经部门先后召开有公私代表共同参加的一系列全国性专业会议，拟定了各行各业公私分工合作的原则及产销计划；对橡胶、纺织等原料不足的行业，根据原料供应情况分配生产任务；对火柴、卷烟等产品滞销行业，确定以销定产，有的还合理划分了销售范围。

城市工商业经过调整，成效显著。工业生产由萎缩转向增长，商业销售量迅速增加。私营工商业的复苏，增加了国家财政收入，扩大了就业，活跃了市场。通过调整，有利于国计民生的私营工商业得到较快发展，不利于国计民生的私营工商业受到限制；加工订货、经销代销等国家资本主义形式有了较大发展，使部分私营工商业的生产经营活动被间接地纳入国家计划的轨道。在调整过程中，国营经济的领导地位和国家调节国民经济的力量进一步加强。

（三）引导个体农民走上互助合作道路

新中国成立后，党和政府把农业的恢复看作整个国民经济恢复的基础，采取一系列措施，帮助农民改善生产条件，发展农业生产。随着农业生产的恢复和初步发展，土改后的农村出现了一些新情况和新问题。首先是农村各阶层的状况发生了新的变化。广大农民在分得土地和其他生产资料后，努力发展生产，经济地位普遍有所上升，很大一部分原来的贫农、雇农上升为新中农。这对于农业生产的恢复和发展是有利的。另一方面的情况是，农村阶层中新的分化现象开始出现。一部分富裕农民靠着资金、农具、劳力等方面的优势，经济地位上升很快，其中少数人通过雇工或放高利贷发展为新富农；一部分农民由于生产和生活困难等多方面的原因，不得不重新借高利贷，甚至典让、出卖土地，靠当雇工和租种土地维持生活。有的由原贫农上升为新中农后，又因生活下降而返贫。如果对农村中出现的分化现象放任自流，将又导致农村的两极分化，势必带来严重后果。

农村"土改"后出现的新情况、新问题，引起了党中央的重视。总的看来，我国农民在摆脱了封建土地制度的束缚后，焕发出了前所未有的生产积极性，他们用辛勤的劳动开辟了崭新的生活，使长期停滞的农村经济开始活跃起来，这是一个巨大的变化。但从另一方面看，"土改"后农业生产的恢复和增长，实际上具有很强的战后复苏性质。中国农业就其基本形态来说，是分散的、个体的、落后的，广大农村仍使用传统的手工工具，靠人畜耕种，靠天吃饭，生产力水平低下，农产品商品率也很低，不能向城市和国家工业化供应更多的粮食和其他农产品。根据这些情况，共产党十分重视在土地改革完成后的农村开展各种形式的互助合作，以避免产生新的两极分化，并进一步推动农村生产力的发展。

早在革命战争时期，党就在根据地、解放区领导翻身农民建立和发展了各种劳动互助组织，积累了一些经验。新中国成立后，从老解放区农村经济恢复中生长起来的各种互助合作组织，很快在"土改"完成后的新解放区得到推广。这些生产的、供销的、信用的互助合作组织，是以私有制为基础建立的在工人阶级领导的国家政权管理之下的劳动人民群众的集体经济组织。

　　为了引导农业互助组织走向较高级形式，1951 年 9 月 20～30 日，中央召开了全国第一次农业互助合作会议。会议经过研究讨论，制定了《中共中央关于农业生产互助合作的决议（草案）》[以下简称《决议（草案）》]，明确提出了发展农业生产互助合作的基本方针、政策和指导原则。

　　《决议（草案）》指出，根据已有的经验，农业生产上的互助合作大体上有三种主要形式：第一种是季节性的互助组，第二种是常年互助组，第三种是以土地入股为特点的农业生产合作社。中央要求，根据发展农村生产力的必要性，各地发展农业互助合作运动应采取不同的步骤：在全国各地，特别是新解放区和互助运动薄弱的地区，有领导地、大量地发展临时性的季节性的劳动互助；在有初步互助运动基础的地区，必须有领导地逐步推广有更多内容的常年互助组；在群众有比较丰富的互助经验并有比较坚强的领导骨干的地区，有重点地发展土地入股的农业生产合作社（后称初级农业生产合作社）。此外，在农民完全同意并有机器条件的地方，可试办少数社会主义性质的集体农庄（后称高级农业生产合作社）。

　　《决议（草案）》要求根据生产发展的需要和可能，按照积极发展、稳步前进的方针和自愿互利的原则，采取典型示范、逐步推广的方法，引导个体农民沿着互助合作的道路前进。根据《决议（草案）》，农业生产互助合作运动很快在全国范围开展起来。这表明，农业方面社会主义改造的初步工作已经开始进行。

第 15 讲
社会主义改造的历史辉煌

新民主主义革命在中国的彻底胜利和社会主义革命举措的实行，标志着中国革命发展到了一个全新阶段。对这个全新阶段的认定也经历了一个过程，从 1952 年 9 月开始酝酿到 1953 年 6 月明确提出过渡时期总路线，才确定这个全新阶段是"过渡时期"。由此，正式启动了社会主义革命在中国的表现形态——社会主义改造。中国新生政治权威随之发生了由新民主主义到社会主义的升级。

一、社会主义改造的战略设想

20 世纪 50 年代，在中国发生的社会主义改造，是中央政府实施的国家战略，其决策表现为社会主义改造的战略设想。社会主义改造的战略设想，包括逻辑起点、提出过程和基本内涵这三个方面的内容。

（一）社会主义改造设想的逻辑起点

社会主义改造的战略设想，在思想逻辑上直接起始于新民主主义革命取得胜利之际毛泽东构思的新的历史征程路线图。1952 年 9 月，随着新民主主义革命在中国大陆取得彻底胜利的形势转变，毛泽东开始构思新的历史征程路线图。构思新的历史征程路线图，主要是解决当时人们普遍关注的两个最突出、最重大的问题——社会主义革命问题和工业化建设问题。

社会主义理想是中国共产党与生俱来的坚定不移的价值追求。早在 1940 年 2 月刊发的《新民主主义论》中，毛泽东就明确了中国革命的社会主义前途。"中国革命的历史进程，必须分为两步，第一步是民主主义的革命，第二步是社会主义的革命，这是两个性质不同的革命过程。而所谓民主主义，已不是旧范畴的民主主义，已不是旧民主主义，而是新范畴的民主主义，而是新民主主义。""第一步，改变这个半殖民地半封建的社会形态，使之变成一个独立的民主主义的社会。第二步，使革命向前发展，建立一个社会主义的社会。"根据这个设想，新民主主义革命的胜利就是社会主义革命的开始；这是逻辑的必然。但是，1949 年 9 月颁布的《中国人民政治协商会议共同纲领》，却没有载入社会主义前途的条文。在这个纲领的起草过程中，曾经发生过是否写入社会主义前途的讨论。毛泽东提出："纲领中只说现阶段的任务，如果再说得远一点就变得空洞了。"1952 年 6 月，周恩来在中共中央统战部召开的全国统战部部长会议上的讲话中指出："《共同纲领》没有写社会主义前途，是因为当时新中国刚刚成立，虽然把这个前途写出来他们是可以接受的，但是有点强迫于他们，所以我们采取等待的政策，没有把社会主义前途写进去。但是，这个前途是肯定了的，我们要向他们指出，在这个前途中，他们也是有份的，当然不是指他们那个阶级，而是指资产阶级分子说的。"[1]1950 年 6 月中共七届三中全会提出"不要四面出击"的策略和争取国家财政经济状况基本好转的任务，目的是鼓励和保护资产阶级所有并且经营的工商业正常运转，这直接关系着国家财政经济状况能否好转。把这几个事件联系起来可知，社会主义革命没有改变，只是顺应形势解决最迫切的问题、伺机而动。

工业化强国梦想是中国共产党与生俱来的矢志不渝的奋斗目标。中国人的工业化强国梦想，可以追溯到魏源提出的"师夷长技"的主张。如果从鸦片战争算起的话，工业化强国梦想是此后中国人未曾实现的百年宿愿。在这个意义上，中国共产党领导的新民主主义革命自然而然地承接着为实现工业化强国梦想创造条件的历史任务。毛泽东认为，"在新民主主义的政治条件获得之后，中国人民及其政府必须采取切实的步骤，在若干年内逐步地建立重工业和轻工业，使中国由农业国变为工业国。新民主主义的国家，如无巩固的经济做它的基础，如无进步的比较现时发达得多的农业，如无大规模的在全国经济比重上占极大优势的工业以及与此相适应的交通、贸易、金融等事

---

〔1〕 "《共同纲领》为什么没有写上'社会主义'"，载《北京日报》2013 年 1 月 17 日。

业做它的基础，是不能巩固的。我们共产党人愿意协同全国各民主党派，各部分产业界，为上述目标而奋斗。中国工人阶级在这个任务中将起伟大的作用……中国工人阶级的任务，不但是为着建立新民主主义的国家而斗争，而且是为着中国的工业化和农业近代化而斗争。"[1]他还说，"我们共产党是要努力于中国的工业化的。中国落后的原因，主要的是没有新式工业"。[2]

在中国革命的历史进程中，社会主义理想与工业化强国梦想是内在统一的。一方面，新民主主义革命在中国革命进程中的地位和作用，决定了新民主主义革命承接着为实现工业化强国梦想创造条件的历史任务；另一方面，新民主主义革命的性质和领导力量，决定了社会主义是新民主主义革命的前途，而社会主义是以高度发达的工业经济为基础的。"现在的农村是暂时的根据地，不是也不能是整个中国民主社会的主要基础。由农业基础到工业基础，正是我们革命的任务。"[3]在 1948 年中共中央政治局扩大会议的报告中，毛泽东在谈到未来政权时指出："我们反对农业社会主义，所指的是脱离工业，只要农业来搞什么社会主义，这是破坏生产、阻碍生产发展的，是反动的。但不能由此产生误解，将来在社会主义体系中农业也要社会化。"[4]随着中国新民主主义革命的胜利，如何实现工业化强国梦想和如何把中国革命推向社会主义前途这两个重大问题，同时被提上了中央决策的议事日程。

（二）社会主义改造设想的提出过程

社会主义理想与工业化强国梦想，在新民主主义革命时期虽然存在着逻辑和历史的统一性，却没有被明确地概括为相互结合的统一体。直到 1952 年毛泽东构思新的历史征程路线图时，才明确地把社会主义理想与工业化强国梦想结合起来提出了过渡时期总路线。过渡时期总路线是社会主义改造设想的完整表述。

社会主义改造设想的决策，可以追溯到 1949 年 3 月的中共七届二中全会。中共七届二中全会确定了如何取得新民主主义革命彻底、完全胜利的路线、方针和政策。"在革命胜利以后，迅速地恢复和发展生产，对付国外的帝

---

〔1〕《毛泽东选集》（第 3 卷），人民出版社 1991 年版，第 1081 页。
〔2〕《毛泽东年谱（1893—1949）》（中卷），中央文献出版社 2002 年版，第 514 页。
〔3〕《毛泽东书信选集》，人民出版社 1983 年版，第 239 页。
〔4〕《毛泽东文集》（第 5 卷），人民出版社 1996 年版，第 139 页。

国主义，使中国稳步地由农业国转变为工业国，把中国建设成一个伟大的社会主义国家。"这个论断，明确了新民主主义革命胜利之后的新的历史任务：建设工业，建立社会主义。在此前召开的中共中央政治局会议上，毛泽东提出了在新民主主义革命取得全国胜利以后大约还需要 10 年、15 年或 20 年再向社会主义过渡的初步设想。这个初步设想，是以俄国在十月革命之后的发展路径为参照提出的。到 1951 年前后，沿着这个初步设想的思路大体形成了先进行三个五年计划的工业化建设、再向社会主义过渡的共识：在过渡的时间上，认为需要一个相当长的新民主主义建设阶段，一般估计为 15 年到 20 年时间；在转变条件上，认为只有实现了国家工业化，才能实现私营工业国有化和农业集体化；在过渡的步骤和方式上，认为当工业发展了、国营经济壮大了的时候，就可以进一步实行资本主义工商业的国有化和个体农业的集体化。这个共识，把工业化建设界定为向社会主义过渡的条件，符合生产力决定生产关系的一般原理。到 1952 年下半年，新民主主义革命在中国大陆得到了彻底胜利，构思新的历史征程路线图成为最为重大的战略决策。如何进行工业化建设是这个战略决策的核心问题。

思考工业化建设问题的根据，包括苏联经验、生产力决定生产关系的一般原理和对国际国内的政治经济状况的认识。这几个根据，是在初步设想并且形成共识时就明确了的。1949～1952 年这个时段的国际国内的政治经济状况的演变，完全符合中共中央的战略预期，几乎没有发生战略预期之外的影响全局的变量因素。1951 年 2 月中共中央政治局扩大会议提出"三年准备、十年计划经济建设"的思想，1952 年如期完成了国民经济恢复的任务。此时，在构思新的历史征程的决策中，工业化建设优先于向社会主义过渡。1951 年 5 月，刘少奇在中国共产党第一次全国宣传工作会议的报告中解释"三年准备、十年计划经济建设"的思想时提到：10 年经济计划以后，新中国的面貌就要改变，那时将不但有强大的农业而且有自己强大的工业，那时才可以考虑社会主义的问题，现在不能提这个问题，现在提这个问题至少早了 10 年；只有看实际情况才能答复什么时候搞社会主义这个问题。从这个报告的主题可知，如何进行工业化建设是中共中央正在决策的核心问题，向社会主义过渡问题还只是个理论问题，是 10 年之后才提上议事日程的现实问题。然而，在实际筹划工业化建设的现实路径时，毛泽东却改变了先进行工业化建设再向社会主义过渡的思路。

1952 年 9 月，在讨论发展国民经济的第一个五年计划的中央书记处会议上，毛泽东提出：我们现在就要开始用 10 年到 15 年时间基本上完成向社会主义过渡，而不是 10 年以后才开始过渡。这是把向社会主义过渡问题提上议事日程并且作为工作中心问题的开始，是酝酿过渡时期总路线的开始。毛泽东为什么改变了先进行工业化建设再向社会主义过渡的思路？这个改变，主要在于他发现向社会主义过渡是工业化建设的必要条件，对国民经济的社会主义改造是满足工业化建设所需物资的主要途径。工业化建设需要人才、技术、设备和其他配套物资。苏联同意援助中国进行工业化建设，可以派遣专家、提供技术和设备；中国必须自己配置其他物资，这就要求中国政府必须集中有限的物力、人力和财力满足规模空前的工业化建设的物资需求。还有，在战后社会主义阵营与资本主义阵营直接对立的世界体系中，新民主主义中国没有中立的能力。毛泽东曾经指出：如果不亮出社会主义旗帜，就会两头落空。以美国为首的资本主义阵营封锁、制裁中国，苏联承认、援助中国，这种国际环境要求中国成为社会主义阵营的成员从而取得苏联的更大信任和更大援助。中国政府能够集中和调配有限的物力、人力和财力用于工业化建设，需要对国民经济进行社会主义改造；中国成为社会主义阵营的成员，亮出了社会主义旗帜，也需要对国民经济进行社会主义改造、建立社会主义中国。就这样，社会主义改造成了发展中国革命、进行工业化建设的必然选择。

1953 年 6 月，在中共中央政治局会议上，毛泽东正式提出了过渡时期的总路线和总任务。同年 12 月，毛泽东在审阅中共中央宣传部《关于党在过渡时期总路线的学习和宣传提纲》时确定了过渡时期总路线的完整表述："从中华人民共和国成立，到社会主义改造基本完成，这是一个过渡时期。党在这个过渡时期的总路线和总任务，是要在一个相当长的时期内，逐步实现国家的社会主义工业化，并逐步实现国家对农业、手工业和资本主义工商业的社会主义改造。这条总路线是照耀我们各项工作的灯塔，各项工作离开它，就要犯'右'倾或'左'倾的错误。"

（三）社会主义改造设想的基本内涵

《关于党在过渡时期总路线的学习和宣传提纲》，系统地解读了社会主义改造设想的基本内涵。

第一，毛泽东加写的一个语段，分析了革命任务的转变滞后于革命性质的转变及其原因，从而解释了把社会主义改造的起点追溯至中华人民共和国成立之时的原因。

第二，阐述了中华人民共和国成立之后的中国社会的总体特征，即新民主主义社会是一个过渡性质的社会，经济层面是资本主义因素与社会主义因素并存的状况，政治层面是完全社会主义因素的形势。这个总体特征，决定了中共能够以和平方式完成中国社会主义革命，是中国社会主义改造的可能性条件。

第三，论证了工业化建设和社会主义改造相互关联而不可分离的辩证关系。一方面，社会主义工业是对整个国民经济实行社会主义改造的物质基础；这个方面在明确提出过渡时期总路线之前就已经是共识。另一方面，社会主义改造是工业化建设的条件；这个方面是明确提出过渡时期总路线的诱因和先导，是两点论范式中的重点，指出了中国社会主义改造的必要性。

第四，揭示了过渡时期总路线的实质。"党在过渡时期的总路线的实质，就是使生产资料的社会主义所有制成为我国国家和社会的唯一的经济基础。"揭示过渡时期总路线的实质，旨在强调社会主义改造的目的、强调社会主义改造对工业化建设的必要性、工业化建设对增强国防和巩固人民政权的必要性。

第五，明确了工业化建设的意义、重点。"我国在国民经济发展水平上还是落后的、贫穷的农业国，还是不能自己制造汽车、拖拉机、飞机，不能自己制造重型的和精密的机器，没有现代国防工业的国家。""这就需要实现国家的社会主义工业化，使我国有强大的重工业可以自己制造各种必要的工业装备，使现代化工业能够完全领导整个国民经济而在工农业生产总值中占据绝对优势，使社会主义工业成为我国唯一的工业。实现国家的社会主义工业化，就可以促进农业和交通运输业的现代化，就可以建立和巩固现代化的国防，就可以保证逐步完成非社会主义经济成分的改造。实现国家社会主义工业化就可以大大发展社会主义的商业，大大加强工农联盟，并且大大提高国家的经济财政力量和人民的收入，使全体人民的物质和文化生活水平可以有把握地、不断地提高。""实现国家的社会主义工业化的中心环节是发展国家的重工业，以建立国家工业化和国防现代化的基础。""只有建立了重工业，才能使全部工业、运输业以及农业获得为发展和改造所必需的装备。

对过渡时期总路线的主要内容有过一个形象的比喻：好比一只鸟，它要有一个主体，这就是发展社会主义工业；它又要有一双翅膀，这就是对农业、手工业的社会主义改造和对私营工商业的社会主义改造。之所以把对农业的社会主义改造和对手工业的社会主义改造视为一翼、把对私营工商业的社会主义改造视为另一翼，是因为农业和手工业是个体经济、私营工商业是私营经济。从这个形象的比喻可知：工业化建设是目的，对农业、手工业和私营工商业的社会主义改造是手段；实现国家工业化是主要任务，为了实现国家工业化就必须进行社会主义改造、全面确立社会主义的基本制度。工业化建设是发展生产力，对农业、手工业和私营工商业的社会主义改造是变革生产关系。从而，过渡时期总路线是一条社会主义建设和社会主义改造同时并举的路线，体现了解放生产力与发展生产力、变革生产关系与发展生产力的有机统一。

二、社会主义改造的重大事迹

社会主义改造的对象是个体经济和私营经济，社会主义改造的目标是把个体经济和私营经济改造成为社会主义公有制经济。社会主义改造的目标决定了社会主义改造的实质是消灭私有制。消灭私有制，是中国社会前所未有的壮举。曾经在中国社会出现过一些零散的、空想的消灭私有制的思想主张，例如太平天国运动的"四有两无"主张，没有也不可能成为实践。过渡时期总路线，是中国历史上的第一个以消灭私有制为目标的国家战略；以过渡时期总路线为指导的社会主义改造，是中国历史上的第一个完全实现了国家战略目标的社会运动。

（一）农业和手工业社会主义改造的重大事迹

在中华人民共和国成立时，农业和手工业是个体经济。农业是对应并且覆盖农村的经济成分，在没收了封建地主的土地归农民所有之后是以农户为劳作单位的农村经济形式。手工业是依靠手工劳动进行工业生产和生活用品生产的经济成分，在农村是农民副业性质的家庭手工业，在城市是以城市小资产阶级为主体的非机器大工业生产的经济成分。把农业和手工业由个体经济改造成为社会主义集体经济的途径，分别是农业合作化和手工业合作化。

农业合作化是农业社会主义改造的路径。农业合作化是紧随土地改革而采取的改造传统农业生产方式的又一重大战略步骤。这个重大战略步骤主要由三个阶段构成。

第一阶段，从1949年10月至1953年春，没有完成土地改革的地区实行土地改革，完成了土地改革的地区开始引导农民走互助合作道路。到1952年底，全国农业互助合作组织发展到830余万个，参加的农户达到全国总农户的40%，试办农业生产合作社（初级社）3600余个。1952年冬至1953年春是这个阶段的重要节点，一方面土地改革基本完成，另一方面在发展农业互助合作运动中出现了急躁冒进倾向。为纠正农业互助合作运动中的急躁冒进倾向，中共中央于1953年3月公布了1951年9月全国第一次互助合作会议通过的《关于农业生产互助合作的决议》。1953年4月，中共中央农村工作部召开第一次全国农村工作会议，阐述了"稳步前进"的方针。1953年第四季度是这个阶段的又一重要节点。10月15日、11月4日毛泽东先后两次同中共中央农村工作部负责人谈话，提出互助合作运动是农村中一切工作的纲，是农村工作的主题，说"纠正急躁冒进"是一股风，吹倒了一些不应吹倒的农业生产合作社。两次谈话的背景，主要是1953年大规模经济建设与农副产品供应紧张的矛盾，中国共产党不得不更加关注如何加强农业发展问题。12月16日，中共中央公布了《关于发展农业生产合作社的决议》，此后，农业合作社从试办进入发展时期。

第二阶段，从1954～1955年上半年，初级社在全国普遍建立和发展。在《关于发展农业生产合作社的决议》公布之后，组织农业生产合作社的运动迅速在全国展开，1954年农业合作社的数量比1953年增加了15倍，已大大突破了原定的发展计划。1954年4月召开的第二次全国农村工作会议提出1955年合作社要发展到30万个或35万个。1954年11月召开的第四次全国互助合作会议进一步提出在1955年春耕前将合作社发展到60万个。于是，1954年冬、1955年春全国农村掀起建立合作社的浪潮，1955年3月全国农业合作社达到67万个。很多农业合作社在建立时过于急促，在生产经营方面出现了许多问题，中央农村工作部部长邓子恢提出整顿和巩固农业合作社。毛泽东起初同意农业合作社"停、缩、发"的方针。到同年7月，经过整顿，巩固下来的农业合作社仍然多达65万个。与此同时，毛泽东经过4月和5月两个月的考察，提出改变"停、缩、发"的方针。6 月中旬，中央召开政治局会议，批准了关于到 1956 年合作社发展到 100 万个的计划。不久，毛泽东从南方考察回来，主张修改计划，加速发展。担任农村工作部部长的邓子恢不赞成改变计划，认为合作化运动应与工业化发展速度相适应，不宜发展过快。毛泽东则认为邓子恢和中央农村工作部的思想属于"右"倾错误。

第三阶段，从 1955 年下半年至 1956 年底，农业合作化运动迅猛发展。1955 年 7 月，毛泽东在省、市、自治区党委书记会议上作了《关于农业合作化问题》的报告，系统阐述农业合作化的理论和政策，严厉批评邓子恢和中央农村工作部的政策，提出农业合作化不是下马的问题，而是赶快上马的问题。同年 10 月中共七届六中全会通过的《关于农业合作化问题的决议》，要求到 1958 年春在全国大多数地方基本上普及初级农业生产合作，实现半社会主义合作化。会后，农业合作化运动急速发展，仅 3 个月左右的时间就在全国基本实现了农业合作化。

手工业合作化是手工业社会主义改造的路径。手工业合作化问题是在农业合作化运动迅猛发展的高潮阶段才成为中共中央直接决策的议题。1955 年 12 月中共中央召开了第五次全国手工业生产合作会议。前三次全国手工业生产合作会议由全国合作社联合总社召开，第四次全国手工业生产合作会议由中共中央手工业管理局召开。1956 年 1 月，中共中央批转了《关于第五次全国手工业生产合作会议报告》，确定在第一个五年计划期间基本上完成全国手工业合作化的任务，并要求积极推动低级形式的合作组织向完全社会主义性质的高级生产合作社过渡。3 月 5 日，毛泽东在听取国务院有关部门汇报手工业工作情况时所作的《加快手工业的社会主义改造》的发言，进一步增强了推动手工业合作化进程的思想动力。在农业合作化形势高涨的 1956 年，手工业合作化也几乎同步达到高潮，农业和手工业在中国大陆范围内基本上实现了由个体经济到社会主义公有制经济的历史性转变。

（二）资本主义工商业社会主义改造的重大事迹

在中华人民共和国成立时，官僚资本主义经济正在被收归国有，民族资本主义经济正在被转化成为新民主主义性质的资本主义经济成分。民族资产阶级是新民主主义革命的同盟军，是建立中华人民共和国的阶级基础之一。民族资产阶级的这种历史地位和民族资本主义经济的新民主主义性质，决定了和平赎买是对资本主义工商业进行社会主义改造的最佳途径。和平赎买，有效地避免了资产阶级的对抗，最大化地促进了国民经济的发展和工业化建设。

在恢复国民经济期间，国家以加工订货、统购包销的方式帮助经营困难的私营企业恢复和扩大生产，加工订货、统购包销成为这些私营企业的经营机制。当国家对粮食、油料、棉花和棉布实行统购统销时，委托加工、计划订货成为以农产品为主要原料的私营轻纺工业的经营机制。以提出过渡时期总路线为标志，加工订货、统购包销正在由此前的私营工商业的国家资本主义经营机制转变为之后的资本主义工商业的社会主义改造方式。委托加工、计划订货是国家资本主义的初级形式。私营轻纺工业的产值约占私营工业总产值的三分之二，私营轻纺工业实行委托加工、计划订货也就表明大多数私营企业被纳入各种形式的国家资本主义的轨道。统筹工业化建设，不仅要求对农产品实施统购统销政策，还要求对重要工业原料如煤、铁、钢材、铜、硫酸、烧碱、橡胶等完全由国营商业控制，私营商业已经被纳入到社会主义改造的轨道上来。工业化建设对物资的迫切需要，要求把对私营工商业的社会主义改造继续向前推进。

1954年1月政务院财政经济委员会提出了《关于有步骤地将有十个工人以上的资本主义工业基本上改造成为公私合营企业的意见》。同年9月政务院公布了《公私合营工业企业暂行条例》，对公私合营企业的性质、任务和公私关系、劳资关系、经济管理、盈余分配作出了具体规定。在盈余分配方面，正式确定了被俗称为"四马分肥"的原则，即将利润分为国家所得税、企业公积金、工人福利费、资方红利四个方面进行分配，资方红利大体只占四分之一，企业利润的大部分归国家和工人，基本上是为国计民生服务的。"四马分肥"原则，是以和平赎买方式对资本主义工商业实施社会主义改造的体现。公私合营企业在原料、市场、贷款几个方面可以得到国家支持，一些感到独自经营困难的私营企业也可以主动要求实行公私合营从而得到国家支持。公私合营企业得到国家支持，包括国家派遣干部加强领导、投资新建扩建产能、整顿经营管理和提高工人劳动积极性，提高生产效率，显示出公私合营的优越性。按可比产值计算，1954年较1953年增长25.5%；合营工厂私股分得的红利也比私营时期的利润多。公私合营的这种态势，促使更多的资本家要求实行公私合营。到 1954 年底公私合营工业的产值所占比重达到资本主义工业总产值的 33%。与此同时，对私营商业的社会主义改造也取得了显著的成效。在批发方面，国营商业所占经营比重已经超过 88%；在零售方面，国营商业与合作社商业所占经营比重已经达到 57.5%。

　　1955 年是私营工商业社会主义改造加速发展的酝酿阶段。1955 年 3 月，是开始实行全行业公私合营的起点，中共中央决定采取个别合营与按行业改造相结合的改造方法。上海市在工业全行业统筹安排中率先打破所有权界限，创造了工业企业合并公私合营的经验，从 5 月到 10 月，上海市轻工业中的 8 个行业、重工业中的 13 个行业实行了公私合营。北京市在同年 8 月选择棉布业、百货业进行全行业公私合营的试点，先后对 1019 家商店实行联营并店。鉴于资本主义工商业全行业公私合营的成功经验、农业合作化高潮的到来和对过渡时期总路线 "一体两翼" 的统筹，毛泽东在 10 月 11 日中共七届六中全会的总结发言中明确提出加快完成工商业社会主义改造。10 月 27 日和 29 日，毛泽东先后邀请工商界政治代表人物、全国工商联执行委员会委员，座谈私营工商业的社会主义改造问题，希望他们认清社会发展规律、掌握自己的命运、进一步接受社会主义改造。11 月初，全国工商联举行执委会议，学习了毛泽东的讲话，听取了陈云、陈毅关于资本主义工商业改造问题的报告。会议通过了《告全国工商界书》，号召全国工商业者在共产党的领导下积极接受社会主义改造。11 月 16 日至 24 日，中共中央政治局在北京召开了资本主义工商业改造会议，通过了《中央关于资本主义工商业改造问题的决议（草案）》。

　　1956 年元旦过后，北京率先掀起全行业公私合营的热潮并在 1 月 15 日举行了庆祝社会主义改造胜利大会。到 1 月 27 日，全国已经有 118 个大中城市和 193 个县的资本主义工商业全都实行了全行业公私合营。从全行业公私合营开始，给资方的股息红利以年息五厘核定、定期 12 年。

三、社会主义改造基本完成

　　1956 年是中国革命的历史节点，是在中国大陆基本完成社会主义改造的时点，也是中国革命的显著特征——大规模的阶级斗争应该结束的时点。毛泽东在《新民主主义论》中论证的中国革命两步走的战略，即先完成新民主主义革命再完成社会主义革命的战略，由主观设想完全变成了客观现实。社会主义改造是中国革命两步走战略的第二步，社会主义改造基本完成标志着中国革命取得了伟大胜利。社会主义改造基本完成和中国革命伟大胜利，在中国历史进程中都是划时代的开启历史新篇章的最重大事件。

（一）基本完成社会主义改造的伟大胜利

判断社会主义改造基本完成的主要根据，是生产资料所有制的变化达到了预期的目标，即建立社会主义公有制的经济制度。比较 1956 年同 1952 年这两年各种经济成分在国民收入中所占的比重可知，国营经济由 19.1% 上升到 32.2%，合作社经济由 1.5% 上升到 53.4%，公私合营经济由 0.7% 上升到 7.3%，个体经济由 71.8% 下降到 7.1%，资本主义经济由 6.9% 下降到接近于零。[1]社会主义性质的国营经济、合作社经济和基本上属于社会主义性质的公私合营经济合计占国民收入的 92.9%，这个经济构成显示社会主义经济制度已经在中国大陆得到确立。

判断社会主义改造基本完成是伟大胜利的主要根据，除了建立起社会主义公有制，还在于生产关系的变革促进了生产力的发展。在 1952 年之前的数千年中国文明的历史进程中，私有制是中国政治、经济和文化的现实基础，人们的思想、行为、心理和作为现实存在的社会风俗、社会传统都以私有制为社会前提。在中国消灭私有制，就是完全彻底颠覆以私有制为现实基础的中国经济、政治和文化，从而要求人们与默认并且维护私有制的思想、行为、心理、社会风俗和社会传统实行最彻底的决裂；这是以往的改朝换代不可比拟的社会变革——以往的改朝换代是以私有制为基础的社会运动。如果说私有制曾经被认为是天经地义的，那么消灭私有制就是逆天之举。以往的改朝换代几乎都出现过社会动荡、经济凋敝的民生灾难，在这个意义上逆天性地消灭私有制也摆脱不了社会动荡、经济凋敝的民生灾难。事实却是，消灭私有制并且建立公有制的社会主义改造不仅没有造成社会动荡、经济凋敝的民生灾难，反而促进了社会团结、经济发展的民生改善。这个胜利之伟大是前所未有的。"在社会主义改造期间，按可比价格计算，我国工农业总产值与上年相比，1953 年增长 14.4%，1954 年增长 9.5%，1955 年增长 6.6%，1956

---

[1] 中共中央党史研究室：《中国共产党历史》第二卷（1949—1978）上册，中共党史出版社 2011 年版，第 359~360 页。

年增长 16.5%。按平均值计算，1953～1957 年的'一五'计划期间，工农业总产值平均每年增长 10.9%，其中，工业总产值平均每年增长 18%，超过'一五'计划规定的 14.7%；农业总产值平均每年增长 4.5%，略高于'一五'计划规定的 4.3%。总的来看，有计划的工业建设进展顺利，经济发展较快，经济效益较好，重要经济部门的比例关系比较协调；市场繁荣，物价稳定，人民生活得到明显改善。1956 年，全国居民的消费水平比 1952 年提高了 21.3%，其中，农民提高了 14.6%，非农业居民提高了 28.6%。"[1]对生产资料私有制的社会主义改造不仅促进了工业化建设和国民经济发展，而且巩固了人民民主政权、建立起社会主义社会制度，还由此全面确立了社会主义在中国大陆的社会权威地位。中华人民共和国在成立之时的性质是新民主主义国家，在经济基础层面是非社会主义因素（非公有制经济成分）占主导，在上层建筑层面是社会主义因素（中国共产党的领导、人民民主专政的国家机器、马克思列宁主义毛泽东思想的指导地位）占主导。非社会主义因素占主导的经济基础不利于社会主义因素占主导的上层建筑；社会主义因素占主导的上层建筑却是新民主主义革命的成果，否定社会主义因素占主导的上层建筑就是否定新民主主义革命。在"一体两翼"的逻辑构成中工业化建设是社会主义改造的目的；工业化建设的目的之一是巩固新生的人民民主政权，这是在提出过渡时期总路线时就已经明确了的。巩固人民民主专政是社会主义改造的目的，这是毋庸置疑、毫无疑问的。基本完成社会主义改造的直接结果是确立了社会主义公有制在经济基础层面的主导地位，从而实现了社会主义因素在整个社会形态中的主导地位，由此就确立了社会主义制度、巩固起人民民主政权。1954 年 9 月一届全国人大一次会议通过并公布了以人民民主原则和社会主义原则为核心的《中华人民共和国宪法》，构建起了社会主义的基本政治制度体系。根据社会主义改造基本完成的态势，1956 年 9 月中共八大确认："社会主义的社会制度在我国已经基本上建立起来了。"[2]

---

〔1〕　中共中央党史研究室：《中国共产党历史》第二卷（1949—1978）上册，中共党史出版社 2011 年版，第 363 页。

〔2〕　中共中央党史研究室：《中国共产党历史》第二卷（1949—1978）上册，中共党史出版社 2011 年版，第 361 页。

（二）中国革命胜利的伟大意义

1956 年社会主义改造基本完成，意味着毛泽东设想的中国革命"两步走"战略的实现，是中国革命胜利结束的里程碑。中国革命，从 1840 年鸦片战争开始到社会主义改造基本完成，历时 116 年，是古老中国浴火重生、焕发青春的艰难转变。无论以中国历史为坐标还是以世界历史为参照，中国革命胜利都是最伟大最重大最宏大的历史变化。因为，中国革命包含的民族革命、民主革命和社会革命（孙中山把"社会主义革命"称作"社会革命"），在今天的世界强国的历史进程中都是分别出现的。例如，英国"光荣革命"是民主革命，法国资产阶级大革命是民主革命，美国独立战争是民族革命，俄国十月革命是社会革命。唯独中国革命是民族革命、民主革命和社会革命的统一体。由此，中国革命胜利就具有了无可比拟的伟大意义。

第一，结束了帝国主义压迫中国、奴役中国人民的历史，揭开了中华民族以崭新的姿态巍然屹立于世界民族之林的新篇章。艰苦卓绝的抗日战争是中华民族取得完全胜利的反侵略壮举，是世界反法西斯战争的主要组成部分之一；从此，中国开始重新回到世界舞台，携手世界反法西斯战争的另外 4 个主要国家创建了联合国，在国际关系和全球事务中显示出不可替代的作用。生死较量的抗美援朝战争是中华民族捍卫中国革命成果、捍卫战后世界和平秩序的正义之举，是中华民族回归世界强大民族之列的历史标志。如果说抗日战争胜利是世界反法西斯战争胜利的成果还不足以彰显中华民族的力量，那么抗美援朝战争是中国与以美国为首的多国之间的直接对抗，可以完全洗刷八国联军侵华战争和其他资本—帝国主义侵略强加给中华民族的耻辱。从此，欧美国家轻视、践踏中国的妄想开始消散，中华民族独立自主的尊严开始彰显。

第二，结束了封建主义统治中国、剥削中国人民的历史，开辟了中国人民当家作主的新时代。辛亥革命动摇了封建主义统治的根基，开启了建立民主国家的历史进程，传播了民主主义国家的理念，却没有夯实建立民主国家的基础。中国共产党接力孙中山发起的民主革命，把民主革命推进到新民主主义革命阶段，推翻了对外依靠帝国主义和对内勾结封建主义的官僚资本主义的反动统治，建立了中华人民共和国，这是中国人民在政治上的解放。社会主义改造基本完成是建立社会主义公有制的过程，为社会主义现代化建设和改革开放创造了制度保障和政治经济思想文化条件，这是中国人民在经济上的解放。今天的中国可以并且能够取得社会主义现代化建设和改革开放的巨大成就，是以中国革命的胜利为历史前提和现实基础的。没有中国革命的胜利，就没有社会主义现代化建设和改革开放的巨大成就。

第三，结束了军阀割据、战乱频仍、匪患难绝、灾难不断的历史，开启了国家统一、民族团结、社会稳定、经济发展的新征程。人民民主国家的建立，彻底改变了中国自秦朝以来的封建主义国家体制，从而彻底消除了类似汉朝七国之乱、唐朝藩镇割据的传统性政治隐患，彻底消除了滋生战乱和土匪的环境；国家统一、民族团结、社会稳定、经济发展和生活富裕成为区别于以往积贫积弱、积乱积患的中国新常态。与社会主义改造同时启动的工业化建设是中国开始走向富强民主文明的新起点。

第四，结束了中国传统社会权威的流弊，开始了中国新型社会权威社会主义引领中华民族走向伟大复兴的新纪元。任何国家都存在着其赖以生成的社会权威。在鸦片战争之前，中国传统社会权威表现为儒家思想和封建专制统治。从社会权威的角度考察，中国革命 100 多年的演化史，就是中国社会权威新生旧亡的过程，就是中国传统社会权威衰亡与中国新型社会权威生成的历程。清朝廷这个中国传统社会权威的主体不是被革命势力直接打倒的，中国末代皇帝没有像英国和法国的君主那样被推上断头台。清朝廷的衰败完全是咎由自取。推翻了清朝廷统治的辛亥革命的领导力量，是中国历史上的第一个具有完全民主意义的新型社会权威。这个新生社会权威没有能力完成中国革命的重任，中国革命需要全新的社会权威。中国共产党应运而生，历经大革命、土地革命、抗日战争和解放战争而由弱小到强大。中国革命生成了中国共产党这个中国新型社会权威，中国革命胜利确立了中国共产党的领导地位。从此，开启了中国共产党领导中华民族走向伟大复兴的新纪元。

后 记

本课题研究是以集体备课方式展开的，目的是通过集体备课为讲授"中国近现代史纲要"课的海南大学教师提供一个符合实际教学需要的可参照的讲义文本。因为这门课程的任课教师分属于不同的部、系、室，集体备课的组织和开展是比较困难的，达到集体备课本应有的成效就更加困难。尽管如此，本课题研究还是得到了牛平川、王熙雯、王雅娟、何泌章和梁松斌五位同事的支持，正是他们的支持，才使得本课题研究形成了这本《中国近现代史纲要十五讲》。

本课题申报立项时的研讨活动经费来自海南大学马克思主义学院，本课题研究自始至终都得到了学院领导的支持、指导和帮助。在此，对学院和学院领导的支持、指导和帮助，表示衷心感谢！

本课题研究的撰稿分工如下：提纲拟定，季笃武；前言，季笃武；第01讲，王熙雯起草、季笃武修改并定稿；第02讲，王熙雯起草、季笃武修改并定稿；第03讲，季笃武；第04讲，王雅娟起草、季笃武修改并定稿；第05讲，梁松斌；第06讲，王雅娟；第07讲，季笃武；第08讲，季笃武；第09讲，何泌章起草、季笃武修改并定稿；第10讲，季笃武；第11讲，季笃武；第12讲，季笃武；第13讲，牛平川；第14讲，牛平川；第15讲，季笃武；统稿，季笃武。对各位的辛勤付出，表示衷心感谢！

季笃武

2019 年 10 月 9 日